全球变化背景下
农作物空间格局动态变化

唐华俊　周清波　杨　鹏　吴文斌　李正国　著

科学出版社

北京

U0682323

内 容 简 介

本书以我国农作物空间格局动态变化显著的东北地区为研究区域,选择主要农作物(玉米、大豆、水稻和小麦)为研究对象,探讨全球变化背景下近30年(1981～2010年)农作物空间格局的动态变化特征,分析确定主要自然因素和社会经济因素对其影响机理机制,构建耦合自然和社会经济因素的农作物空间格局模拟模型(Agent模型),预测其未来20年(2011～2030年)全球变化背景下的动态变化趋势。在全面分析全球变化与东北地区农业生产之间影响过程和响应机理的基础上,提炼土地变化科学在农业领域的关键科学问题,并促进相关交叉学科理论、技术和方法的发展与完善。

本书可供从事农学、地理学、土地科学、资源和环境科学等领域的科研人员和高等院校相关专业的师生阅读参考,对农业部门相关管理人员也具有重要的参考价值。

图书在版编目(CIP)数据

全球变化背景下农作物空间格局动态变化/唐华俊等著. —北京:科学出版社, 2014.9

ISBN 978-7-03-041915-6

Ⅰ.①全… Ⅱ.①唐… Ⅲ.①作物-农业布局-研究-东北地区 Ⅳ.①F327.3

中国版本图书馆 CIP 数据核字(2014)第 217903 号

责任编辑:彭胜潮　田晓雪　白　丹/责任校对:郑金红
责任印制:赵德静/封面设计:铭轩堂

科 学 出 版 社 出版

北京东黄城根北街 16 号
邮政编码:100717
http://www.sciencep.com

双青印刷厂 印刷
科学出版社发行　各地新华书店经销

*

2014 年 9 月第 一 版　　开本:787×1092　1/16
2014 年 9 月第一次印刷　　印张:12 1/4　插页:6
字数:280 000

定价:79.00 元
(如有印装质量问题,我社负责调换)

前　　言

　　农业科技的进步,特别是优良品种的推广、先进农业生产技术的推广使用、农药化肥的大量投入,我国粮食产量连创历史新高,以强有力的事实回答了"谁来养活中国人"的问题,我国农业取得了令世界瞩目的成就。但是,也应看到我国未来粮食安全的形势很严峻。我国适合粮食生产的耕地后备资源缺乏,解决粮食安全问题必须从优化作物种植结构及合理空间布局方面下功夫。改革开放30年以来,我国主要粮食作物的种植结构及其空间布局发生了显著变化。随着我国经济的快速发展与社会的转型,我国粮食作物的种植结构和空间布局还将持续变化。由于粮食生产的比较效益不断降低,出现了大量不利于粮食安全的作物种植结构和空间布局的变化,主要表现在:我国东部发达地区以及很多区域的城近郊区大量良田被城镇发展占用,耕地资源已经逼近18亿亩①红线;耕地复种指数不断降低;很多地区出现较大面积耕地人为撂荒或弃耕等。通过遥感、地理信息系统等空间信息技术的支持,监测、再现改革开放30年来我国主要粮食产区作物种植结构与布局的变化过程,分析其变化规律和影响因素,并进一步阐明其对国家粮食安全的潜在影响,对我国增加500亿kg粮食的战略和国家长期粮食安全战略具有重要意义。

　　农作物空间格局动态变化机理研究就是详细剖析农作物空间格局的演变过程,明晰其自然-社会经济驱动机制;它既是获取农作物空间格局动态变化特征后的必然选择,也是实现农作物空间格局动态变化建模模拟的基础。通过农作物空间格局动态变化机理研究,了解农作物空间格局从一个状态变化到另一个状态的动态过程,阐明其变化原因,确定不同驱动因子对格局演变的作用机制,为建立空间格局演变驱动机制模拟模型提供定量规则。因此,农作物时空格局被认为是土地变化科学在农业领域的核心研究内容。

　　以往全球变化对我国农业生产影响的研究侧重于分析我国耕地的时空变化,缺乏对耕地内部多种作物变化的研究,部分涉及作物的研究也是以研究全球变化对单一作物产量的影响为主,对全球变化对农作物面积和空间格局演变影响的研究明显不足,难以从区域尺度解释农作物空间格局变化特征和规律。事实上,全球变化所带来的我国农作物格局的时空变化,对我国乃至全球作物产量、农产品贸易流通和粮食安全有着重要影响。同时,农作物空间格局对全球变化的响应又会反作用于农业生态环境,影响陆地生态系统地球物理和地球化学循环过程的变化,进而诱发区域或全球气候和环境发生变化。因此,开展农作物空间格局动态变化与响应机理研究具有重要科学意义,是全球变化及其区域响应研究领域未来的重要发展方向。

　　我国东北地区地处中高纬度,属于寒温带-温带季风气候区,是受全球变化影响最

---

① 1亩≈666.7 m²

为显著的区域之一。本书以东北地区为研究区域，选择该区域的主要农作物（玉米、大豆、水稻和小麦）为研究对象，综合运用遥感、地理信息系统、空间统计和计算机模拟等技术，研究全球变化背景下区域农作物空间格局动态变化特征，分析农作物空间格局动态变化对自然因素（温度、水分）和社会经济因素（农业政策、农产品贸易、人口变化等）的响应机理，构建耦合自然和社会经济因素的农作物空间格局模拟模型，再现农作物空间格局演变过程，并模拟预测未来的可能变化趋势。研究结果有利于该区域农业生产结构与布局的优化，保障我国粮食安全；提高该区域主动适应全球变化和应对极端气候事件的能力，促进农业可持续发展。通过全面分析全球变化与东北地区农作物空间格局之间的影响过程和响应机理，提炼土地变化科学（land change science）在农业领域的关键科学问题，促进相关交叉学科理论、技术和方法的发展与完善。

本书是国家自然科学基金重点项目"东北地区农作物空间格局动态变化对全球变化的响应机理研究"（40930101）和国家重大科学研究计划项目"气候变化对粮食作物种植制度与区域布局的影响机理及适应机制研究"（2010CB951502）的研究成果，汇编了课题组成员多年从事农作物时空动态变化研究的相关工作成果。全书共分8章。第1章绪论，由吴文斌、杨鹏、李正国、唐华俊、周清波、陈仲新等撰写；第2章东北地区自然生态环境和社会经济变化特征，由石淑芹和刘珍环撰写；第3章东北地区农作物空间格局动态变化特征，由杨鹏、刘珍环、黄青、唐鹏钦和李志鹏撰写；第4章东北地区农作物种植北界和作物品种变化特征，由杨晓光和刘志娟撰写；第5章东北地区农作物物候时空变化特征，由李正国、杨鹏、唐鹏钦和谭杰扬撰写；第6章东北地区农作物空间格局动态变化对全球变化的响应机理，由杨鹏、李正国、周清波、陈仲新、何英彬和谭杰扬撰写；第7章东北地区农作物空间格局动态变化建模、模拟与预测，由吴文斌、夏天、陈仲新、周清波、唐华俊等撰写；第8章案例研究，由吴文斌、张莉、夏天、刘珍环和余强毅等撰写。全书由唐华俊统稿。

全书力求立足前沿，注重方法、理论和实践并重。作者衷心希望本书能引起各界有关学者对中国作物种植结构及其空间布局演化机理研究的更大关注和兴趣，同时也殷切期待读者对本书提出批评意见和建议。

目　录

彩图

第1章 绪 论

1.1 问 题 提 出

1. 全球变化

全球变化是人类迄今面临的最大环境问题,也是21世纪人类面临的最复杂的挑战之一。全球变化是指地球系统中所有的自然(大气圈、水圈、生物圈、岩石圈、冰冻圈)和人为引起的变化(张兰生等,2000)。人类社会不断在与自然界发生物质与能量的交流,因此,全球变化不仅包括地球系统中各自然界圈层的变化,而且也包括人类圈本身的变化及其与地表环境的相互作用与影响(叶笃正等,2009)。

人类为了自身的生存和发展需求,不断对自然资源进行开发、经营和利用,人类与地表环境的相互作用本质上表现为人类利用土地的行为,导致自然陆地生物圈逐步向人类生物圈进行转变(Ellis,2011)。同时,全球变化对人类生态系统以及社会经济系统产生了深远影响,并将继续造成深远而巨大的影响(陈宜瑜,1999),如一个国家或区域的粮食安全状况不仅受到自然环境变化的影响(如气候变化、土地质量下降、CO_2浓度上升、病虫害暴发),受到人类社会本身变革的影响(如人口膨胀、生物质燃料种植、城市化与人口迁徙),同时还受到人类-自然的综合影响(如过度使用化肥与农药、采取不恰当的种植方式等)(Yu et al.,2012)。因此,正确理解全球变化影响的深度和广度,提出相应的适应及减缓对策,是全球和我国可持续发展道路中面临的和要认真对待并加以解决的重大课题之一(葛全胜等,2007)。

2. 农业土地利用变化

土地是人类社会赖以生存和发展的基础。农业土地利用是人类为了自身的生存和发展需求而有意识地对土地资源进行开发、经营和利用的活动,是土地系统的重要组成部分(唐华俊等,2004)。农业土地利用变化研究的核心目的在于理解和解释农业生产过程中的人类-自然综合复杂关系,为可持续农业发展提供科学服务。

人类发展的历史是不断对土地加以开发利用和对土地覆盖进行改造的历史,农业土地利用处于动态变化之中。自人类社会出现至今,全球耕地面积不断扩张(Helkowski et al.,2005);随着全球人口的持续增长、资源环境问题日益突出,以及农业技术革新等,农业土地利用方式正经历着从粗放扩张向集约化利用的方式转变(Barretto et al.,2013)。农业土地利用变化的生态、社会和经济影响是明显的。农业土地利用对气候变化、陆地生态系统地球物理和地球化学循环过程、全球陆地-海洋相互作用等有着重要影响,对于区域乃至全球生态环境变化具有重要意义(Tilman et al.,2011)。例如,农业土地利用变化影响了全球水文及碳循环和能量平衡,改变了全球很多区域的生态环境;大量农药、化肥和生产设施的使用,导致了土壤污染、水质量的降低和生态多样性消失。同样,农业土地利用变化对一个国家或区域的农业生产、粮食安全、社会繁荣稳定和可持续发展有着重要影响(王铮和郑一萍，2001；Rosegrant and Cline，2003；Schmidhuber and Tubiello，2007)。因此，如何科学利用农业土地成为实现人类可持续发展的重要途径之一(Foley et al.，2011)。

3. 农作物空间格局变化

以往农业土地利用变化侧重于分析耕地数量和质量的时空变化，缺乏对耕地内部农作物空间格局变化的研究。农作物空间格局是一个地区或生产单位作物种植结构、熟制与种植方式的空间表达，主要包括：①农作物的组成与布局，即种植什么和在哪里种植的问题；②农作物的复种或休闲，即一年几熟或几年几熟的问题；③农作物的种植方式，即如何种植的问题，包括连作、轮作、间种与套种等(唐华俊等，2010)。

农作物空间格局是农业土地利用的一种形式和结果，反映了人类农业生产在空间范围内利用农业生产资源的状况，是了解农作物种类、结构、分布特征的重要信息，也是进行作物结构调整和优化的依据(唐华俊等，2010)。同时，农作物空间格局特征及其时空动态变化信息也是研究农业生态系统对陆地碳循环贡献，评价全球变化对区域农业生产影响的基础。因此，农作物空间格局及其时空动态变化研究具有重要的理论和实际意义，已经成为地理学和生态学的前沿与热点研究问题。

4. 全球变化与农作物空间格局变化

一方面，全球变化影响或制约着农作物空间格局变化。全球变化带来了诸如气候变暖、水资源变化、干旱和洪涝频发、土地沙漠化等资源环境和自然灾害问题，资源的多寡对农作物空间格局变化往往起到积极或消极的影响，灾害的发生频率和程度则限制了农作物空间格局的发展变化(林而达等，2006；秦大河，2007)。如全球气候变暖使得温度带发生移动，造成某一农作物种植区域的扩展或压缩、不同农作物类型的转换和替代，以及不同种植熟制和作物生产力的变化(唐华俊等，2004)。

另一方面，农作物空间格局变化是全球变化的重要内容和主要原因。人类在适应环境过程中总是使其与环境的关系趋于最优，不同环境下会出现不同的农作物空间格局。全球变化不可避免地对人与环境之间的平衡产生影响，导致农作物空间格局发生适应性变化。因此，农作物空间格局变化是全球变化的重要组成部分。同时，随着人口增长，耕地压力加大，人类不断通过毁林开荒、围湖造田等扩展作物种植面积，造成了大量森林、草地和湿地等自然体的破坏和萎缩。农作物空间格局变化带来了种植结构的不断变化、作物类型的频发更替，以及化学肥料和农药的大量使用。作物面积的扩展、弃耕，以及农作物类型的转变，改变了耕地中的物质流和能量流，必然影响地球系统的气候、水文、生物地球循环等，进一步引起全球变化。可见，全球变化是自然运动和人类活动共同作用的结果，农作物空间格局变化是全球变化的重要原因。

因此，开展全球变化与农作物空间格局变化的相互作用关系研究具有重要的科学意义，是全球变化及其区域响应研究领域的重要发展方向。正因为如此，我国《国家中长期科学和技术发展规划纲要(2006~2020年)》中明确提出，要积极开展全球变化与区域响应研究，重点要研究全球变化对我国农业生产的影响。

1.2　国内外研究进展

自 20 世纪 90 年代以来，全球不同领域的学者对土地利用变化给予了很多关注，围绕土地利用何地发生变化、何时发生变化、如何发生变化和为何发生变化等问题开展了大量研究。尤其是，国际地圈生物圈计划（international geosphere-biosphere programme，IGBP）与国际全球环境变化人类行为计划（international human dimensions programme，IHDP）共同执行的土地利用/覆盖变化研究（land-use and land-cover change，LUCC）以及后续全球土地计划（global land project，GLP）的实施，极大地促进了"土地变化科学"的诞生与发展（Rindfuss et al.，2004；Turner II et al.，2007；Reenberg，2009；Rounsevell et al.，2012）。农作物空间格局变化研究无论在理论和方法方面，还是在实践方面都取得了长足的进展。

1. 农作物空间格局变化特征研究

农作物空间格局特征主要包括单一作物的空间分布特征和多种作物组合形成的种植制度特征。从已经或正在进行的有关农作物空间格局变化研究来看，农作物空间格局变化信息获取方法主要有三种：基于统计数据的方法、基于遥感信息的方法以及基于空间模型的方法。基于统计数据分析是获取农作物空间格局变化信息的传统方法，已广泛应用于大区域尺度和长时间序列农作物空间格局及其变化分析研究。如张莉等（2013）利用统计数据分析了黑龙江省宾县过去 15 年农作物空间格局变化特征和规律，Lobell 等（2011）分析了气候变化影响下全球作物产量的时空格局特征。统计方法的优势不仅体现在可以获取统计单元内农作物空间格局变化的数量和速率等特征的详细信息，还可以提供与农作物生长、农业生产紧密相关的其他信息，如作物物候期、灌溉量、施肥量、投入成本和动力费用等。

遥感技术作为一种高新技术，因成本低、迅速和准确的优点正被广泛应用于对地观测活动中，在不同时空尺度下的农作物空间格局动态变化监测中发挥了重要作用。目前，多传感器、多时间分辨率、多空间分辨率的遥感数据在农作物空间分布变化研究中得到了广泛应用。基于遥感数据的作物识别和变化监测的方法也从最初的目视解译法发展到基于统计学的分类法（如结合地面样点的监督分类方法、多时相分类方法、多元数据结合分类法等），以及其他遥感分类法（如神经元网络方法、模糊数学分类法、专家系统分类法、混合像元分解法等）（唐华俊等，2010）。自 1997 年起，美国农业部国家农业统计中心利用多源中高分辨率遥感影像，制作了美国每年度作物分布图（cropland data layers，CDL；Boryan et al.，2011）。徐新刚（2008）利用高空间分辨率的 QuickBird 数据提取了作物种植面积分布，Cohen 和 Shoshany（2002）、张国平等（2003）和 Liu 等（2005）利用 Landsat TM 数据监测了农业耕地或作物空间分布及其动态变化。Jakubauskas 等（2002）、Liu 等（2003）和李景刚等（2004）则分别探索了利用低空间分辨率 NOAA/AVHRR 数据进行大区域耕地或作物空间格局动态变化的研究。近几年来，中低空间分辨率的 MODIS 数据更是在大区域的作物空间分布监测中发挥了重要作用（Xiao et al.，2005；周清波等，2005；Wardlow and Egbert，2008；熊勤学和黄敬峰，2009）。此外，根据作物的生长季节性特点,利用时间序列植被指数构建作物生长曲线,不仅可以实现多种作物空间分类提取,还能获取区域复种指数(范锦龙和吴炳方,2004;闫慧敏等,2005;Sakamoto et al.,2006;Canisius et al.,2007;唐鹏钦等,2011)、轮作方式(Lunetta et al.,2010)、物候特征(吴文斌等,2009;李正国等,2011)、耕地废弃(Alcantara et al.,2012)等空间分布格局。

通过将农作物光合、呼吸、蒸腾、营养等一系列生理生化过程所需的气候和土壤条件等公式化,再与各地域的光、温、水、土壤、地形以及农业生产条件等建立链接,就可以构建空间模型来获取农作物空间格局信息。基于模型的方法主要考虑了与农作物品种相对应的农业气候和土壤条件的阈值区间,实现了对不同农作物的潜在空间分布模拟。如 Tan 等(2003)利用作物潜在热量值、最适生长温度、最低临界生长温度和生育期日数等基本作物生理参数,在全球尺度模拟了单一作物(春小麦或冬小麦)、冬小麦-玉米、水稻-水稻等 7 种作物种植制度的潜在空间分布区域。基于空间模型的方法不仅可以应用于不同地域尺度的农作物空间分布现状模拟,也可用于未来气候变化情景下的农作物空间分布模拟预测(Wu et al.,2007;杨晓光等,2010),从而有效弥补基于统计数据和遥感信息方法的不足。

2. 农作物空间格局变化机理研究

农作物空间格局变化机理研究在于了解农作物空间格局从一个状态变化到另一个状态的动态过程,剖析农作物空间格局演变的内外部原因,确定不同自然-社会经济驱动因子对作物格局演变的作用机制。

农作物空间格局的形成和变化是自然因素和人类活动共同作用的产物。自然驱动力作为一个系统,可以分成不同的组成部分,如气候、土壤、水文等。各部分还可以继续划分,如气候因素可以细分出平均温度、极端温度、积温、降水、无霜期等(唐华俊等,2004)。从现有的农作物时间格局变化驱动机制研究来看,不少国内外学者应用多种系统分析与数理统计方法分析了自然生态环境变化(如气温增加、降水变化、土壤养分变化等)对农作物时空格局的影响。云雅如等(2005)研究指出,黑龙江省过去 20 年水稻播种范围向北和向东扩展,种植面积比重显著增加,小麦种植范围大幅向北退缩,与气候变暖带来的积温增加及积温带北移东扩密切相关。苏桂武和方修琦(2000)研究指出,京津地区近 50 年来水稻播种面积的变化较降水变化滞后,其结果导致年降水量变化与当年水稻种植面积变化之间存在显著负相关。Rounsevell 等(2003)则分析研究了英国西北部土壤和气候因素变化对小麦、玉米、大豆和甜菜等作物空间分布动态变化的影响。刘纪远等(2005)的研究显示,我国水田与旱地分布与 900 mm 等降水线的空间分布吻合,水田主要分布在降水量为 1 000 ~ 1 600 mm 的地区,水田分布的最北界与年均温大于 1℃的地区相对一致,全球气候变化所带来的温度与降水变化将影响我国农业耕作空间分布的变化,也将直接导致相应农作物空间格局的变化。

同样,人文驱动力作为一个系统,可以分为人口、技术、贫富状况、政治经济状况和文化等。每一部分也可以继续往下分,如人口可以分为农业人口数量、密度、增长速度和年龄结构等。与自然驱动力的作用机制相比,人类活动所产生的驱动机制更加复杂。Xie 等(2005)应用多元回归分析方法研究江苏吴县 1990 ~ 2000 年基本农田保护政策对水稻空间格局影响机制时，发现该政策因素能够显著减缓水稻空间分布缩减趋势，但这种正面效应在很大程度上又受到区域经济发展和城市扩展等诸多经济社会因子的综合影响。Long 等（2007）对江苏昆山的研究则表明，工业化趋势、城镇化进程、人口增长和中国经济改革政策是共同影响该区域 1987～2000 年水稻空间格局演变的四个主要人文驱动力。He 等（2005）通过分析区域景观指数 1983～2001 年的动态变化，则认为中国北部 13 个省区农田空间格局演变的主要驱动因子是经济的发展和生活水平的显著提高。Mottet 等（2006）分析各种自然-社会经济驱动因子认为，自然因素中的海拔高度和坡度，以及社会经济因素中的交通通达度和土地使用期限等是综合影响欧洲西南部比利牛斯山脉地区玉米等饲料作物空间格局变化的关键驱动力。而 Wood 等（2004）的研究更是详细地比较分析了气候因素、人口增长、农业发展项目、农田休闲耕作制度、土地使用期限等多种自然影响因子和人类活动，对非洲国家塞内加尔中南部地区玉米、水稻、棉花和花生等农作物有近 20 年空间格局演变的机理机制。

3. 农作物空间格局变化模拟模型研究

农作物空间格局变化模拟模型将土地变化系统中的现实问题归结为相应的数学问题，在此基础上利用数学的概念、方法和理论进行深入的分析和研究，从定性或定量的角度来刻画实际问题，并为解决现实问题提供数据或可靠的指导。借助计算机模拟模型，可以有效地分析农作物空间格局变化的速率、数量和空间特征，更好地解释其变化过程和机理机制，并可以探索未来不同情景下的可能变化趋势（唐华俊等，2009）。

早期的模型多为非空间模型，如 SALU 模型（Stéphenne and Lambin，2001），侧重于研究分析农作物变化的数量和速率特征，对变化的空间分布并未给予太多考虑。近 10 年来，随着遥感与地理信息系统技术的发展，农作物空间格局变化模拟模型发展到以空间模型为主，如空间统计模型、系统动力学模型、元胞自动机模型等（Pontius et al.，2001；Verburg et al.，2002；何春阳等，2004；李黔湘和王华斌，2008）。通过分析农作物空间分布和自然、社会、经济因子之间的相互关系，得到农作物分布的空间适宜性分布图。在综合考虑诸多限制因素和转换规则的前提下，将外部预测和计算的农作物面积变化总体数量逐步分配到一定的地理空间单元中，实现农作物面积数量变化向空间位置变化的转移。

地理空间模型可以分析研究影响作物空间格局变化的主要因子和具体过程，但由于忽略了"人地关系"中"人"的研究，该类模拟往往不能分析作物空间格局变化中的人类选择或决策行为，也不能分析社会体制及宏观政策等对作物空间格局变化的影响作用（唐华俊等，2009）。因此，自 20 世纪 90 年代以来，很多学者纷纷应用智能体模型（agent-based model，ABM）来模拟研究不同层次农户的农作物选择行为及其对农作物空间格局变化的影响（余强毅等，2011）。农业 ABM 研究最早见于 Balmann 开发的基于 Agent 的线性规划模型，该模型分析了不同政策下农场间的竞争关系，以及由此引起的农业土地变化（Balmann，1997）。受此启发，Berger 设计了类似的最优模型，研究异质农户间的土地利用行为选择问题，包括农户如何选择新技术，以及如何参与土地市场活动等（Berger et al.，2001）。Balmann 与 Happe 等将前者开发成了更接近经济模型的 AgriPoliS（Happe，2011）；而 Berger 与 Schreinemachers 等将后者设计成了 MP-MAS，其集成了大量内生的生物物理模块，两个模型均成功模拟了研究区域未来农业土地变化情景，为政府进行决策和制订相关农业土地政策提供了很好的支持（Schreinemachers and Berger，2011）。Polhill 等（2010）在 FEARLUS 模型中应用了启发式模仿与改进的算法表达决策过程，突出体现了决策过程中主体之间的相互作用与影响，后续研究不断将自然、社会经济、政策，以及偏好等整合进入 FEARLUS 框架，使模型表达更加真实。Evans 等（2001）较早利用效用模型分析农户土地利用行为变化过程以及其对应的地块尺度的土地利用变化，在后续的研究中，又整合移民潮、人口变动等因素，模拟了历史时期的毁林造田-弃田再生林过程。Deadman 等（2004）使用启发式与决策树相结合的方法表达决策过程；而 Manson（2007）认为农户在决策过程中仅表现出有限理性，即"最优选择"不一定是"最终选择"，在模型中加入了演化算法以更加真实地表达农户决策过程。Valbuena 等（2010）使用了简单的概率法来表达农户决策，改进之处在于进行了农户分类，考虑了农户类型与决策行为之间存在的对应关系。Mena 等（2011）使用了同样的概率法，但不同的是将农户的经营策略以特定比例行为限定为"最大收益""模仿""随机"三种，这三种经营策略分别对应具体的土地利用决策行为。Becu 等（2003）和 Ziervogel 等（2005）则应用了参与式模拟或角色扮演的方法定性表达农户的决策意向，是传统经验研究方法的重要补充。Gaube 等（2009）开发的 SERD 模型中集成了决策树与概率判定的方法；Castella 等（2005）将启发式方法和参与式模拟相结合；而 Le 等（2010）的 LUDAS 模型中集成了有限理性理论、最大效用模型、空间多项式回归以及启发式算法等多种方法。在国内，黄河清等（2010）利用 LUC-ASM 模型研究了不同农户类型以及自然环境、政府和企业的补贴机制综合影响下的农户土地利用行为；陈海等（2009）则研究了农户间的相互作用及市场因素的影响，并探讨了不同尺度下农户土地利用决策过程。吴文斌等（2007）基于离散选择模型建立了一个作物播种面积变化的全球模型，通过模拟作物选择行为，对全球主要作物播种面积的动态变化进行了模拟研究。

1.3　研究趋势与重点

1. 农作物空间格局变化特征研究

基于统计数据、遥感信息和空间模型来获取农作物空间格局及其变化信息的方法各具特色，但也存在不同的缺陷。统计方法用于大范围农作物空间格局变化监测时较耗人力、物力和财力，也易受人为因素的干扰（Lin and Ho，2003）。另外，统计数据仅能反映统计单元水平上的数量变化，难以表现统计单元内部作物分布的空间变异性（You et al.，2009）。遥感方法在农作物空间格局提取中也存在许多亟待解决的问题，如混合像元、大气校正、尺度转换等，同物异谱和同谱异物现象的广泛存在，使得单纯的基于遥感影像分类的方法难以应用于大尺度空间农作物种类的识别，也就难以获取农作物空间格局动态变化的特征。基于模型的方法主要考虑农作物空间分布的气候、地形和土壤等生态环境因子，而对农作物真实空间分布紧密相关的农户种植习惯、农产品价格、农业政策等社会经济因子考虑不够。因此，基于多尺度、多信息源数据融合的复合方法成为农作物空间格局动态变化特征研究的重要方向，可以充分利用多种数据信息的特色，实现优势互补, 弥补单一遥感数据和分类方法的缺陷, 提高信息获取和分析精度 (Frolking et al., 2002; Qiu et al., 2003; Portmann et al., 2010)。

利用遥感数据和统计数据融合的方法, Leff 等 (2004) 生成了全球 18 种主要农作物 10km 空间分辨率的分布图集。Ramankutty 等 (2008) 和 Monfreda 等 (2008) 则应用线性回归模型将不同空间尺度农作物统计信息分配到全球 10km 分辨率的耕地像元中, 最终获取了 11 种主要作物的空间分布信息。然而, 这些全球数据集的空间分辨率较粗, 不太适合区域尺度的农作物空间格局分析; 而且往往都是针对某一特定时间点或时段, 缺乏长时间序列的农作物空间分布数据集, 无法获取农作物空间格局动态变化信息。因此, 迫切需要构建具有普适性的农作物空间格局获取方法或模型, 以 5 年或 10 年的间隔周期获取农作物空间分布动态变化特征。

不同数据源之间的尺度、精度、采集方法等差异会影响多源数据的应用过程, 如不同遥感数据集采取的分类规则和分类系统可能不相同, 遥感数据获取的作物面积与统计数据获取的作物面积数量可能不一致 (Verburg et al., 2011)。如何进行相互验证, 以减少数据差异对农作物空间分布研究的影响值得深入分析。因此, 开展不同来源的耕地或作物空间分布数据的验证和比对分析研究十分必要, 不仅可以帮助数据用户根据研究目的和区域选择适宜的数据产品, 也可以为数据生产者提供反馈, 以促进数据处理算法的改进, 更好地服务于未来农作物空间分布制图。

当前, 一些开放的数据共享/验证平台开始出现, 进一步丰富了农作物空间格局研究内容。如 Geo-Wiki 通过众包的方式获取足够的地面验证点, 将现有全球耕地数据集加以合成, 能够重新生成一套精度更高的全球耕地空间数据集 (Fritz et al., 2012)。CropScape 将美国 CDL 作物分布数据集进行开放共享, 用户不仅可直接通过网络访问 CDL 数据集, 同时还可以根据用户位置获取更为具体的农作物空间格局分析信息 (Han et al., 2012)。

2. 农作物空间格局变化机理研究

农作物空间格局变化问题实质上是人类–环境的关系问题。从现有的农作物时空格局驱动机制研究来看, 多数研究侧重于应用多种系统分析与数理统计方法分析自然生态环境变化 (如气温增加、降水变化、土壤养分变化等) 对农作物时空格局的影响。例如, 当前农作物空间格局变化的分析对象往往是具有一定面积的土地单元, 或栅格系统中网格表述的一定面积区域, 利用地理网格数据 (如气象、土壤等) 或行政区域社会经济统计数据可以较为容易地建立农作物空间格局变化与环境因子之间的关系。然而, 农作物空间格局变化不仅受自然因素的影响, 还受社会经济等人文因素的综合作用, 仅从自然驱动力或人文驱动力一个角度来分析, 往往难以全面理解农作物空间格局的动态变化过程 (唐华俊等, 2004)。因此, 必须综合自然–社会经济多因素, 同时在不同时空尺度下, 比较研究农作物空间格局动态变化特征, 这样才能真正认识导致其动态变化的原因。

以往机理研究仅能从宏观层面对农作物空间格局变化的驱动机制进行解释, 而忽视了农作物空间格局变化中发挥重要作用的人类主体决策行为, 难以对微观个体行为给出合理解释。事实上, 宏观尺度农作物空间格局是微观层面农户农作物选择决策行为和过程的汇总和综合, 亦即宏观尺度格局是从微观过程涌现出的 (Overmars et al., 2007; 吴文斌等，2007）。由于不同决策主体具有不同的自治性、能动性、适应性和交互性特征，使得主体间的农作物选择或决策行为呈现为显著的差异性、动态性和相关性，一定程度上可以科学解释和揭示农作物空间格局变化的原因和过程（Paker et al.，2003）。因此，从长远趋势看，如果农作物空间格局机制研究不考虑人类主体决策机制，不从整体和动态的角度来综合考虑人类-环境复合关系，就不能很好地解释和预测农业土地利用变化（Grimm et al.，2005）。

此外，传统机理机制研究习惯将驱动因子与变化结果静态分割，即简单地认为驱动因子决定了农作物空间格局变化的结果（Veldkamp，2009）。这种静态机制假设农作物时空格局变化和其驱动因子之间的因果关系不随时间发生变化。显然，这类静态机制对时间机制关注不够。由于人-地关系的多重性、动态性、异时异地相关性等特征，综合空间机制和时间机制的研究必将是未来农作物空间格局机制研究的方向之一（Lambin and Geist，2006）。这类动态机制综合考虑了农作物空间格局变化的非线性、多维性、路径依赖性和反馈机制，可以更好地描述其复杂性和动态性，更有效地解释其变化的原因、过程和结果。

3. 农作物空间格局变化模拟模型研究

地理模型和社会经济模型从不同的角度对农作物空间格局变化进行了模拟，都发挥了重要作用。但是，这两类模型也存在不足，因为农作物空间格局的形成和变化是不同尺度的自然和人文因素综合作用的结果，反映了人地关系的复杂性问题（Liu et al.，2007）。人-地关系作为一个复杂开放的巨系统，变化过程的复杂性和动态性，驱动因子和驱动机制多样性，相互作用、互为因果关系，使得其边界模糊和重叠，难以进行界定和结构化处理（史培军等，2006）。可见，"人类"和"土地"的综合研究是农作物空间格局动态变化模拟研究的难点和焦点之一，这对于自然科学和社会科学融合和综合研究也是一个巨大挑战。因此，综合模拟模型研究逐渐成为未来一个重要的研究方向。如作物生长模型 EPIC 与农业经济贸易模型 IFPSIM 相结合，用于模拟未来全球主要农作物空间格局变化（Wu et al.，2007）；MAgPIE 模型将经济模型与 DGVM 进行结合，模拟未来全球生物质能源作物生长与分布的情景（Lotze-Campen et al.，2010）；Dyna-CLUE 模型将 CLUE-S 与植被动态变化算法相结合，模拟未来欧洲耕地废弃或扩张的动态变化过程（Verburgand and Overmars，2009）。

农作物空间格局变化过程在不同尺度上发生、作用和演变，影响着农作物空间格局变化的实际速率和空间分布。因此，农作物空间格局变化具有明显的多时空尺度特性，多尺度、多层次的综合是农作物空间格局变化模拟模型的新要求（Verburg，2006）。多尺度、多层次的综合主要包括自顶而下和自底而上两种结构。选择何种模型结构主要取决于研究的农作物对象和变化过程。例如，一些农作物空间格局变化直接由本地过程和驱动力直接决定，这类变化模型应遵循自底而上的方法；而诸如农业经济作物空间分布的扩展变化等，很大程度上为区域或国家尺度上的市场需求所导向，此类变化模型以利用自顶而下的结构模型为适合。不管何种结构的模型，不同空间尺度间的反馈和关联性也是不可忽略的。微观尺度农户的农作物选择决策行为可能受更大尺度上的反馈力影响而发生变化，如个体农户如果都选择相同的作物种植方式，可能会导致该区域或更高层次区域市场的农产品饱和或过剩，那么农户层面上的最优作物选择将不再是最优化选择，其种植的作物可能随之发生变化。同样，区域尺度上的农作物需求，往往会因为微观尺度上的土地资源的有限性和立地条件的不适宜性而得不到实现，这可能会诱发其他区域微观尺度上的农作物空间格局发生变化和调整。多尺度综合中的尺度推移包括尺度扩展和尺度收缩也是一个值得深入探讨的问题（Overmars and Verburg，2006）。从目前已有的研究看，表述地理、生态环境的空间数据和时态数据的尺度推移的理论和方法已经比较成熟；但对于反映社会、经济状态属性数据的尺度推移研究则刚处于起步阶段，尚需要加强研究（张秋菊和傅伯杰，2003）。

模型验证是农作物空间格局变化模拟模型的新挑战。模型验证内容常常涉及对模型结构和变量间关系合理性的检验、模型输出结果与实际观测值的比较分析、模型的敏感性分析以及模型的不确定性分析（唐华俊等，2009）等。归根到底，实际上是对农作物空间格局数量变化和空间位置变化进行验证。早期模型验证以简单的视觉验证和专家知识验证等为主，但由于过多的人为因素的参与，使得该验证方法具有很强的主观性，验证结果也就不一致（Lambin et al.，2003）。因此，客观的模型验证和评价方法是目前和将来模型发展的主流方向。最常用的方法是统计法，利用诸多统计参数来描述模型和参考数据的拟合优度。如对于线性回归模型，常用统计量有决定系数（R^2）；对于非线性回归模型（如 Logistic 模型），评定方法有类决定系数（pesudo-R^2）、Kappa 系数和 ROC 曲线（Pontius and Schneider，2001；Pontius et al.，2001）等。此外，其他方法如景观指数法（Lesschen et al.，2005）和模糊集法（Hagen，2003）等也得到了应用。任何模型验证过程都具有尺度依赖性。因此，近年来很多学者提出了基于多尺度的模型验证方法，检查模型对于尺度的敏感性和有效性（Kok et al.，2001；Veldkamp et al.，2001）。需要说明的是，虽然以上方法得到了很好的应用，但目前还没有一个评价模型结果和参考数据吻合程度的统一标准和规范。Pontius 等提出了一个衡量模型验证效果的基本标准，就是模型模拟结果和参考数据的相似度必须高于该参考数据和零效模型的相似度（Pontius et al.，2004），否则，模型验证不是理想的。另外，模型验证依据的参考数据问题也需要深入研究。这些数据必须是不同于模型建立所适用的输入数据，在时间或空间上是独立的。

参 考 文 献

陈海，王涛，梁小英，等. 2009. 基于 MAS 的农户土地利用模型构建与模拟——以陕西省米脂县孟岔村为例. 地理学报，64(12)：1448-1456.

陈宜瑜. 1999. 中国全球变化研究趋势. 地球科学进展，14(4)：319-323.

范锦龙，吴炳方. 2004. 复种指数遥感监测方法. 遥感学报，8(6)：628-636.

葛全胜，王芳，陈泮勤，等. 2007. 全球变化研究进展和趋势. 地球科学进展，22(4)：417-427.

何春阳，史培军，李景刚，等. 2004. 中国北方未来土地利用变化情景模拟. 地理学报，59(4)：599-608.

黄河清，潘理虎，王强，等. 2010. 基于农户行为的土地利用人工社会模型的构造与应用. 自然资源学报，25(3)：353-367.

李景刚，何春阳，史培军，等. 2004. 中国北方 13 省 1983 年后的耕地变化与驱动力研究. 地理学报，59(2)：274-282.

李黔湘，王华斌. 2008. 基于马尔柯夫模型的涨渡湖流域土地利用变化预测. 资源科学，30(10)：1541-1546.

李正国，唐华俊，杨鹏，等. 2011. 东北三省耕地物候期对热量资源变化的响应. 地理学报，66(7)：928-939.

林而达, 许吟隆, 蒋金荷, 等. 2006. 气候变化国家评估报告(II): 气候变化的影响与适应. 气候变化研究进展, 2(2): 51-56.

刘纪远, 张增祥, 李秀彬, 等. 2005. 20 世纪 90 年代中国土地利用变化的遥感时空信息研究. 北京: 科学出版社: 446-514.

秦大河. 2007. 应对全球气候变化防御极端气候灾害. 资源与人居环境, 17: 45-48.

史培军, 王静爱, 陈婧, 等. 2006. 当代地理学之人地相互作用研究的趋向——全球变化人类行为计划(IHDP)第六届开放会议透视. 地理学报, 61 (2): 115-126.

苏桂武, 方修琦. 2000. 京津地区近 50 年来水稻播种面积变化及其对降水变化的响应研究. 地理科学, 20(3): 212-217.

唐华俊, 陈佑启, 邱建军, 等. 2004. 中国土地利用/土地覆盖变化研究. 北京: 中国农业科学技术出版社: 65-100.

唐华俊, 吴文斌, 杨鹏, 等. 2009. 土地利用/土地覆被变化模型最新研究进展. 地理学报, 64(4): 456-468.

唐华俊, 吴文斌, 杨鹏, 等. 2010. 农作物空间格局遥感监测研究进展. 中国农业科学, 43(14): 2879-2888.

唐鹏钦, 吴文斌, 姚艳敏, 等. 2011. 基于小波变换的华北平原耕地复种指数提取. 农业工程学报, 27(7): 220-225.

王铮, 郑一萍. 2001. 全球变化对中国粮食安全的影响分析. 地理研究, 20 (3): 282-289.

吴文斌, 杨鹏, 柴崎亮介, 等. 2007. 基于 Agent 的土地利用/土地覆盖变化模型的研究进展. 地理科学, 27(4): 573-578.

吴文斌, 杨鹏, 谈国新, 等. 2007. 基于 LOGIT 模型的世界主要作物播种面积变化模拟研究. 地理学报, 62(6): 589-598.

吴文斌, 杨鹏, 唐华俊, 等. 2009. 过去 20 年中国耕地生长季起始期的时空变化. 生态学报, 29(4): 1777-1786.

熊勤学, 黄敬峰. 2009. 利用 NDVI 指数时序特征监测秋收作物种植面积. 农业工程学报, 25(1): 144-148.

徐新刚, 李强子, 周万村, 等. 2008. 应用高分辨率遥感影像提取作物种植面积. 遥感技术与应用, 23(1): 81-86.

闫慧敏, 刘纪远, 曹明奎. 2005. 近 20 年中国耕地复种指数的时空变化. 地理学报, 60(4): 559-566.

杨晓光, 刘志娟, 陈阜. 2010. 全球气候变暖对中国种植制度可能影响: I. 气候变暖对中国种植制度北界和粮食产量可能影响的分析. 中国农业科学, 43(2): 329-336.

叶笃正, 季劲钧, 严中伟, 等. 2009. 简论人类圈在地球系统中的作用. 大气科学, 33(3): 409-415.

余强毅, 吴文斌, 唐华俊, 等. 2011. 复杂系统理论与 Agent 模型在土地变化科学中的研究进展. 地理学报, 66(11): 1518-1530.

云雅如, 方修琦, 王媛, 等. 2005. 黑龙江省过去 20 年粮食作物种植格局变化及其气候背景. 自然资源学报, 20(5): 697-705.

张国平, 刘纪远, 张增祥. 2003. 近 10 年来中国耕地资源的时空变化分析. 地理学报, 58 (3): 323-332.

张兰生, 方修琦, 任国玉. 2000. 全球变化. 北京: 高等教育出版社.

张莉, 吴文斌, 杨鹏, 等. 2013. 黑龙江省宾县农作物格局时空变化特征分析. 中国农业科学.

张秋菊, 傅伯杰. 2003. 关于景观格局演变研究的几个问题. 地理科学, 23(3): 264-270.

周清波, 刘佳, 王立民, 等. 2005. EOS-MODIS 卫星数据的农业应用现状及前景分析. 农业图书情报学刊, 17(2): 202-205.

Alcantara C, Kuemmerle T, Prishchepov A V, et al. 2012. Mapping abandoned agriculture with multi-temporal MODIS satellite data. Remote Sensing of Environment, 124: 334-347.

Balmann A. 1997. Farm-based modelling of regional structural change: A cellular automata approach. European Review of Agricultural Economics, 24(1-2): 85-108.

Barretto A G O P, Berndes G, Sparovek G, et al. 2013. Agricultural intensification in Brazil and its effects on land-use patterns: an analysis of the 1975 ~2006 period. Global Change Biology, 19(6): 1804-1815.

Becu N, Perez P, Walker A, et al. 2003. Agent based simulation of a small catchment water management in northern Thailand: Description of the CATCHSCAPE model. Ecological Modelling, 170(2-3): 319-331.

Berger T. 2001. Agent-based spatial models applied to agriculture: a simulation tool for technology diffusion, resource use changes and policy analysis. Agricultural Economics, 25(2-3): 245-260.

Boryan C, Yang Z, Mueller R, et al. 2011. Monitoring US agriculture: the US Department of Agriculture, National Agricultural Statistics Service, Cropland Data Layer Program. Geocarto International, 26(5): 341-358.

Canisius F, Turral H, Molden D. 2007. Fourier analysis of historical NOAA time series data to estimate bimodal agriculture. International Journal of Remote Sensing, 28: 5503-5522.

Castella J, Boissau S, Trung T N, et al. 2005. Agrarian transition and lowland-upland interactions in mountain areas in northern Vietnam: application of a multi-agent simulation model. Agricultural Systems, 86(3): 312-332.

Cohen Y, Shoshany M. 2002. A national knowledge-based crop recognition in Mediterranean environment. International Journal of Applied Earth Observation and Geoinformation, 4: 75-87.

Deadman P, Robinson D, Moran E, et al. 2004. Colonist household decisionmaking and land-use change in the Amazon Rainforest: an agent-based simulation. Environment and Planning B: Planning and Design, 31(5): 693-709.

Ellis E C. 2011. Anthropogenic transformation of the terrestrial biosphere. Philosophical Transactions of the Royal Society A, 369(1938): 1010-1035.

Evans T P, Manire A, de Castro F, et al. 2001. A dynamic model of household decision-making and parcel level landcover change in the eastern Amazon. Ecological Modelling, 143(1-2): 95-113.

Foley J A, DeFries R, Asner G P, et al. 2011. Solutions for a cultivated planet. Nature, 478(7369): 337-342.

Fritz S, McCallum I, Schill C, et al. 2012. Geo-Wiki: An online platform for improving global land cover. Environmental Modelling & Software, 31(0): 110-123.

Frolking S, Qiu J, Boles S, et al. 2002. Combining remote sensing and ground census data to develop new maps of the distribution of rice agriculture in China. Global Biogeochemical Cycles, 16 (1091), doi: 10.1029/2001GB001425.

Gaube V, Kaiser C, Wildenberg M, et al. 2009. Combining agent-based and stock-flow modelling approaches in a participative analysis of the integrated land system in Reichraming, Austria. Landscape Ecology, 24(9): 1149-1165.

Grimm V, Revilla E, Berger U, et al. 2005. Pattern-oriented modeling of agent-based complex systems: lessons from ecology. Science, 310: 987-991.

Hagen A E. 2003. Fuzzy set approach to assessing similarity of categorical maps. International Journal of Geographic Information Systems, 173: 235-249.

Han W, Yang Z, Di L, et al. 2012. CropScape: a Web service based application for exploring and disseminating US conterminous geospatial cropland data products for decision support. Computers and Electronics in Agriculture, 84: 111-123.

Happe K, Hutchings N J, Dalgaard T, et al. 2011. Modelling the interactions between regional farming structure, nitrogen losses and environmental regulation. Agricultural Systems, 104(3): 281-291.

He C, Li J, Wang Y, et al. 2005. Understanding cultivated land dynamics and its driving forces in northern China during 1983~2001. Journal of Geographical Sciences, 15 (4): 387-395.

Helkowski J H, Holloway T, Howard E A, et al. 2005. Global consequences of land use. Science, 309(5734): 570-574.

Jakubauskas M E, Legates D R, Kastens J H. 2002. Crop identification using harmonic analysis of time-series AVHRR NDVI data. Computers and Electronics in Agriculture, 37: 127-139.

Kok K, Farrow A, Veldkamp A, et al. 2001. A method and application of multi-scale validation in spatial land use models. Agriculture, Ecosystems and Environment, 85: 223-238.

Kotchen M J, Young O R. 2007. Meeting the challenges of the anthropocene: Towards a science of coupled human-biophysical systems. Global Environmental Change, 17: 149-151.

Lambin E F, Geist H J, Lepers E. 2003. Dynamics of land-use and land-cover change in tropical regions. Annual Review of Environment and Resources, 28: 205-241.

Lambin E F, Geist H J. 2006. Land use and land cover change. Local processes and global impacts. Global change-IGDP series, Spriger Dordrecht.

Le Q B, Park S J, Vlek P L G. 2010. Land Use Dynamic Simulator (LUDAS): A multi-agent system model for simulating spatio-temporal dynamics of coupled human-landscape system: 2. Scenario-based application for impact assessment of land-use policies. Ecological Informatics, 5(3): 203-221.

Leff B, Ramankutty N, Foley J A. 2004. Geographic distribution of major crops across the world. Global Biogeochemical Cycles, 18 (1009), doi: 10.1029/2003GB002108.

Lesschen J P, Verburg P H, Staal S J. 2005. Statistical methods for analyzing the spatial dimension of changes in land use and farming system. LUCC Report Series No. 7.

Lin G C S, Ho S P S. 2003. China's land resources and land-use change: insights from the 1996 land survey. Land Use Policy, 20: 87-107.

Liu J, Dietz T, Capenter S R, et al. 2007. Complexity of coupled human and natural systems. Science, 317: 1513-1516.

Liu J, Liu M, Tian H, et al. 2005. Spatial and temporal patterns of China's cropland during 1990-2000: An analysis based on Landsat TM data. Remote Sensing of Environment, 98: 442-456.

Liu J, Zhuang D, Luo D, et al. 2003. Land-cover classification of China: integrated analysis of AVHRR imagery and geophysical data. International Journal of Remote Sensing, 24: 2485-2500.

Lobell D B, Schlenker W, Costa-Roberts J. 2011. Climate trends and global crop production since 1980. Science, 333(6042): 616-620.

Long H, Tang G, Li X, et al. 2007. Socio-economic driving forces of land-use change inKunshan, the Yangtze River Delta economic area of China. Journal of Environmental Management, 83: 351-364.

Lotze-Campen H, Popp A, Beringer T, et al. 2010. Scenarios of global bioenergy production: The trade-offs between agricultural expansion, intensification and trade. Ecological Modelling, 221(18): 2188-2196.

Lunetta R S, Shao Y, Ediriwickrema J, et al. 2010. Monitoring agricultural cropping patterns across the Laurentian Great Lakes Basin using MODIS-NDVI data. International Journal of Applied Earth Observation and Geoinformation, 12(2): 81-88.

Manson S M, Evans T. 2007. Agent-based modeling of deforestation in southern Yucatán, Mexico, and reforestation in the Midwest United States. Proceedings of the National Academy of Sciences, 104(52): 20678-20683.

Mena C F, Walsh S J, Frizzelle B G, et al. 2011. Land use change on household farms in the Ecuadorian Amazon: Design and implementation of an agent-based model. Applied Geography, 31(1): 210-222.

Monfreda C, Ramankutty N, Foley J A. 2008. Farming the planet: 2. the geographic distribution of crop areas and yields in the year 2000. Global Biogeochemical cycles, 22(1003), doi: 10. 1029/2007GB002952.

Mottet A, Sylvie L, Nathalie C, et al. 2006. Agricultural land-use change and its drivers in mountain landscapes: a case study in the Pyrenees. Agriculture, Ecosystems and Environment, 114: 296-310.

Overmars K P, Verburg P H, Veldkamp A. 2007. Comparison of a deductive and an inductive approach to specify land suitability in a spatially explicit land use model. Land Use Policy, 24: 584-599.

Overmars K P, Verburg P H. 2006. Multilevel modelling of land use from field to village level in the Philippines. Agricultural Systems, 89: 435-456.

Parker D C, Manson S M, Janssen M A, et al. 2003. Multi-agent systems for the simulation of land-use and land-coverchange: a review. Annals of the Association of American Geographers, 93: 314-337.

Polhill J G, Sutherland L, Gotts N M. 2010. Using qualitative evidence to enhance an agent-based modelling system for studying land use change. Journal of Artificial Societies and Social Simulation, 13(2): 10-15.

Pontius J R G, Cornell J D, Hall C A S. 2001. Modeling the spatial pattern of land-use change with GEOMOD2: application and validation for Costa Rica. Agriculture, Ecosystems and Environment, 85: 191-203.

Pontius J R G, Huffaker D, Denman K. 2004. Useful techniques of validation for spatially explicit land-change models. Ecological Modelling, 179: 445-461.

Pontius J R G, Schneider L C. 2001. Land-cover change model validation by an ROC method for the Ipswich watershed, Massachusetts, USA. Agriculture, Ecosystems and Environment, 85: 239-248.

Portmann F T, Siebert S, Döll P. 2010. MIRCA2000—Global monthly irrigated and rainfed crop areas around the year 2000: A new high-resolution data set for agricultural and hydrological modeling. Global Biogeochemical Cycles, 24(1): B1011.

Qiu J, Tang H, Frolking S, et al. 2003. Mapping single, double and triple-crop agriculture in China at 0. 5 * 0. 5 by combining county-scale census data with a remote sensing-derived land cover map. Geocarto International, 18: 3-13.

Ramankutty N, Evan A T, Monfreda C, et al. 2008. Farming the planet 1. geographic distribution of global agricultural lands in the year 2000. Global Biogeochemical Cycles, 22: B1003.

Reenberg A. 2009. Land system science: handling complex series of natural and socio-economic processes. Journal of Land Use

Science, 4(1): 1-4.

Rindfuss R R, Walsh S J, Turner B L, et al. 2004. Developing a science of land change: Challenges and methodological issues. Proceedings of the National Academy of Sciences, 101(39): 13976-13981.

Rosegrant M W, Cline S A. 2003. Global food security: challenges and policies. Science, 302: 1917-1919.

Rounsevell M D A, Annetts J E, Audsley E, et al. 2003. Modelling the spatial distribution of agricultural land use at the regional scale. Agriculture, Ecosystems and Environment, 95: 465-479.

Rounsevell M D A, Pedroli B, Erb K, et al. 2012. Challenges for land system science. Land Use Policy, 29(4): 899-910.

Sakamoto T, Nguyen N V, Ohno H, et al. 2006. Spatio-temporal distribution of rice phenology and cropping systems in the Mekong Delta with special reference to the seasonal water flow of the Mekong and Bassac rivers. Remote Sensing of Environment, 100: 1-16.

Schmidhuber J, Tubiello F N. 2007. Global food security under climate change. Proceedings of the National Academy of Science, 104: 19703-19708.

Schreinemachers P, Berger T. 2011. An agent-based simulation model of human-environment interactions in agricultural systems. Environmental Modelling & Software, 26(7): 845-859.

Stéphenne N, Lambin E F. 2001. A dynamic simulation model of land-use changes in Sudano-sahelian countries of Africa (SALU). Agriculture, Ecosystems and Environment, 85: 145-161.

Tan G., Shibasaki R. 2003. Global estimation of crop productivity and the impacts of global warming by GIS and EPIC integration. Ecological Modelling, 168: 357-370.

Tilman D, Balzer C, Hill J, et al. 2011. Global food demand and the sustainable intensification of agriculture. Proceedings of the National Academy of Sciences, 108(50): 20260-20264.

Turner II B L, Lambin E F, Reenberg A. 2007. The emergence of land change science for global environmental change and sustainability. Proceedings of the National Academy of Sciences, 104(52): 20666-20671.

Valbuena D, Verburg P H, Bregt A, et al. 2010. An agent-based approach to model land-use change at a regional scale. Landscape Ecology, 25(2): 185-199.

Veldkamp A, Verburg P H, Kok K, et al. 2001. The need for scale sensitive approaches in spatially explicit land use change modeling. Environmental Modeling and Assessment, 6: 111-121.

Veldkamp A. 2009. Investigating land dynamics: Future research perspectives. Journal of Land Use Science, 4(1): 5-14.

Verburg P H, Neumann K, Nol L. 2011. Challenges in using land use and land cover data for global change studies. Global Change Biology, 17(2): 974-989.

Verburg P H, Overmars K. 2009. Combining top-down and bottom-up dynamics in land use modeling: exploring the future of abandoned farmlands in Europe with the Dyna-CLUE model. Landscape Ecology, 24(9): 1167-1181.

Verburg P H, Soepboer W, Limpiada R, et al. 2002. Modeling the spatial dynamics of regional land use: the CLUE-S model. Environmental Management, 30: 391-405.

Verburg P H. 2006. Simulating feedbacks in land use and land cover change models. Landscape Ecology, 21: 1171-1183.

Wardlow B D, Egbert S L. 2008. Large-area crop mapping using time-series MODIS 250 m NDVI data: An assessment for the U. S. Central Great Plains. Remote Sensing of Environment, 112: 1096-1116.

Wood E C, Tappan G G, Hadj A. 2004. Understanding the drivers of agricultural land use change in south-central Senegal. Journal of Arid Environments, 59: 565-582.

Wu W, Shibasaki R, Yang P, et al. 2007. Global-scale modelling of future changes in sown areas of major crops. Ecological Modelling, 208(2-4): 378-390.

Wu W, Yang P, Meng C, et al. 2008. An integrated model to simulating sown area changes for major crops at a global scale. Science in China Series D: Earth Sciences, 51(3): 370-379.

Xiao X, Boles S, Liu J, et al. 2005. Mapping paddy rice agriculture in southern China using multi-temporal MODIS images. Remote Sensing of Environment, 95: 480-492.

Xie Y, Yu M, Tian G, et al. 2005. Socio-economic driving forces of arable land conversion: a case study of Wuxian City, China. Global Environmental Change, 15: 238-252.

You L, Wood S, Wood-Sichra U. 2009. Generating plausible crop distribution maps for Sub-Saharan Africa using a spatially disaggregated data fusion and optimization approach. Agricultural Systems, 99: 126-140.

Yu Q, Wu W, Yang P, et al. 2012. Proposing an interdisciplinary and cross-scale framework for global change and food security researches. Agriculture, Ecosystems and Environment, 156: 57-71.

Ziervogel G, Bithell M, Washington R, et al. 2005. Agent-based social simulation: a method for assessing the impact of seasonal climate forecast applications among smallholder farmers. Agricultural Systems, 83(1): 1-26.

第 2 章　东北地区自然生态环境和社会经济变化特征

作为我国重要的商品粮基地，东北地区是我国玉米、水稻等粮食作物和大豆、甜菜等经济作物的主要产区之一，在我国粮食安全保障体系和农业生产中占有重要地位，对实现国家粮食增产总体目标起着至关重要的作用。农业生产是一个对自然和社会经济条件依赖程度很强的过程，自然生态环境和社会经济变化必然对其产生重大影响。近年来，全球变化对农业生产的影响日益引起国内外学者的普遍关注。为了评估全球变化背景下农作物空间格局动态变化，首先针对东北地区的农业气候资源和社会经济变化特征进行系统梳理。

2.1　气候条件与农业气候资源的变化

中国东北地区包括辽宁省、吉林省和黑龙江省，地处 118°53′~135° 05′E, 38° 43′~53° 33′N 之间。区域面积为 79. 18 万 km², 其中耕地面积为 26. 44 万 km², 约占全国耕地总面积的 16.5% 。该区属寒温带、中温带湿润(半湿润)气候，大部分地区≥0℃积温为 2 000 ~4 200℃, ≥10℃活动积温为 2 200 ~3 800℃, 夏季平均气温为 20 ~25℃, 无霜期为 140 ~ 170 d, 降水量 500 ~ 800 mm, 其中 60% 集中在 7 ~ 9 月。

运用 1951 ~ 2010 年历史时期的气象资料，选择东北地区 87 个气象站点和 10 个辐射监测站点，以各省气象站点的均值及变化趋势分析东北地区的农业气候条件，包括热量与积温、平均气温、降水量及总辐射量。有研究表明，我国气候要素自 20 世纪 80 年代有比较明显的转折点，因此研究采用历时气候分阶段比较法，以 1981 年为界线，比较 1951 ~ 1980 年和 1981 ~2010 年的气候平均状况、空间分布变化及气候倾向率变化。

1. 积温

以≥10℃活动积温表征农业生产所需热量，东北地区≥10℃的年均积温为 2 972 ℃·d, 历史时期介于 2 686 ~3 327 ℃·d, 1951 ~1980 年的均值为 2 921 ℃·d, 1981 ~2010 年相比增加了 139℃·d, 东北地区热量随气候变化呈现累积趋势，南部积温增长快于北部(图 2-1)。其中黑龙江最北，均值为 2 587 ℃·d, 1951 ~1980 年的均值为 2 522 ℃·d, 1981 ~2010 年相比增加了 132 ℃·d, 全年热量均值能够满足水稻生长所需热量。吉林的积温为 2 811 ℃·d, 1951 ~1980 年的均值为 2 834 ℃·d, 1981 ~2010 年相比增加了 162 ℃·d, 最南的辽宁的热量积温为 3 493 ℃·d, 1951 ~1980 年的均值为 3 435 ℃·d, 1981 ~2010 年相比增加了 200 ℃·d。

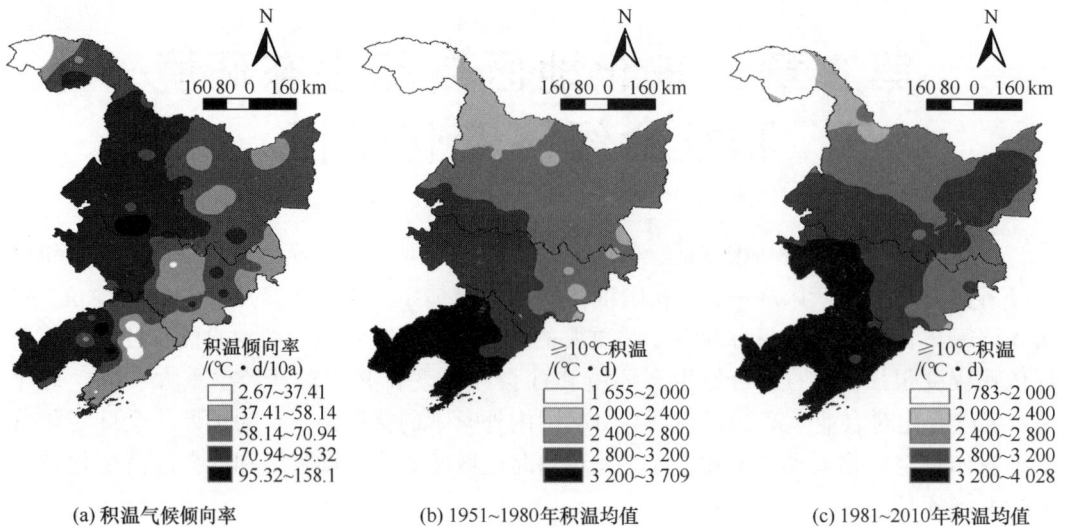

(a) 积温气候倾向率　　　　(b) 1951~1980年积温均值　　　　(c) 1981~2010年积温均值

图 2-1　东北地区≥10℃积温均值及变化趋势的空间分布

从空间分布看，积温的分布表现为由南向北逐渐降低。研究期内东北地区≥10℃积温的气候倾向率介于 2.67~158.1 ℃·d/10a，整体上积温呈现增加趋势，尤其以辽宁、吉林和黑龙江北部的松嫩平原地区热量增加最为显著。1951~1980 年东北地区积温介于1 655~3 709 ℃·d；而 1981~2010 年积温范围显著扩大，介于 1 783~4 028 ℃·d。3 200 ℃·d 积温界线由 20 世纪 80 年代以前向北推移越过了吉林省大部分地区，抵达黑龙江省的南部边界，2 400℃·d 的积温界线已经抵达 50°N 以北，东北大部分地区已经能为种植积温需求高的作物品种提供热量资源。积温带的北移，使晚熟作物品种的种植界线北移，为相同栽培管理条件下的农作物提高单产奠定了基础。

2. 气温

东北地区 1951~2010 年间的均温为 4.86℃，介于 3.08~6.58℃，以黑龙江最冷，年均温为 2.07℃，介于 0.09~3.92℃，1951~1980 年温度均值为 1.6℃，1981~2010年均温比前期增加 0.9℃；三个省份的年均温增长程度较为一致，近 30 年增长达 1℃（表 2-1）。

表 2-1　1951~2010 年东北地区气候条件特征统计表

气象指标	省份	最小值	最大值	均值	标准误差	中位数	标准差	历史年代均值	
								1951~1980 年	1981~2010 年
≥10℃积温/(℃·d)	黑龙江	2 265	2 895	2 587	18	2 568	138	2 522	2 654
	吉林	2 534	3 353	2 859	24	2 811	181	2 834	2 996
	辽宁	3 215	3 880	3 533	22	3 493	166	3 435	3 635

续表

气象指标	省份	最小值	最大值	均值	标准误差	中位数	标准差	历史年代均值	
								1951~1980 年	1981~2010 年
年平均气温/℃	黑龙江	0.09	3.92	2.07	0.11	2.13	0.82	1.6	2.5
	吉林	2.71	6.53	4.54	0.12	4.36	0.92	4.3	5.3
	辽宁	6.79	9.86	8.40	0.09	8.36	0.72	7.9	8.9
年降水量/mm	黑龙江	381	663	528	9	531	71	528	527
	吉林	492	844	653	11	641	85	650	627
	辽宁	479	995	691	16	697	119	719	663
总辐射量/(10⁴J·m²/a)	黑龙江	40.88	51.46	46.61	0.34	46.84	2.38	47.25	46.26
	吉林	43.66	52.76	48.45	0.31	48.58	2.26	49.05	48.02
	辽宁	44.49	57.74	50.33	0.39	50.39	2.77	51.29	49.62

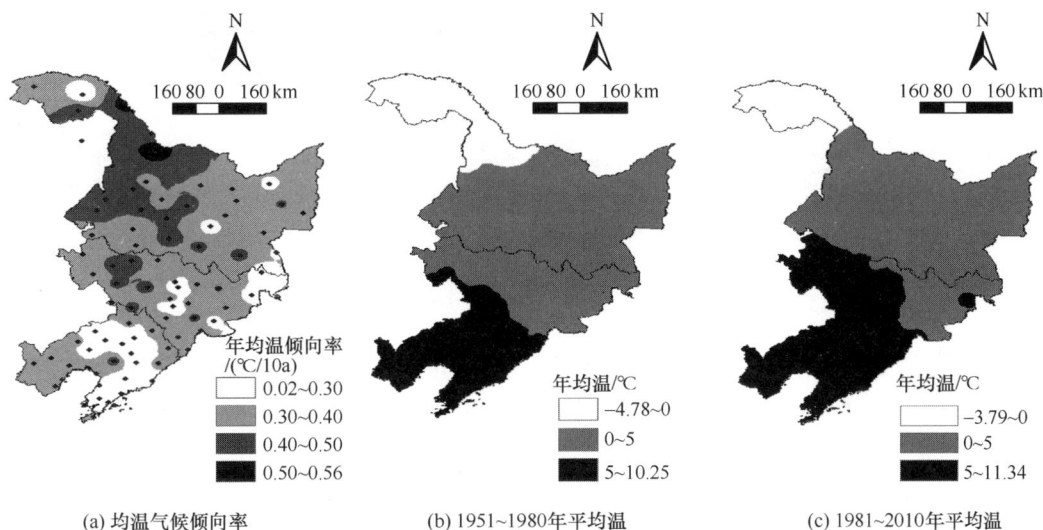

(a) 均温气候倾向率　　(b) 1951~1980年平均温　　(c) 1981~2010年平均温

图 2-2　东北地区年均温及变化趋势的空间分布

　　由图 2-2 可看出，东北地区年均温呈明显的纬向带状分布，由南向北逐渐降低，与≥10℃积温有较为相似的分布特征。1951~1980 年，东北地区年均气温介于-4.78~10℃；1981~2010 年则介于-3.79~11.34℃；年均温气候倾向率的变化范围为 0.02~0.56℃/10a，历史时期该区域年均温整体呈现升高趋势，全区的年均温气候倾向率为0.23℃/10a。全区的气候趋势表现为西部升温程度高于东部，北部显著高于南部。整体上，两个时期相比，0~5℃均温区面积扩大了 3.9×10⁴km²，向北推移了约 2 个纬度；5~10℃均温区面积扩大了 9.9×10⁴km²，也向北推移了 2 个纬度。

3. 降水量

　　东北地区 1951~2010 年的平均年降水量为 615 mm，介于 477~716 mm，1951~

1980 年的降水量为 624 mm, 1981～2010 年的降水量均值减少, 为 595 mm, 降水量趋于减少。以黑龙江最少, 年降水量为 528 mm, 介于 381～663 mm, 1951～1980 年降水量均值为 528 mm, 1981～2010 年与前期差异非常小; 降水量减少较为显著的是辽宁省, 近 30 年较前期减少 56 mm(表 2-1)。

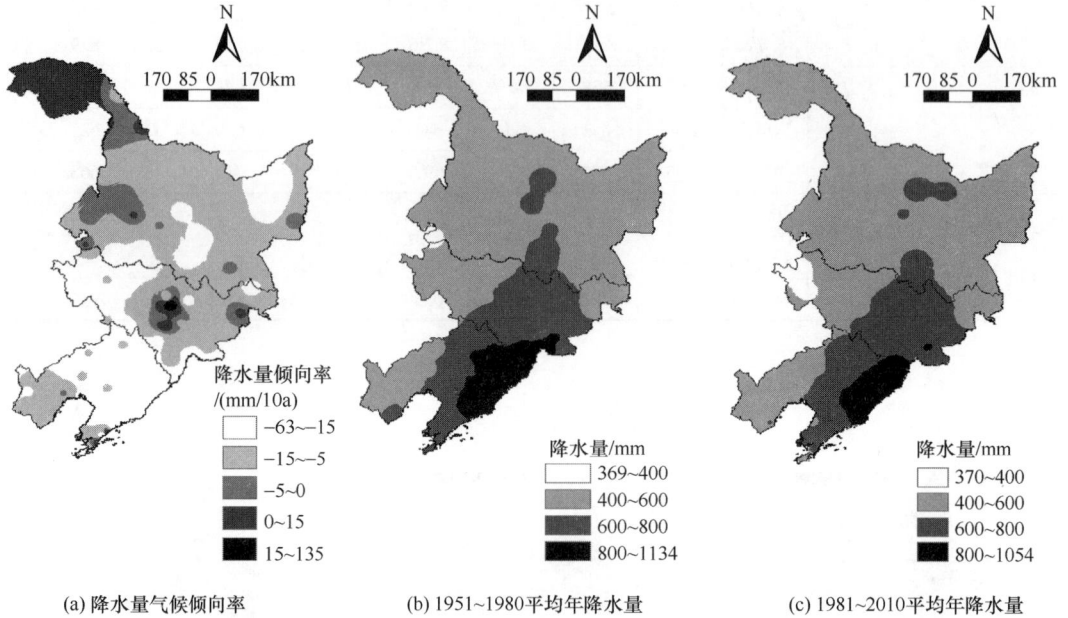

(a) 降水量气候倾向率　　　　(b) 1951～1980平均年降水量　　　　(c) 1981～2010平均年降水量

图 2-3　东北地区年降水量及变化趋势的空间分布

图 2-3 的降水量空间分布表明, 区域内降水差异性较大, 但总体趋势表现为东南沿海向西北逐渐减少的趋势, 年降水量在 800 mm 以上的地区主要分布在该地区东南沿海的辽宁半岛至鸭绿江口, 年降水量在 400 mm 以下的地区主要分布在吉林西北。降水量气候倾向率表明东北地区呈减少趋势, 大部分地区的减幅在 15 mm/10a 以上。1981～2010 年降水量大于等于 600 mm 的范围比 1951～1980 年的覆盖范围有不同程度的萎缩。

4. 总辐射量

东北地区 1951～2010 年的总辐射量均值为 $48.38×10^4$ J·m²/a, 介于 $44.17×10^4$～$53.01×10^4$ J·m²/a, 1951～1980 年间的总辐射量为 $49.18×10^4$ J·m²/a, 1981～2010 年的总辐射量均值减少为 $47.8×10^4$ J·m²/a, 总辐射量趋于小幅减少。以黑龙江最少, 年总辐射量为 $46.61×10^4$ J·m²/a, 介于 $40.88×10^4$～$51.46×10^4$ J·m²/a, 1951～1980 年总辐射量均值为 $47.25×10^4$ J·m²/a, 1981～2010 的年总辐射量均值为 $46.26×10^4$ J·m²/a (表 2-1)。

从空间分布看(表 2-2), 有观测总辐射量的 10 个观测站的分布表明, 最北的漠河至最南的大连站之间的总辐射量差约为 $5.19×10^4$ J·m²/a, 差异较小。气候倾向率总体趋势表现为减少, 漠河站负向趋势达到 $3.47×10^4$ J·m²/10a, 只有黑龙江的富裕和佳木斯表现为增加趋势。

表 2-2　东北地区 10 个站点的总辐射量及其变化趋势分布表

站台号	站名	省份	北纬	东经	气候倾向率 /(10^4 J·m^2/10a)	1951~1980 年 /(10^4 J·m^2/a)	1981~2010 年 /(10^4 J·m^2/a)
50136	漠河	黑龙江	52.97°	122.52°	−3.47	—	45.13
50468	黑河	黑龙江	50.25°	127.45°	−0.13	47.75	45.50
50742	富裕	黑龙江	47.80°	124.48°	0.31	—	51.60
50873	佳木斯	黑龙江	46.82°	130.28°	0.23	46.12	45.14
50953	哈尔滨	黑龙江	45.75°	126.77°	−0.26	47.67	46.81
54161	长春	吉林	43.90°	125.22°	−0.46	50.26	49.18
54292	延吉	吉林	42.87°	129.50°	−0.41	47.89	46.68
54324	朝阳	辽宁	41.55°	120.45°	−0.33	51.42	51.73
54342	沈阳	辽宁	41.73°	123.52°	−1.11	51.51	47.60
54662	大连	辽宁	38.90°	121.63°	−0.09	49.99	50.32

2.2　社会经济条件与农业投入的变化

2.2.1　社会经济及其变化

1. 国家农业政策及其演变

农业政策是指导一个国家农业发展的基本政策,它包括农业土地政策、粮食政策、农业投入政策、农业贸易政策等方面。狭义的农业政策是指专门为农业部门制定的政策,如农产品收购政策、粮食储备政策、粮食直接补贴政策;广义的农业政策则指所有针对农业的,对农业部门产生作用的政策,包括中央政府利用财政政策、货币政策等政策手段来平抑经济周期,促进客观经济平稳运行等间接干预政策(宗义湘,2006)。东北地区在我国农业中的地位不可比拟,因此,时刻关注国家农业政策的变化情况,尤其是粮食政策的变化对东北地区农业发展以及粮食生产是十分重要的。

十一届三中全会以来,我国确立了改革开放的基本国策,我国农业也处于改革的重要领域,农业政策的改革取得了很大成就,并且农业政策的变化呈现出阶段性的特征。我们从改革开放至今可以把国家农业政策的变化分为五个阶段来进行分析。

第一个阶段:主要在 1978~1984 年。这一阶段可以视为我国农业政策改革和发展的突破阶段。这一阶段我国农村和农业经济发生了巨大的变化,特别是农村经营制度的改变(周慧秋,2005),以家庭联产承包责任制为主要内容,包产到户,自主经营,极大地促进了农民生产的积极性。东北地区的粮食生产产量在这一阶段极大提高,连续跨越了 3 亿 t、3.5 亿 t 和 4 亿 t 三个台阶(周慧秋,2005)。同时,国家制定了一系列促进农村经济发展的政策,提高粮食及其他农产品收购价格,这些政策缓和了国家与农民的利益冲突关系,增加了农民收入,极大地调动了农民种粮的积极性。但是由于改革没有经验作指导、体制不完善以及农业信息流通不畅等原因,农业政策的这一阶段改革也带来了负面影响,如 1984 年出现了"卖粮难"的问题(周慧秋,2005);再者，由于提高了粮食收购价格，增加了国家的财政补贴，我国国家财政也面临巨大压力。

第二个阶段：1985～1991 年，是我国农业政策的深入探索和快速发展阶段。这一阶段的调整主要以改革粮食购销制度和农业种植结构为主要内容（郑有贵等，1998）。1985年，我国取消了实行 30 多年的农产品统购统销制度，农民获得了更多的自主经营权，但这一政策的实施使粮食生产减少，出现了供求紧张的局面；为改善粮食生产连年减少的不利局面，中央在 1988 年进行了农村产业结构的调整和农业种植结构的调整（郑有贵等，1998），支持农村新的经济增长点，如乡镇企业的发展，增加农副产品的产量，支持经济作物和畜牧业的发展。这一阶段的政策调整促进了农业结构的多样性发展，促进了农村经济来源的多样化，改善了农业资源的配置方式和经济运行机制（郑有贵等，1998）。1990～1991 年，为保证粮食产量的稳定和农民种粮的积极性，我国开始实行粮食最低保护价和粮食专项储备制度，建立粮食风险基金（郑有贵等，1998）。虽然农业生产得到了很大发展，但是粮食供销结构的不协调成为了这一时期的一大不良特征，粮食供需不平衡成为了农业政策面临的新挑战。

第三阶段：1992～2003 年，是农业政策改革向市场经济过渡的阶段。1992 年，中共十四大确立了建立社会主义市场经济体制改革的目标，农村以及农业的发展进入了新的阶段。农业产业化和股份合作制应运而生，实行粮食收购价格补贴政策，确保粮食等农产品的稳定生产和有效供给量。2000 年，中共中央提出对农业和农村经济进行战略性调整的要求（郑有贵等，1998）。着重解决农村剩余劳动力的转移、卖粮难问题和农业可持续发展以及农业产业结构调整等问题。2003 年，我国在粮食保护价政策方面做出了一系列安排，加大了对粮食的补贴力度，对种粮农民给予直接的种粮补贴，提高了粮食补贴的效率，做到了真正的惠农。农村经济实现了全面、健康的发展。

第四阶段：2004 年至今，是农业政策的连续、稳定阶段。我国农业政策经过多次的改革发展，实现了稳定连续的发展。2004 年，《中共中央、国务院关于促进农民增加收入若干政策的意见》强调加大减免农业税的力度，减轻农民负担，进一步强调对种粮农民的直接补贴、良种补贴等（周慧秋等，2005）；2005 年，国家继续加大"两减免、三补贴"等政策的实施力度，进一步扩大农业税减免地区的范围，切实加强对粮食主产区，如东北地区的支持（周慧秋等，2005）；2006 年，国家彻底废除农业税，并且建立了比较完善的农业补贴体系；2007 年中央一号文件提出，鼓励农民和社会力量投资建设现代农业，对现代农业的发展进行必要的科技支持与资金补助；2008～2012 年，国家对农业政策的发展主要放在农村与农业改革，农业产业化发展，农业补贴政策和鼓励政策的发展等方面，尤其是粮食直补政策，在增加农民收入方面有显著效果。表 2-3 列举了近几年我国对农民各项补贴的数量。

从 2006 年起，我国对农业四项补贴包括粮食直补、农资综合补贴、良种补贴、农机具购置费。四项总额均呈现上升趋势（表 2-3），由 2006 年的 309.5 亿元上升到 2011 年的 1 406.0 亿元，上升了 1 096.5 亿元；其中 2006 年粮食直补额为 142 亿元，从 2007 年以后直补额持平，均为 151 亿元；农资综合补贴额增长较快，由 200 亿元增长到 860 亿元，增长了 660 亿元，翻了两番。

表 2-3　2006～2011 年中央财政对农业补贴各项总额　　（单位：亿元）

年份	四项补贴总额	粮食直补	农资综合补贴
2006	309.5	142	200
2007	513.6	151	276
2008	1030.4	151	716
2009	1274.5	151	795
2010	1225.9	151	835
2011	1406.0	151	860

资料来源：根据《中国统计年鉴》、新华社多媒体数据整理

2. 人口变化及农业劳动力转移

（1）人口总量变化情况

改革开放以来，东北人口总量有显著的增加趋势（图 2-4），可以分为三个阶段。

第一阶段为 20 世纪 80 年代，人口增长缓慢时期。1980 年，东北地区人口总数仅为 5 648.1 万人，占全国总人口的 7.11%。1982 年，我国将计划生育定为一项基本国策，控制人口的工作效率进一步提升。1983～1985 年东北地区人口增长速度下降，主要是由于 20 世纪 60 年代初三年自然灾害时期的人口在该时期已陆续进入育龄期，再加上计划生育政策的实施与计划生育工作的普及，也使东北地区的人口增长速度减缓；东部沿海地区经济环境的变化和经济开发区的发展，吸引了大批来自东北地区以及国内各地和国际的移民，东北地区（除辽宁省）由传统的人口迁入区变为迁出区，从而使东北地区人口增长速度放缓。而 1985 年之后，由于自然灾害后补偿性生育使人口出生率大幅上升，导致 1985 年起育龄阶段人口数增加。

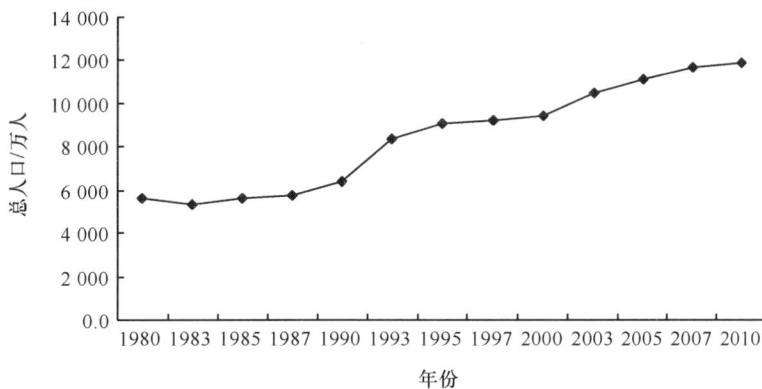

图 2-4　近 30 年东北地区人口变化趋势图

第二阶段为 20 世纪 90 年代，人口增长较快时期。由图 2-4 可知，1993 年总人口数量有明显增长，较 80 年代增加了 44.7%，可见，虽然国家在这一时期实施了计划生育，计划生育工作实施效率也较高，但由于育龄期年龄层的人口基数大，使得 1990～1995 年东北地区人口的增长率较其他年份高。而到 90 年代末，东北地区人口总量的增长速

度又较为缓慢。

　　第三阶段为 21 世纪至今, 是人口增长的平稳时期。进入 21 世纪后, 东北人口数首次过亿, 此后快速平稳增长, 直至 2010 年, 东北地区总人口达 1.885 亿人, 占全国总人口的 8.17%。1980 ~ 2010 年, 东北地区人口总量翻了两翻, 净增加 6 237.3 万人。总的来说, 东北地区人口增长的过程既有与全国同步的发展阶段和特征, 也有其自身的特征, 新中国成立以来东北地区大部分时期人口自然增长率较全国同期水平高, 死亡率较低, 从而人口的自然增长较高; 加上东北地区工业经济的发展和工业中心地位的建立, 以及与之相应的道路交通、医疗卫生事业的发展, 吸引了大批的人口, 既有省内人口向城市积聚的过程, 也存在省外移民, 迅速提升了东北地区的城市化水平(刘新荣, 2011)。

　　从三个省份来看, 黑、吉、辽三省人口变化趋势各不相同, 但从总体上来看都处于不断增长趋势(图 2-5)。

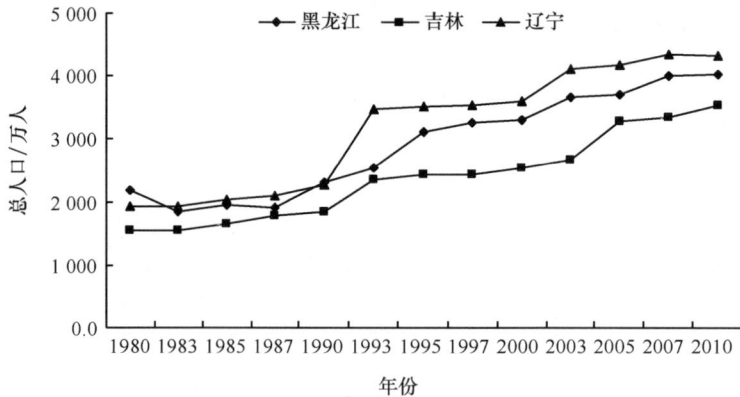

图 2-5　近 30 年东北人口变化趋势图

　　黑龙江省近 30 年人口整体上处于缓慢增长趋势, 虽然人口规模在呈逐年递增, 但是从年增长率方面看, 人口增长速度则呈下降趋势。较 1980 年的 2 175.8 万, 2010 年黑龙江省总人口为 4 026.0 万, 年均增长率为 2.1%, 从 1995 年起增长幅度基本处于下降的趋势, 到 2003 年人口总量的增长基本处于停滞的状态。主要原因是 1962 年迁出 54.8 万人, 这是黑龙江省解放后迁移史上第一次"大倒流"。三年自然灾害大大影响了人民的生活水平。由于 1963 ~ 1974 年三年自然灾害后经济好转, 补偿性生育势头猛烈。加之计划生育工作受到"文革"的冲击, 于是出现了新中国成立以来的人口生育第一个高峰。1975 ~ 1978 年推行计划生育, 增长势头减缓(黄彦震, 2008)。

　　吉林省人口总量的变化基本分为三个阶段, 每个阶段初期, 人口都有明显的增长, 中后期人口增长又均处于非常缓慢的状态。阶段一, 1980 ~ 1990 年, 年均增长率为 1.9%, 共增加人口 228.8 万, 占东北地区总人口增长量的 37.6%, 高于黑龙江省的 17.8%。阶段二, 1990 ~ 2003 年, 本阶段初较上一个阶段增加人口 515.0 万, 增长率为 28.1%, 至 2003 年人口总量为 2 668.1 万, 整个阶段的年均增长率较低, 仅为 2.8%。阶段三, 2003 ~ 2010 年, 本阶段初期人口总量有较大幅度增加, 整个阶段的年均增长率为 4.5%, 较前两个阶段年均增长幅度要高, 至 2010 年吉林省人口总量达 3 540.1 万。

　　辽宁省一直以来, 人口数量在东北最多, 辽宁省人口分别比吉林省和黑龙江省多出

822 万人和 816.5 万人；这一趋势伴随着经济发展和建设而发生了改变。辽宁省和吉林省的人口数量差距在拉大，而同黑龙江省差距在缩小。1993 年，辽宁省和吉林省、黑龙江省的人口数量差距分别为 1 116.8 万人、934.8 万人，到 2010 年，这种差距有所减小，辽宁省比吉林省人口多出 779.2 万人，而同黑龙江省人口数量差距缩小到 604.2 万人；1979 年改革开放伊始，辽宁省人口比吉林省多 1302.3 万人，比黑龙江省人口仅多 293.3 万人。总体来说，黑龙江省同辽宁省人口总量差距在不断缩小的主要原因是黑龙江省人口增长速度均快于辽宁省和吉林省。

（2）农业劳动力人口变化情况

东北地区农业劳动力人口的变化与总人口变化的趋势存在较大差异，增长趋势较为缓慢（图 2-6），自 2003 年起，农业劳动力人口的增长趋势进一步放缓，1980 ~ 2003 年，农业劳动力人口由 1 175.1 万增长至 2 385.5 万，年均增长率约为 1.2%，到 2010 年，增长至 2 468.9 万，近 10 年年均增长率仅为 0.9%。

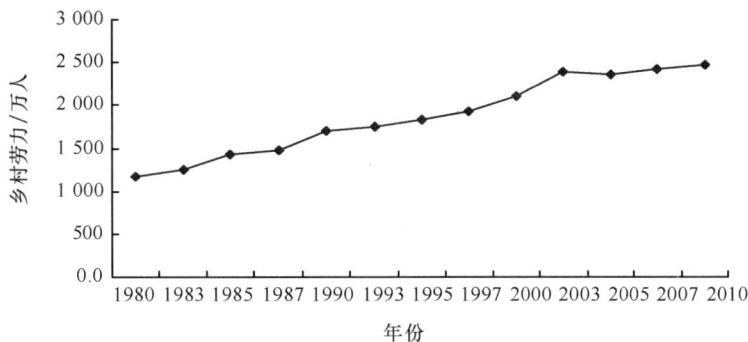

图 2-6　近 30 年东北地区乡村劳力人口变化趋势图

东北地区农村剩余劳动力转移状况的许多特点在全国范围内看都具有普遍性，如从性别和年龄角度看，外出务工的农村劳动力以年轻男性为主，从人力资本存量水平看，目前农村外出劳动技能水平较低，相应的人力资本存量较低，主要表现为身体健康，所以，他们多从事制造业和建筑业等体力活动；从组织性高低的角度看，东北地区乃至全国范围内农村劳动力外出的组织化程度都非常低（苗晶，2007），2004 年，全国外出农民工中通过政府部门组织和中介组织外出的农民工分别占 1.9% 和 12.6%，余下 65.3% 的外出农民工是经老乡介绍或带领下外出务工的。除此之外，东北地区还有自身的特点，甚至三省之间的差异也很明显。近 30 年东北地区农业劳动力出现两次比较明显的下降（图 2-4），分别在 1983 年和 2005 年左右。东北地区历来是我国重要的工业基地，同时也是我国重要的粮食生产基地，2005 年东北地区的粮食产量占全国粮食产量的 15.36%，同期东北地区的乡村劳动力总数占全国的 5.45%。

黑龙江省农业劳动力人口波动较大。黑龙江省是农业和矿产资源大省，又是老工业基地，农业劳动力人口变化趋势非常复杂（孙洁和邱晖，2011）。整体上随着总人口的增长而存在较大幅度的增长（图 2-7），1993 ~ 2003 年农业劳动力有明显增长，年均增长率为 8.0%。2003 年，黑龙江省转移的劳动力达 245 万人，占农村劳动力总数的比重仅是 26%，占富余劳动力总数的 53.7%，创收 65 亿元，农村人均劳务收入 362 元，创造了历史上的最好水平。2004 年,黑龙江省转移的劳动力达 350 万人,占农村劳动力总数的比重仅是 36.8%,占富余劳动力总数的 76%,创收 100 亿元。但是,距 2010 年转移 600 万人,实现劳务收入 500 亿元的目标仍存在很大的差距。与其他省份相比较,差距仍然比较大(孙洁等,2010)。

吉林省农业劳动力人口变化比较复杂。大致分为两个阶段(图 2-7),第一个阶段为 1980~1993 年,这十几年中,农业劳动力人口数量大幅增加,从 265.2 万人上升到 597.2 万人,共增加 331.9 万农业劳动力。第二阶段初期,农业劳动力人口出现明显的下降趋势,最低点出现在 1997 年,农业劳动力人口下降到 545.9 万,随后有所增长,2003 年恢复至 616.1 万,2005 年出现第二次下降,2010 年,吉林省农业劳动力人口为 590.2 万。吉林省农村劳动力转移数量不均衡。近年来,随着吉林省农村劳动力转移培训阳光工程的开展,吉林省农村剩余劳动力的输出数量不断增加,但各地区劳动力转移数量不均衡,同一地区的不同村屯转移数量也有差异,吉林省部分地区农村剩余劳动力转移数量对比,对比分析发现吉林省农村剩余劳动力地区间的转移数量差异很大,农村剩余劳动力转移的巨大潜力没有得到充分挖掘。农村剩余劳动力转移性别失衡。从性别结构上来看,外出务工的劳动力多以男性为主(韩佳峪,2011)。

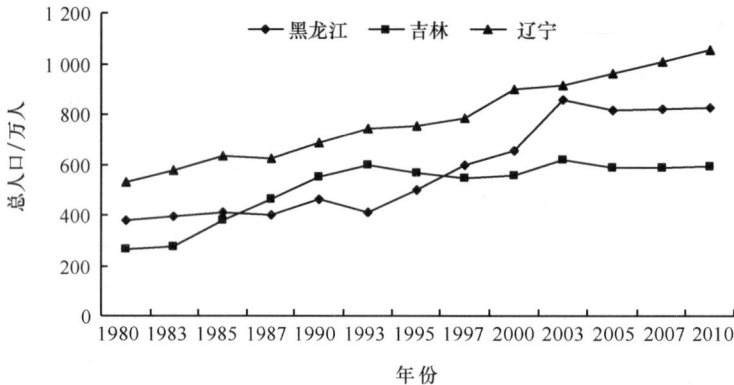

图 2-7　近 30 年东北地区乡村劳动力人口变化趋势图

辽宁省伴随着现代化、工业化和城市化进程的加快,农村劳动力转移的速度也在加快。随着产业结构的调整,辽宁城镇职工大量下岗失业,就业矛盾非常突出,而农村劳动力的转移问题又无法回避。因此在辽宁老工业基地振兴中实现农村劳动力的顺利转移,统筹城乡协调发展具有重大的现实意义(伊冬曼,2004)。近 30 年来,辽宁省农业劳动力人口的变化情况较为明朗(图 2-7),除 1983 年出现一次明显的下降外,其余年份均处于快速增长的趋势,共增加农业劳动力 523.4 万,是 1980 年的近两倍。

3. 农产品市场及进出口贸易

东北地区具有优越的农业资源、廉价的劳动力资源,近几年,东北地区充分利用这些优势扩大了农产品市场以及农产品对外贸易,在我国农产品对外贸易市场中占有重要的地位。东北地区主要外贸市场有韩国、日本、俄罗斯等,欧美市场涉及较少(胡宗艳,2011)。其中主要出口的农产品为大米、玉米、大豆、各种冻肉类等。

2003~2009 年, 东北地区农产品出口额占全国出口总额的份额出现了曲折性变化 (图 2-8), 从 2004 年以后, 趋势较缓和。具体来看, 辽宁省农产品出口总额占全国的份额总体呈上升趋势, 占全国农产品出口额的平均率高于 6.0% ; 吉林省农产品出口额占全国出口额的比例则波动较大, 尤其是 2003~2004 年, 由 8.26% 下降到 2.08% , 2004 年以后则变化较平稳; 黑龙江省农产品出口额占全国份额总体上变化不大。

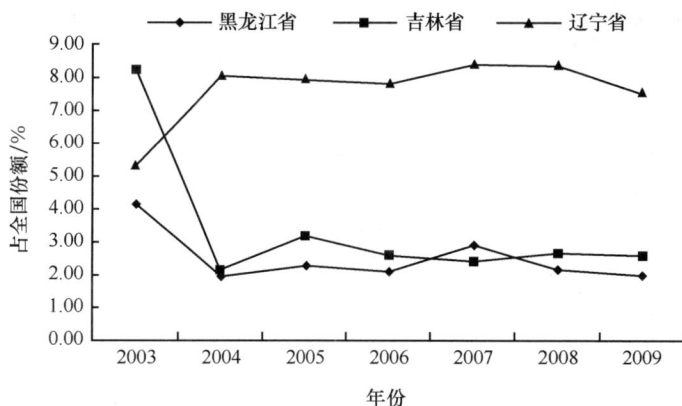

图 2-8　2003~2009 年东北地区各省农产品出口额占全国份额

资料来源: 根据《中国统计年鉴》、胡宗艳(2011)整理

第一, 从粮食产品出口情况分析, 玉米和大豆是东北地区主要的出口品种, 是我国主要的玉米和大豆输出地。

中国玉米出口主要来自东北地区, 尤其是吉林省, 它是东北地区主要的玉米产区, 在玉米的出口上处于主要位置(胡宗艳, 2011)。吉林省每年玉米出口量占我国总出口量的 80% 左右, 在国际玉米市场贸易中占有重要地位。在 2003~2009 年, 玉米出口量却呈下降趋势(表 2-4), 2003 年, 玉米出口量为 984 万 t, 金额为 10.6 亿美元, 2009 年玉米出口量为 9.7 万 t, 金额为 0.29 亿美元, 分别下降了 974.3 万 t 和 10 多亿美元。

表 2-4　2003~2009 年东北地区玉米出口量及金额表

年份	辽宁省		吉林省		黑龙江省	
	数量/t	金额/万美元	数量/t	金额/万美元	数量/t	金额/万美元
2003	1 276 279	13 834	9 843 977	105 928	2 379 145	25 656
2004	193 209	2 803	1 414 065	19 202	203 837	2 918
2005	834 405	10 758	3 723 255	46 920	1 125 526	14 315
2006	532 670	6 723	1 109 459	15 121	184 228	2 321
2007	864 271	14 414	1 315 694	23 331	250 316	4 595
2008	20 043	505	83 406	2 250	269 753	4 612
2009	43 297	1 278	97 458	2 875	231 754	4 163

资料来源: 胡宗艳, 2011

黑龙江省是大豆出口的主要省区(李鹏, 2005), 其出口数量从 2003~2007 年呈下降趋势, 从 8.6 万 t 下降到 2.5 万 t, 出口金额下降了 0.13 亿美元(表 2-5); 吉林省和辽宁省的大豆出口量和金额在2003~2009年总体上呈现上升趋势，2003~2009年吉林省出口量及金额分别增长了5.32万t和0.6亿美元，而辽宁省大豆出口量从2004年起则开始超过黑龙江省。2008~2009年三省出口量及金额均有不同程度的下降。

表2-5　2003~2009年东北地区大豆出口量及金额表

年份	辽宁省		吉林省		黑龙江省	
	数量/t	金额/万美元	数量/t	金额/万美元	数量/t	金额/万美元
2003	52 270	1 560	22 189	748	85 722	2 501
2004	87 369	3 634	29 255	1 197	77 776	3 150
2005	123 968	4 903	41 673	1 721	60 006	2 368
2006	127 976	4 911	44 841	1 952	34 173	1 436
2007	233 422	10 078	47 069	2 282	25 426	1 166
2008	172 235	12 505	88 142	7 282	117 967	9 195
2009	122 235	9 905	75 381	6 728	97 967	7 919

资料来源：胡宗艳，2011

　　第二，从畜产品出口情况分析，东北地区地处我国最东北部，与朝鲜和韩国、俄罗斯等国家相连，具有优越的地理位置（张曦，2007），出口交通十分方便；同时，东北地区是中国的粮食基地，豆类、玉米等植物饲料十分丰富（张曦，2007），为畜牧业的发展提供了很好的条件，各种肉类成本低。东北地区主要出口畜产品为冻猪肉与冻牛肉，其中，黑龙江省畜牧产品出口相对来说较其他省份更多。同时2003~2009年，东北地区畜牧产品出口总额出现了波动性变化。

　　东北地区鲜冻猪肉的出口数量及金额波动（表2-6），吉林省变化最大，出口量及金额黑龙江省出口量及金额位于第一，吉林省次之，辽宁省最少。黑龙江省2006年达到最高，为7.8万t；其次，东北地区鲜冻牛肉的出口量及金额总体上呈上升趋势（表2-7），吉林省出口量最多，同时增长最快，黑龙江省次之，辽宁省居后，吉林省与辽宁省2008年冻牛肉出口量达到最高，分别为0.78万t和0.35万t，2007年，黑龙江省则达0.42万t。

表2-6　2003~2009年东北地区鲜冻猪肉出口量及金额表

年份	辽宁省		吉林省		黑龙江省	
	数量/t	金额/万美元	数量/t	金额/万美元	数量/t	金额/万美元
2003	707	68	389	53	32 156	3 728
2004	336	43	—	—	45 432	6 716
2005	365	50	610	78	51 662	7 720
2006	63	12	24	4	78 030	10 803
2007	493	97	—	—	25 808	4 784
2008	12	6	1 910	575	2 675	770
2009	34	14	1 610	546	6 255	2 137

资料来源：胡宗艳，2011

表 2-7　2003～2009 年东北地区鲜冻牛肉出口量及金额表

年份	辽宁省		吉林省		黑龙江省	
	数量/t	金额/万美元	数量/t	金额/万美元	数量/t	金额/万美元
2003	100	20	671	154	330	47
2004	402	83	2 672	621	431	64
2005	1 347	306	5 646	1 376	877	174
2006	1 870	476	7 329	1 901	3 367	763
2007	2 729	927	7 558	2 514	4 242	1 157
2008	3 492	1 497	7 846	3 210	2 711	1 094
2009	2 842	1 056	7 386	2 421	3 657	1 957

资料来源：胡宗艳，2011

　　虽然东北地区畜牧产品产量及出口贸易发展较快，但相对于粮食产品的出口优势较弱，虽然每年也有相当数量的出口，但畜牧业发展还是比较滞后，落后于国内其他地区。随着国际农产品贸易市场环境的更加复杂以及人民币的升值，东北地区农产品贸易面临越来越大的出口压力，农产品的国际竞争力也会减弱，因此，东北各个地区都应该将畜牧业的发展作为农业发展的重中之重（张曦，2007）。

4. 农业生产条件与基础设施状况

　　农业生产条件是指一个地区生产农业所具有的基础条件以及优势，东北地区作为我国重要的粮食生产基地，具有良好的自然资源条件和社会经济条件。

　　从自然资源条件方面来看，东北地区具有优越的区位条件和自然资源条件。东北地区地处东亚的中部地区，北与俄罗斯、朝鲜相邻，并且与韩国以及日本相邻近（周慧秋，2008），农产品外贸市场十分广泛，同时交通条件便利，对外出口十分方便。东北地区依靠优越的区位条件，农产品进出口贸易得到了很好的发展，为我国农产品市场的发展做出了巨大贡献；同时东北地区具有优越的自然资源条件，东北地区地处亚欧大陆东岸中高纬度地区，属温带大陆性季风气候，降水资源丰富，光照充足，热量资源丰富。东北地区具有优越的土地资源，耕地面积占全国耕地总面积的比重很大，黑土资源丰富。东北地区土地资源无论是在数量上还是在质量上都具有无可比拟的优越性。

　　在社会经济方面，东北地区在劳动力资源、科学技术条件以及政策支持上都具有很大的优越性。东北地区劳动力资源占全国农业劳动力的比重位居全国前列，为农业的发展提供了充足的劳动力条件；东北地区具有高于全国水平的教育与科研水平，共有高等院校超过百余所，教育事业的发展水平较高。东北地区具有 700 多个自然科学研究机构，科技力量雄厚，为东北地区农业科技成果创新以及农业科技水平的提高提供了有力的支持（刘清芝和王勇，2008）；东北地区是我国粮食主产地区，享有国家扶持粮食生产的政策，国家支持东北地区优势作物，如大豆、玉米、水稻等的发展，支持现代农业的发展政策、粮食补贴政策、农资综合补贴政策等，都为东北地区的农业发展提供了有利的条件。可以说东北地区农业发展是在国家支持粮食主产区政策的扶助下而不断取得进步的（刘清芝和王勇，2008）。

　　农业基础设施是在农业生产中需要的设施条件，包括物质资源条件和社会经济条件等，是农业生产的基础。农业生产性基础设施包括水利设施条件、能源设施条件、农业机械设施等。

　　东北地区地表水资源丰富，因此充分利用好地表水资源就需要建立相应的水利设施。从水资源的调控能力上来说，东北地区中，辽宁省的调控能力最好，达88%，吉林省次之，为77%，黑龙江省则不足20%（吴花丽等，2011）。三省中吉林省的水库数量居于第一位，数量增长较快（图2-9），由2004年的1315座增长到2011年的1646座；辽宁省水库数量增长较平缓，年均为945座，变化不大；黑龙江省是三省中水库数量最少的省份，由2004年的623座增长到2011年的922座，不仅水源工程较少，而且水利配套设施也较差，致使大量水资源得不到有效的利用。

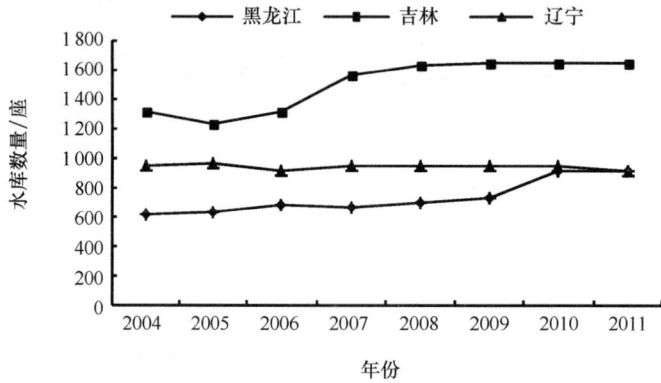

图2-9　2004~2011年东北地区水库数量
资料来源：根据《中国统计年鉴》数据整理

　　近年来，农村能源的发展在农业发展中的作用越来越大，它能够影响农产品的生产效率以及质量。因此，农村水电设施的建设是农业资源发展的重要标志。吉林省是农村水电设施投资资金投入最多的省份（图2-10），2004~2011年呈不断增长趋势；黑龙江省和辽宁省的水电设施投资资金与吉林省相比则相对很少，图中可以看出辽宁省资金投入

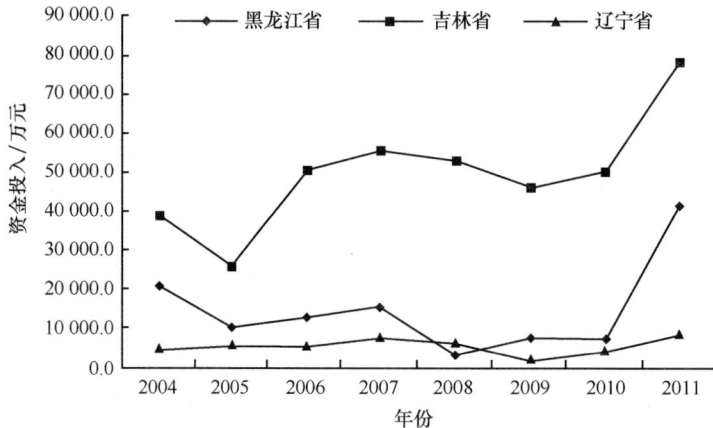

图2-10　2004~2011年东北地区农村水电建设情况
资料来源：根据《中国统计年鉴》数据整理

年均少于 10 000 万元，且变化较平稳；黑龙江省则呈上下波动状态。从东北地区农村水电设施发电量情况分析（表 2-8），2011 年吉林省总发电量最多，为 118 762 万 kW·h；辽宁省次之，为 88 562 万 kW·h；黑龙江省最少，为 47 933 万 kW·h。农村水电设施的建设要利于作物的种植、灌溉与产品的运输，避免因缺少必要的规划而成为农业发展的绊脚石。

表 2-8　2004 ~ 2011 年东北地区农村水电设施发电量表

年份	辽宁省		吉林省		黑龙江省	
	发电设备容量/kW	总发电量/万 kW·h	发电设备容量/kW	总发电量/万 kW·h	发电设备容量/kW	总发电量/万 kW·h
2004	343 549	85 241	364 248	97 740	210 095	52 861
2005	350 879	118 563	374 973	124 821	230 585	54 496
2006	274 999	79 058	385 783	115 614	230 585	57 491
2007	287 459	82 076	410 102	135 416	234 615	39 778
2008	294 984	79 376	374 519	104 473	235 105	30 614
2009	307 333	69 624	390 980	102 322	241 605	61 922
2010	311 488	106 461	399 310	145 847	241 605	59 603
2011	313 348	88 562	452 065	118 762	259 585	47 933

资料来源：根据《中国统计年鉴》数据整理

2.2.2　农业投入及其变化

1. 科技投入

第一，农业机械化水平。东北地区作为我国重要的商品粮基地和老工业基地，农业综合生产力水平和农业机械化水平在我国处于领先地位（刘佩军，2007）。农业机械化水平的高低，关系着农业生产水平的高低，并且机械化水平的提高对于实现农业现代化以及提高耕地质量与产量，加强农业的基础地位具有重要意义。近几年，东北地区农业机械化水平不断提高，大中型农业机械和小型机械以及配套设备数量不断增加。东北地区农业机械设施水平一直处于全国领先地位。大中型机械数量、小型机械数量和农机总动力等遥遥领先于其他地区。农业机械的发展为东北地区农作物的播种、收获等提供了便利。2011 年，黑龙江省、吉林省、辽宁省三省的农机总动力分别达 4 097.8 万 kW、2 355 万 kW、2 399.9 万 kW。农业机械的发展为促进东北地区农业生产能力和增加粮食产量做出了重要的贡献。

东北地区农用大型拖拉机数量在 2005 ~ 2009 年呈现不断增长趋势（表 2-9），说明东北地区机械化水平不断提高。其中黑龙江省的农用大中型拖拉机的数量增长迅速，由 2005 年的 217 275 台增长到 2011 年的 732 100 台，6 年间增长了 514 825 台，同时机械动力也不断增加；吉林省大中型拖拉机数居于第二位，2011 年达 350 700 台，增加了 259 950 台；辽宁省增加数量较前两省较少，增加了 131 423 台。从农用小型拖拉机的数量以及增加速度来看（表 2-10），黑龙江省仍然位于第一，从 2005 年的 744 126 台增加到

2011 年的 688 300 台；吉林省次之，由 538 024 台增加到 637 700 台；辽宁省增加较少，2011 年达 282 600 台。

表 2-9　2005～2011 年东北地区农用大中型拖拉机数量表

年份	黑龙江省		吉林省		辽宁省	
	台数	千瓦数/万 kW	台数	千瓦数/万 kW	台数	千瓦数/万 kW
2005	217 275	578.9	90 750	203.0	42 777	158.6
2006	323 087	797.1	141 400	—	45 035	
2007	381 813	927.3	165 300	339.5	67 556	219.1
2008	481 795	1 145.9	201 300	415.8	117 600	290.3
2009	583 000	1 416.0	251 200	528.6	135 700	354.6
2010	654 700	1 623.3	293 600	665.7	151 600	387.8
2011	732 100	—	350 700	—	174 200	—

资料来源：根据《中国农业机械统计年鉴》《中国统计年鉴》数据整理

表 2-10　2005～2011 年东北地区农用小型拖拉机数量表

年份	黑龙江省		吉林省		辽宁省	
	台数	千瓦数/万 kW	台数	千瓦数/万 kW	台数	千瓦数/万 kW
2005	744 126	759.8	538 024	540.0	235 585	267.8
2006	755 000	815.0	544 800	—	244 337	—
2007	757 190	820.3	558 400	555.0	240 121	272.6
2008	714 000	771.4	566 800	554.2	236 900	253.0
2009	711 000	766.1	590 000	573.0	244 600	258.3
2010	692 700	740.9	612 000	592.0	263 300	276.9
2011	688 300	—	637 700		282 600	—

资料来源：根据《中国农业机械统计年鉴》《中国统计年鉴》数据整理

东北是中国农业机械化程度最高的地区，农业机械对粮食增产作用效果也最为明显，农机总动力因子是关联序第一影响因素。

东北地区农机总动力由 1986 年的 2 377.9 万 kW 增长到 2003 年的 4 580.6 万 kW（图 2-11），年平均递增幅度为 3.9%。但在东北地区的一般农业区，目前机械化程度在 50% 左右，由于劳动力工价的上升以及粮食种植劳动力机会成本的上升，再加之政府对农业机械化支持政策和组织的开展，今后一段时期，农业机械化仍有一定的提升空间。

改革开放以来，黑龙江省农机装备程度和机械化水平有了很大的提高，农机化事业经历了一个曲折的发展过程，但总的趋势是发展的，尤其是近 10 年至 2010 年末，黑龙江省已拥有农机总动力 1 264.8 万 kW，占人、畜、机总动力的 86.5%，平均每万公顷拥有农机动力 1.4 万 kW（图 2-12）。农用拖拉机 51.7 万台，其中，履带式拖拉机 3.6 万台，大中型轮式拖拉机 3.8 万台，小型拖拉机 44.3 万台，平均每万公顷耕地 585 台拖拉机。联合收获机 1.3 万台，其他各种收获机 9 440 台，农用运输车（含机动三轮车）7.2 万台。农业机械总值 65.7 亿元，占全省农业生产性固定资产的 44.5%，平均每公顷地

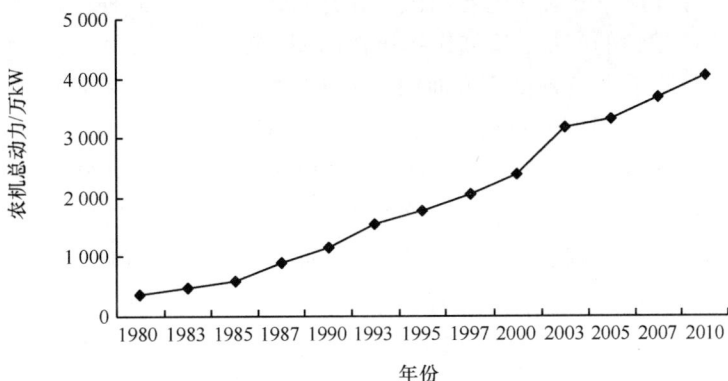

图 2-11　近 30 年东北地区农机总动力投入变化趋势

投资 735 元。田间作业综合机械化程度为 71.1%，其中，机械耕整地为 85.4%，机械播种为 71.3%，机械中耕为 84.9%，机械收获为 32.2%，运输、脱粒、米面加工和饲草料加工作业均在 80% 以上。按基本实现农业机械化的标准衡量，黑龙江省主要作业项目已经达到和接近基本实现农业机械化的水平（王琦和胡胜德，2010）。

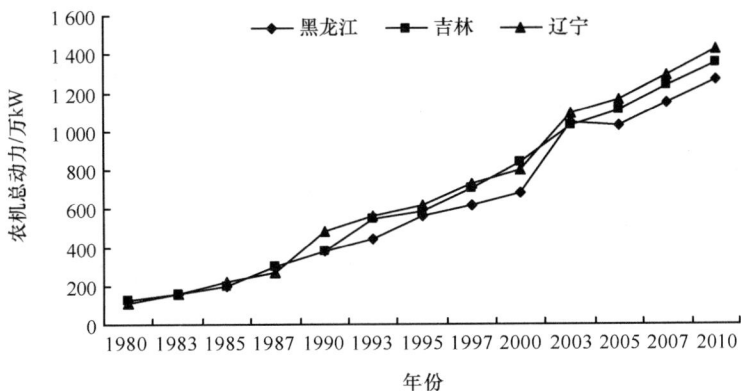

图 2-12　近 30 年东北地区农机总动力投入变化趋势

吉林省自改革开放以来，农业机械化事业发展较为顺利，水平较高。从 1980 年的 123.6 万 kW 增至 2010 年末的 1355.3 万 kW，年均增长率达 8.6%。到 2010 年，吉林省拥有大中型拖拉机动力 665.7 万 kW，小型拖拉机动力 592.0 万 kW，农用排灌柴油机动力 78.6 万 kW。

辽宁省全省农机专业服务组织更加专业化、规模化并逐渐向产业化发展（丁丽娟，2010）。2009 年辽宁省加大扶持力度，创新服务模式，全省农机作业服务收入突破 100 亿元大关，农机服务纯收入达 40 亿元（杨春君，2010）。至 2010 年，辽宁省农机总动力达 1424.3 万 kW，较改革开放初期有较大的发展，农机化投入达 19.54 亿元，同比增长 70%；农机总值 125.4 亿元，同比增加 4.5% 和 20.6%，比全国平均水平高 7.3%，同比提高 3.6%。

第二，良种推广情况。自 2000 年《中华人民共和国种子法》实施以来，种子市场发生了很大变化，各省良种更新的速度加快，出现了更加丰富的品种(李景双，2012)。良种的推广可以提高粮食的产量，增加作物耕作面积，提高农民收入，促进农业又好又快地发展。东北地区在农业良种推广方面做了很大努力，积极推动本地区主产粮食，如小麦、玉米、大豆等作物良种的改进，研发新品种，使粮食产量不断增加。

大豆是东北地区继水稻、玉米、小麦之后种植面积较大的农作物。2003 年，黑龙江省大豆推广良种品种最多，多达 88 个，而其中有 55 个播种面积大于 0.3 万 hm²，播种面积大于 3.3 万 hm² 的品种有 25 个，大于 6.7 万 hm² 的有 8 个；吉林省是东北地区推广大豆良种第二的省份，共有 35 个；辽宁省则少于以上两个省份，为 17 个，且播种面积均小于 6.7 万 hm² 的。从播种面积上看，2003 年全国大豆播种面积为 931.3 万 hm²，而仅东北地区播种面积就达 412.4 万 hm²，达到全国播种面积的一半(陈应志和邱丽娟，2005)；从单位产量上来看，2003 年东北地区大豆单产量有很大提高。黑龙江省总产量达 112.2 亿斤[①]，单产为 110 kg/亩，辽宁省与吉林省在总产与单产上与黑龙江省相比则较少。

"国以农为本，农以种为先"。有科学推测，良种在粮食增产中的科技贡献率达 36%(陈应志和邱丽娟，2005)。因此，加快东北地区良种的推广速度，有利于恢复和提高粮食产量，振兴东北地区粮食地位。

第三，农业生产标准化的发展。农业生产标准化是指以农业为对象的标准化活动。具体来说是指为了有关各方面的利益，对农业经济、技术、科学、管理活动中需要统一、协调的各类对象，制订并实施标准，使之实现必要而合理的统一活动(陈应志和邱丽娟，2005)。农业生产标准化的目的在于将农业的科技成果和多年的生产实践相结合，制订成技术标准和管理标准向农民推广，以便生产出质优、量多的农产品供应市场(党常英，2004)。做到不仅能够使农业增效，农民增收，同时还能够很好地保护环境。

东北地区作为农业生产标准化的适宜地区，具有良好的资源条件：首先是自然资源方面，东北地区具有良好的气候资源(于琳，2006)。东北地区属温带、寒温带大陆性季风气候，四季分明，夏季雨热同期，冬季漫长，同时纬度较高，太阳辐射资源比较丰富，灌溉水资源丰富，能充分满足农业需求。适宜的土地资源以及生物资源使东北地区成为我国重要的粮仓，黑土资源丰富，土壤富含有机质，粮食产量大。同时，丰富的生物资源，为种植业、畜牧业等的发展提供了良好的条件；其次是社会经济资源方面，东北地区具有丰富的劳动力，同时外来劳动力流动较快，农业技术的发展为劳动力注入了新鲜活力，使东北地区劳动力素质较高。

第四，精准农业的发展。精准农业是近年来国际上农业科学研究的热点领域(刘金铜，2001)，基本概念是按田间每一操作单元的具体条件，精细准确地调整各项土壤和作物管理措施，最大限度的优化使用各项农业投入，以获取最高产量和最大经济效益，同时保护农业生态环境，保护土地等农业资源(李录久等，2009)。同时，精准农业系统是以信息为基础，利用先进的监测技术，如传感器、遥感等，完整、及时、准确地了解土地和作物的详细情况(刘焱选等，2007)，进行时空分析，及时作出农业决策和调整的一种农业管理系统。

---

① 1 斤 = 0.5 kg

　　精准农业的发展将会对东北地区农业经济的发展产生巨大的推动作用和深远影响。精准农业的发展能够推动东北地区农业生产结构的进步(扈立家和李天来,2005),新型的低耗、高效生产结构将会取代旧的高耗、低效生产结构,精准农业技术的推广会促进农业产业化过程实现信息化、自动化,农业生产率也将会提高;精准农业的推广,会促进东北地区农业劳动力就业结构的变化(扈立家和李天来,2005),农民的知识结构也将发生变化,农业素质提高;最后,精准农业的发展将会减少旧式农业生产带来的生态环境的破坏,同时,物资的投入也将会减少,节约资源。

　　第五,农业技术培训与农业信息化的发展。劳动力素质直接影响劳动产品质量,而农民的素质则会对农业生产产生直接的影响(黄宏业和韦丽芳,2007)。因此为提高农民自身素质与质量,就要进行必要的农业技术培训。农业技术培训的对象是农民,对每个人的文化素质、农业技术水平、主要经营产业,以及各种农业机械的使用进行必要的培训,使农民具有较高的农业素质。因此,鉴于东北地区在我国粮食生产中的重要地位,对农民进行农业技术培训是必要的。农业技术培训是提高东北地区农民以及农业素质的一种手段,而农业信息化则是巩固农业基础地位的重要条件。近年来,东北地区农业科技水平以及农业综合生产能力不断提高,农业产业化进程加快,农业信息化有了一定的基础(万发仁等,2006)。但从总体上看,东北地区的农业信息化能力不强,尚未发挥巨大作用,科技创新能力以及科研能力有待进一步提高。

　　东北地区为促进农业信息化的发展、发展现代农业创新体系、整体推进农业创新做出了很大努力。2004 年,"中国农业科技东北创新中心"建立,这是中国第一个区域性农业科技创新中心(万发仁等,2006)。同时,吉林省农业科学院编写了《中国农业科技东北创新中心发展规划》(万发仁等,2006),对创新中心的发展做出了科学的规划,也对东北地区农业信息化的发展做了有力的铺垫;同时,3S 技术在东北地区的应用为该地区农业信息化做出了突出贡献;为实现农业信息资源的共享与传播,东北地区还建立了 60多所独立农业科研单位,还有数十家独立存在的专业信息研究所等(万发仁等,2006),保障东北地区农业信息资源具有资源共享平台。

　　虽然东北地区农业信息化在不断发展,但是其存在的问题也是不容忽视的。例如,农业信息化的快速发展使得投入的资金远远短缺于现实需要的资金,不利于信息化需要的基础设备的购置;再者是农业信息化缺乏足够的技术支撑,且研究基础薄弱,发展速度较慢(王振,2011);最后,东北地区农业信息化的发展具有明显的区域化特征,地区发展不平衡,致使农业发展不能建立完善的交流沟通体系。这些农业信息化发展存在的问题都是不容忽视的,需要整合东北地区信息资源网络,加大对信息化的科技与资金支持,使农业信息化真正成为发展东北地区农业有力的支撑。

2. 财政投入

　　财政是国家为实现其政府职能而强制、无偿地参与一部分社会产品的分配而形成的分配关系和活动。国家对农业的财政投入则主要是指国家财政对农村、农业、农民的支持,是对农村以及农业的发展生产进行资金的支援、投入,包括农业农田水利与水土保持补助费、粮农补助费、农村农技推广补助费、农村的水产养殖补助费等(侯石安,2004)。政府对农业的财政投入主要表现在支农支出方面,对农业生产者提供各种服务帮助与资金帮助,为农业的发展创造良好的资金环境。

随着农业的发展以及对农产品需求的增大,我国财政对农业的投入金额也不断增加。

2004～2011年,我国对农业的投入金额呈现不断增长趋势,增长速度较快(图2-13)。2004年,国家财政支农支出金额为1 693.79亿元,2005年为1 792.40亿元,增长比率为5.8%;而从2007年开始,增长速度加快,2008年比2007年增长33.5%,2009年比2008年增长47.8%,到2011年,国家财政支农支出金额达9 937.55亿元,占国家财政支出金额比重达到历史新高。

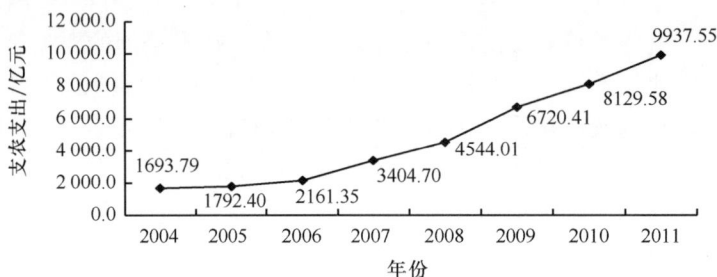

图2-13　2004～2011年国家财政支农支出金额
资料来源:根据《中国统计年鉴》数据整理

东北地区财政对农业的投入主要包括农村生产的投入和农村基本建设投入两个部分。农村生产的投入主要有农田水利工程的建立、水电站的建设、农村水土保持费、农技推广费等各种费用的资金投入以及各种粮食补贴、综合补贴等(范东东,2012),这对农业生产提供了保障;农村基本建设的投入包括购置各种农业机械设备和运输工具、修建道路、农业科技投入和建设各种公共设施和各项管理费用等(钱春宏,2010),有利于改善农业的生产条件,提高农民生产的积极性。

东北地区对农业的财政投入十分重视。近几年,东北地区农业财政投入资金数量不断增加。2004～2011年,东北地区三省农业财政的投入都有不同程度的增加(表2-11)。2004～2006年,农业财政投入资金额相对较少,辽宁省最高达48.69亿元,黑龙江省次之,为36.63亿元,吉林省最少,为27.70亿元;2007年以后,三省农业投入金额均超过100亿元,增长幅度也较大,2011年黑龙江省投入金额最多,为355.98亿元,辽宁省次之,为329.20亿元,吉林省为255.57亿元。三省农业财政投入增加,占各省财政总投入的份额也呈增加趋势。

表2-11　2004～2011年东北地区农业财政投入金额　　　(单位:亿元)

年份	辽宁	吉林	黑龙江
2004	34.29	16.15	26.61
2005	43.48	21.40	29.55
2006	48.69	27.70	36.63
2007	121.80	80.07	106.02
2008	149.29	107.34	148.15

续表

年份	辽宁	吉林	黑龙江
2009	240.71	204.45	192.42
2010	289.00	238.94	338.06
2011	329.20	255.57	355.98

资料来源：根据《中国统计年鉴》数据整理

　　农业财政投入的增加为东北地区农业的发展提供了充足的资金支持，为东北地区农业规模的扩大、农业机械化、农业现代化的发展提供了良好的契机。同时，农业财政投入规模的扩大，稳定了农业的发展，增加了农民的收入，提高了农民生产的积极性，有利于东北地区农业的进一步发展。

3. 物质投入

　　东北地区农业生产的物质投入主要是指为改善农业生产的土地资源条件而进行的投入，主要有化肥投入、农药投入、地膜投入和农机总动力投入四个方面。

　　第一，化肥投入方面。粮食生产的持续发展是人类生存的基础，而土壤质量的稳定和改善是粮食生产持续发展的关键（曾靖等，2010）。化肥的大量使用是提高粮食产量的重要措施，调节植物的功能作用以达到发展根系，强壮枝干，提高抗旱和抗寒能力，改善农作物的营养价值，特别能增加种子中蛋白质含量，提高食品的营养价值，最终实现提高生物总量和经济产量的目标。另一方面，过量施肥又会导致土板结形成盐碱地，作物疯长造成减产，环境污染等危害（孙英威和曹霁阳，2011），所以制定合理化肥施用量是保证粮食生产质量，保护耕地可持续利用的基本要求。

　　东北地区历来是我国重要的农业和工业生产基地，盛产粮食、林木、药材。该地区的黑土地是目前世界上仅有的三大黑土区之一，其总面积达 101 万 km²，土层厚，肥力高，地势平坦，是我国重要的商品粮基地，每年向国家交售近 100 亿 kg 的商品粮。化肥是东北地区农业赖以发展的重要物质基础，也是化肥企业非常看重的化肥市场。但也让部分农民患上"化肥依赖症"，化肥施用量逐年增加且这一趋势还在加剧。业内人士指出，我国化肥使用总量过高，化肥过量施用将带来土壤品质性质退化、粮食减产等后果，致使黑土地越种越"瘦"，危及粮食安全，已经开始影响我国农业的可持续发展，协调好该地区的化肥供应与消费对保障该区的农业生产意义重大（孙英威和曹霁阳，2011）。

　　近 30 年东北地区化肥投入总体变化趋势大致分为两个阶段（图 2-14）：阶段一为1980~1997 年，是快速增长阶段，从 1980 年的 92.2 万 t 增长到 1997 年的 293.6 万 t，17年化肥用量翻 3.2 倍，年均增长率高达 7.5%。阶段二为 1997~2010 年，处于稳步上升阶段，到 2010 年化肥用量增至 596.9 万 t，年均增长率达 5.9%。

　　黑龙江省自改革开放以来，农户化肥纯量投入持快速上升的趋势。随着耕地的增加、农业生产规模的扩大（图 2-12），化肥纯量从 1980 年的 17.2 万 t 增加至 2010 年的198.9 万 t，30 年化肥投入量翻了 11 倍。吉林省化肥纯量投入大致分为三个阶段，投入量增幅有明显的变化（图 2-15）。1980~1997 年为第一阶段，平稳增长，从 1980 年的23.8 万 t 到 1997 年的 99.8 万 t，平均增幅 4.5 万 t，年均增长率为 9.3%。1997~2000

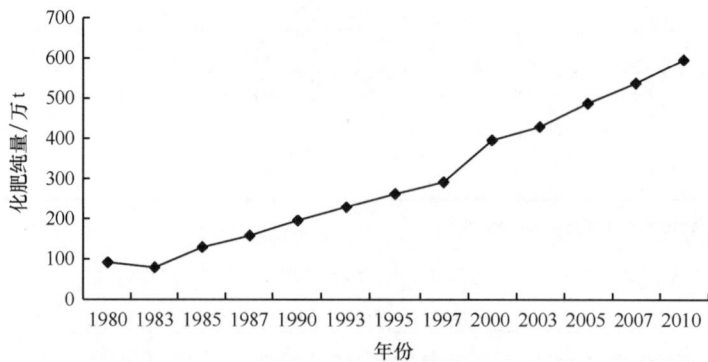

图 2-14　近 30 年东北地区化肥纯量投入变化趋势

年为激增阶段，仅 3 年，化肥投入量增长 94.8 万 t，年均增长率高达 41.4%，呈现明显增幅。2000～2010 年为快速增长阶段，2000 年吉林省化肥纯量投入为 194.2 万 t，占全国化肥投入的 2.7%，到 2010 年化肥投入已经增至 285.9 万 t，同 2000 年相比增长 47.2%。辽宁省化肥纯量投入大致分为三个阶段（图 2-12）。阶段一为 1980～1987 年波动上升阶段，改革开放初期辽宁省化肥纯量投入呈现波动增长的趋势，1983 年和 1987 年均出现不同程度的小幅下降趋势，分别从 1980 年的 51.1 万 t 下降到 38.2 万 t，从 1985 年的 56.2 万 t 下降到 51.8 万 t，但从整体上看，从 1980～1987 年呈现小幅增长的趋势。阶段二为 1987～1997 年快速增长阶段，10 年间辽宁省化肥投入从 51.8 万 t 上升到 100.4 万 t，翻一番，年均增长率达 8.0%。阶段三为 1997～2010 年平稳增长阶段，2010 年化肥投入量为 112.1 万 t，较 1997 年没有明显提高，年均增长率仅为 0.8%。

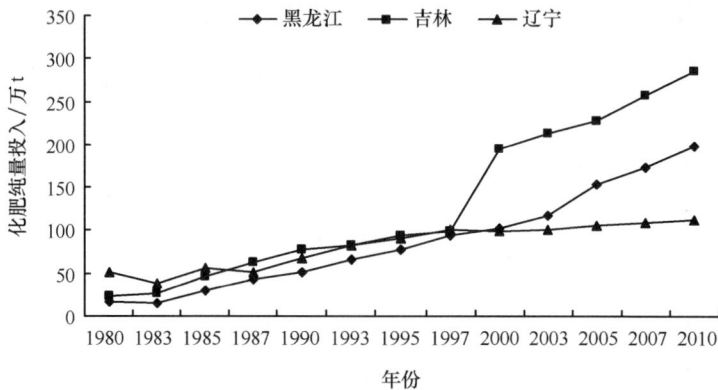

图 2-15　近 30 年东北地区化肥纯量投入变化趋势

　　第二，农药使用方面。一方面，农药是重要的农业生产资料，由于具有高效、快速、经济、简便等特点，而成为防治农作物病虫草鼠害的重要手段。我国每年使用农药挽回的损失可解决一亿人口的吃饭、穿衣问题，农药为我国解决温饱问题做出了功不可没的贡献，发挥了举足轻重的作用（胡冰川等，2006）。另一方面，农药又是一种有毒物质，如果使用不当会产生负面影响，不能因为农药的负面影响而否定农药，要客观、科学、公正、辩证地评价农药的功过，才能扬其利、避其害。随着科学技术的进步，农药必将会被不断改进与提高,在提高粮食生产能力方面继续发挥重要作用。

东北地区作为全国农业输出最为重要的地区之一,农民整体素质中等,对农药滥用的危害认识不够,对每一种农药的使用对象、使用范围、使用方法和使用安全期等各个方面的特殊性了解不足。习惯上,农民的文化水平和科技水平低,经济水平低,存在随意扩大农药使用范围的现象(朱丽娟,2011)。

近 30 年来,东北地区农药使用情况呈现大幅增长的趋势(图 2-16),2010 年的 9.8 万 t 是 1980 年的 1.5 万 t 的 6.5 倍,年均增长率为 6.6%,其中 1997 年到 2000 年增幅最为明显,高达 36.5%。

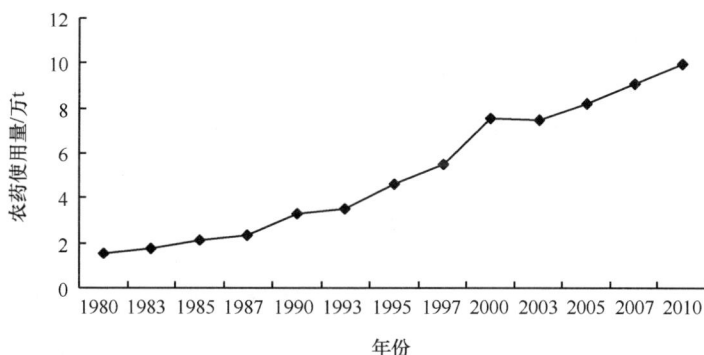

图 2-16　近 30 年东北地区农药使用量投入变化趋势

黑龙江省农药投入经历了一个曲折的发展过程,但总体是快速增长的趋势,尤其在 20 世纪 90 年代初期,整体上可以分为两个发展阶段(图 2-17)。阶段一为 1980～2000 年的增长阶段,20 年间,1980～1990 年农药用量未出现明显增长,1990～1993 年增幅最为明显,达 30%,到 2000 年继续小幅度增长至 1.6 万 t,年均增长率为 8.0%;阶段二为 2000～2010 年的下降阶段,2010 年黑龙江省农药用量下降到 1.1 万 t,2000～2003 年降幅最为明显,年均下降率为 26.0%。吉林省阶段一为 1980～1997 年的平稳上升阶段(图 2-14),1980 年为 0.5 万 t,到 1997 年增至 1.3 万 t,年均增长 500 t,增长率为 6.1%;阶段二为 1997～2000 年的激增阶段,2000 年为 2.8 万 t,3 年内农药用量翻两番;阶段三为 2000～2010 年的小幅波动阶段,2005 年较 2000 年农药用量有小幅下降,下降率为

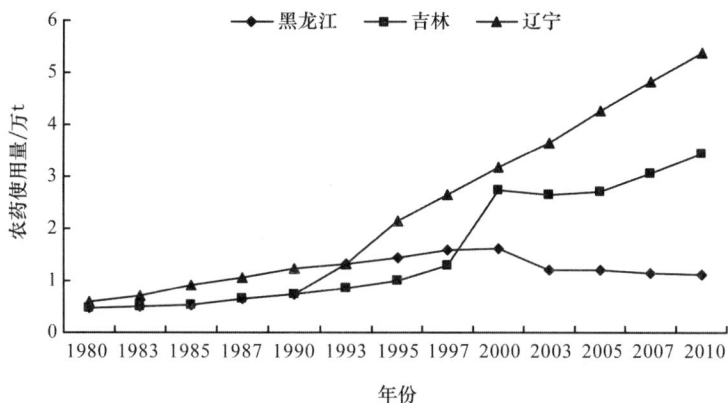

图 2-17　近 30 年东北地区农药使用量投入变化趋势

0.9%；2005～2010 年，农药用量又有所上升，增至 2010 年的 3.4 万 t；辽宁省阶段一为 1980～1993 年的平稳增长阶段(图 2-14)，从 1980 年的 0.6 万 t 增至 1993 年的 1.3 万 t，13 年内翻一番；阶段二为 1993～2010 年的快速增长阶段，2010 年农药用量增至 5.4 万 t，是 1993 年的 4.1 倍，年均增长率为 9.1%。

第三，地膜使用量方面。地膜覆盖技术是我国旱区农业生产普遍应用的一项蓄水保墒技术。据研究，其保水的机理主要是通过覆盖地膜，减少水分蒸发，增强土壤对水分的保蓄能力，提高土壤的含水量和水分的利用效率。长期覆盖地膜能够明显地改善土壤耕层的结构，使得雨水更容易入渗，同时还可以有效地调节耕层的土壤温度，从而改善土壤的水、热状况，使得土壤养分得到活化，提高耕层土壤养分的利用效率，通过调节水肥最终实现作物的增产增收(任冬莲等，2006)。

目前，东北地区随着地膜覆盖技术的大面积推广应用，农民逐渐意识到了农膜覆盖技术在极大地推动农业发展的同时，也给生态环境造成了较大的污染，这主要是由于塑料地膜在土壤中不易降解，一般可以在田间残留几十年，而且随着使用时间的增加，在土壤中不断累积的塑料薄膜碎片就会在土壤中形成阻隔层，降低土壤的透气性，造成土壤的板结等问题，严重污染农田环境。东北地区农用地膜产量及覆盖面积均居全国第一，而且仍旧在高速发展时期，在东北地区地膜长期覆盖引起的白色污染问题非常严重(许妍等，2011)。因此，如何在促进东北地区农业生产的同时又减少环境污染就成为人们迫切需要解决的问题。近 30 年来，东北地区地膜用量整体上呈快速增长态势(图 2-18)，1982 年仅有 0.8 万 t，到 2010 年增至 5.8 万 t，翻了三番，年均增长率为 7.9%。

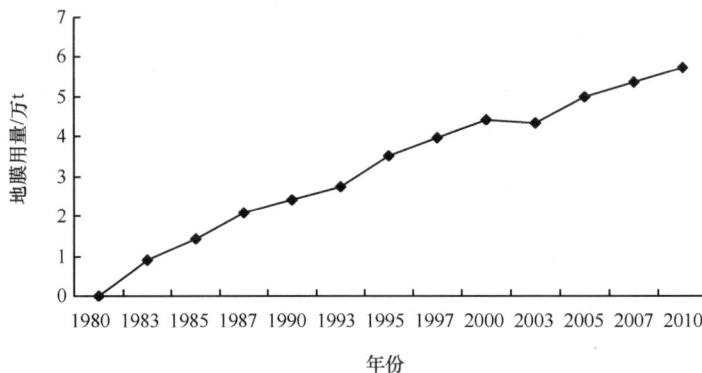

图 2-18　近 30 年东北地区地膜使用量投入变化趋势

从各省的地膜使用量方面来看，黑龙江省在 1980～1990 年处于快速增长阶段，开始使用的前 10 年黑龙江省地膜用量涨幅明显(图 2-19)，1990 年增至 1.3 万 t，年均增长率为 23.7%；1990～2010 年为平稳增长阶段，2010 年为 1.9 万 t，较 1990 年增加 0.6 万 t，年均增长率为 2.0%。吉林省 1980～1990 年为平稳增长阶段(图 2-16)，1990 年用量为 0.3 万 t，从整体上看地膜用量有所提高，年均增长率为 10.7%；1990～2010 年为快速增长阶段，近 20 年来，吉林省地膜用量有较大幅度提高(图 2-16)，从 1993 年的 0.4 万 t 增至 2010 年 2.0 万 t，提高 4 倍，年均增率为 8.4%；辽宁省 1980～1995 年为快速增长阶段，1995 年为 1.3 万 t，是 1983 年的近 10 倍，年均增长率为 17.9%；1995～2010 年为平稳上升阶段,2010 年为 1.8 万 t,较 1995 年有小幅增长,年均增长率为 2.4%。

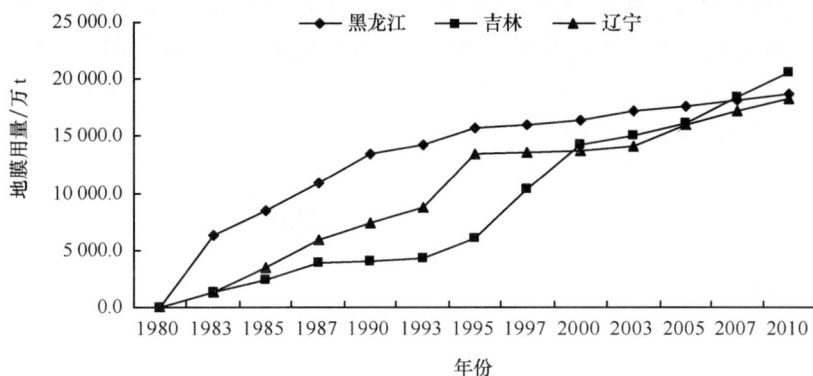

图 2-19　近 30 年东北地区地膜使用量投入变化趋势

第四,物质投入的年均变化率方面。N 年数据的年均增长率计算公式为

$$Q = \sqrt[n]{T/P} - 1 \tag{2-1}$$

式中,Q 为 n 年的年均增长率;T 为第 n 年的数据;P 为第 1 年的数据。

纵观近 30 年东北地区化肥纯量年均增长率的变化情况发现,112 个地区化肥的年均增长率处于 −2.07% ～ 7.94%,占东北地区的 61.2%(图 2-20),其中有黑龙江省中部地区、吉林省中部地区以及辽宁省中西部地区,多为平原与丘陵,在这个范围的地区近 30年的化肥投入水平年均增长率偏低,其中黑龙江省安达市、大庆市,吉林省大安市、白山市以及辽宁省康平县、法库县等 27 个地区化肥纯量投入呈现负增长的趋势;其次是53 个增长率处于 7.95% ～ 26.6% 的地区,包括黑龙江省南部部分地区,以及吉林省东南部部分地区,多为台地与山地地形区,该范围内地区化肥纯量投入处于较为快速的增长趋势,年均增长率较高;黑龙江省的黑河市、嫩江市以及吉林省的临江市与松原市化肥投入年均增长率较高,均超过 40%。

近 30 年东北地区农药用量年均增长率空间差异比较突出,93 个地区农药的年均增长率处于 5.31% ～ 16.21%(图 2-17),占东北地区的 50.1%;其次是 63 个处于 5.31% ～16.21% 范围的地区,占东北地区 183 个地区近 30%,在这个范围的地区,近 30 年的农药投入水平年均增长率偏低,其中绝大部分地区农药投入量呈现负增长;黑龙江省的哈尔滨市、齐齐哈尔市、肇东市,吉林省的珲春市以及辽宁省的长海县、黑山县、凌海市、铁岭市、义县等地区农药投入量负增长超过 62.4%,与之相反的,黑龙江省的克山市、牡丹江市,吉林省的梅河口市以及辽宁省的朝阳市农药使用量年均增长率超过 40%。

近 30 年东北地区地膜用量年均增长率空间分异比较明显(图 2-20),吉林省与辽宁省部分地区地膜投入量年均增长率呈现负值,其中黑龙江省的东宁县、漠河县、汤原县、肇东市,吉林省的安图县、东丰县、珲春市、集安市以及辽宁省的新宾县年均增长率低于 −24%,与之相反的是,黑龙江省的尚志市、塔河县、五常市,吉林省的汪清县,辽宁省的大洼县、盘山县等地区地膜投入量年均增长率超过 30%。19.6% 的地区年均增长率在 10% ～ 30%,主要分布与嫩江平原东部与松江平原西部,以及三江平原的东部,还有少部分地区处于克拜丘陵区。

　　近 30 年东北地区农机总动力年均增长率空间分异并不明显，近 80% 的地区农机总动力年均增长率不超过 ±10%；仅吉林省宾县、方正县以及辽宁省的大石桥市、盖州市 4 个地区的农机总动力年均增长率超过 40%，黑龙江省林口县、庆安县，吉林省白城市、大安市以及辽宁省台安市 5 个地区的年均增长率低于 -10%，可见，近 30 年来东北地区总体上农机总动力的发展较为缓慢，东北农机事业还有较大的发展空间。

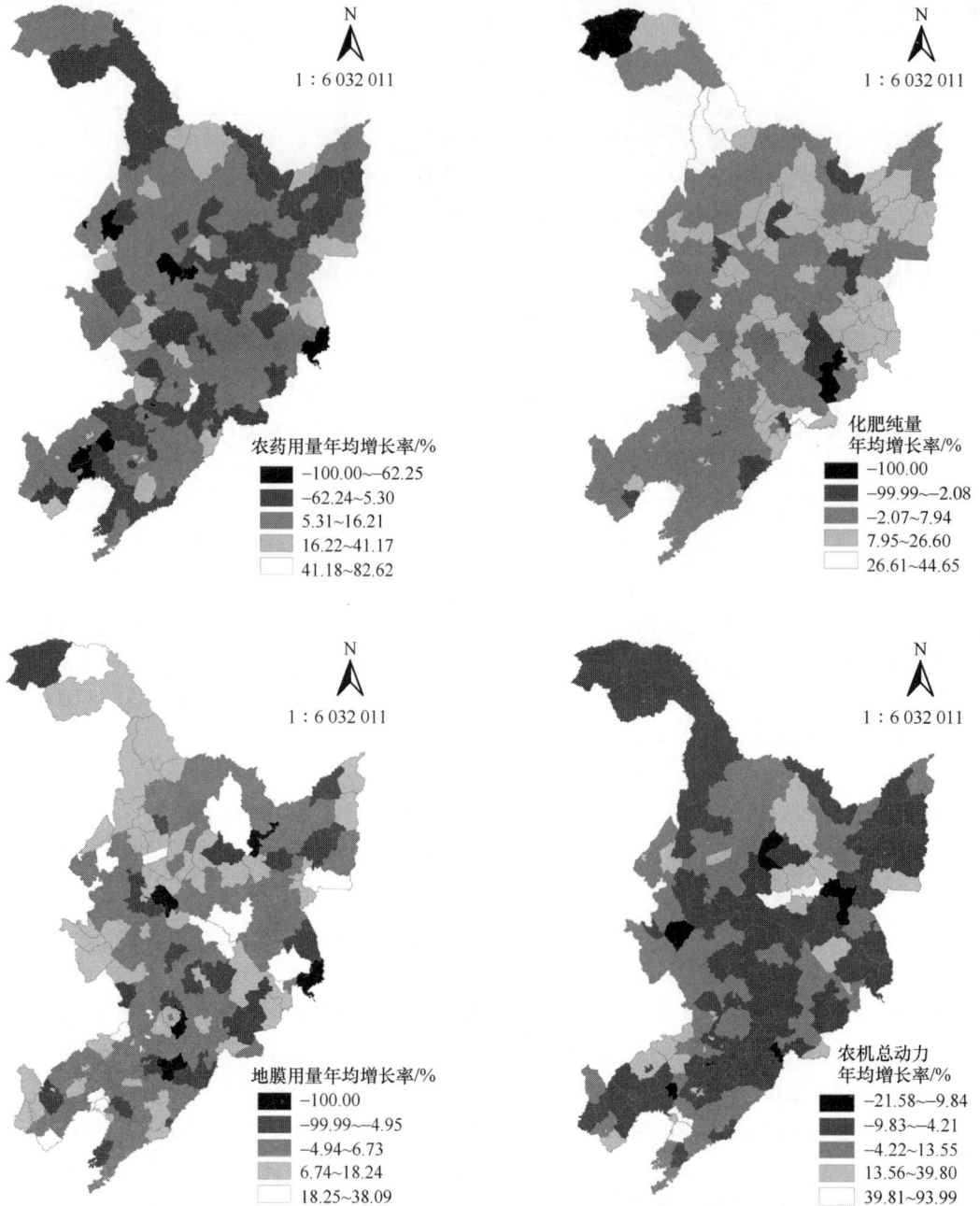

图 2-20　东北地区农业投入年均变化率时空分异情况

参 考 文 献

陈应志，邱丽娟．2005．中国大豆推广应用现状及发展战略．大豆通报，(4)：1-5.

陈应志．2004．世界大豆生产及贸易情况．种子世界，(8)：1-21.

党常英．2004．积极推行农业生产标准化．山东省农业管理干部学院学报，(3)：56-57.

丁丽娟．2010．实现辽宁农机化科学发展的途径．湖南农机，(2)：13-14.

范东东．2012．黑龙江省财政支农支出对农民收入及农业产出的影响分析．哈尔滨：东北农业大学硕士学位论文．

韩佳峪，唐璐，吴艳梅，等．2011．关于吉林省农村剩余劳动力转移的思考——基于对长春、吉林等典型地区的调查研究．经济研究导刊，(22)：114-116.

侯石安．2004．中国财政农业投入政策研究．武汉：华中农业大学博士学位论文．

胡冰川，吴强，周曙东．2006．粮食生产的投入产出影响因素分析——基于江苏省粮食生产的实证研究．长江流域资源与环境，(1)：73-77.

胡宗艳．2011．东北三省农产品国际竞争力研究．长春：长春工业大学硕士学位论文．

扈立家，李天来．2005．我国发展精准农业的问题及对策．沈阳农业大学学报，7(4)：400-402.

黄宏业，韦丽芳．2007．欠发达地区农业技术培训技巧的应用与实践．南方农业，(6)：85-86.

黄彦震．2008．解放后黑龙江人口演变过程分析．黑龙江史志，(1)：9-10.

李景双．2012．良种推广现存问题与对策．科技向导，(35)：297.

李录久，刘荣乐，金继运．2009．精准农业及其发展应用前景．现代农业理论与实践——安徽现代农业博士科技论坛论文集，(13)：537-539.

李鹏，王玉斌，谭向勇．2005．东北三省主要农产品发展战略浅析．农村经营管理，(9)：14-17.

刘金铜．2001．我国精准农业的概念、内涵及理论体系的初步构建．农业系统科学与综合研究，(3)：180-182.

刘佩军．2007．中国东北三省农业机械化发展研究．长春：吉林大学博士学位论文．

刘清芝，王勇．2008．东北三省发展现代农业的条件分析与政策取向．农机化研究，(9)：18-20.

刘新荣．2011．东北三省人口变动及对经济发展的影响．长春：吉林大学博士学位论文．

刘焱选，白慧东，蒋桂英．2007．中国精准农业的研究现状和发展方向．中国农学通报，7(7)：577-582.

苗晶．2007．东北三省农村剩余劳动力转移问题研究．长春：东北师范大学硕士学位论文．

任冬莲，刘学义，王瑞．2006．地膜覆盖春大豆增产效应研究．山西农业科学，(1)：37-39.

孙洁，邱晖．2011．黑龙江省农村剩余劳动力转移的实证研究．生产力研究，(8)：47-49.

孙洁，孙娓，李立刚．2010．黑龙江省农村剩余劳动力转移问题研究．商业经济，(24)：18-20.

孙英威，曹霁阳．2011．农民"化肥依赖症"危及东北"粮仓"安全．经济参考报．

万发仁，王青蓝，赵娜，等．2006．东北区域农业信息化发展战略研究．农业图书情报学刊，(3)：21-25.

王琦，胡胜德．2010．黑龙江省粮食综合生产能力比较优势分析．黑龙江粮食，(1)：47-49.

王振．2011．不同区域农业信息化推进模式研究．北京：中国农业科学院博士学位论文．

吴花丽，刘萍，丁溪．2011．浅析黑龙江省农业基础设施融资现状及对策．商业经济，(3)：10-11.

许妍，吴克宁，程先军，等．2011．东北三省耕地产能空间分异规律及产能提升主导因子分析．资源科学，(11)：20-30.

杨春君．2010．辽宁农机专业合作社发展之路．农业科技与装备，(4)：104-106.

伊冬晏．2004．对辽宁农村富余劳动力转移问题的思索．农业经济，(12)：40-41.

于琳．2006．浅析我国农产品生产标准化环境条件创造的路径．农业质量标准，(3)：21-23.

曾靖，常春华，王雅鹏．2010．基于粮食安全的我国化肥投入研究．农业经济问题，(5)：68~72,113.

战春宏．2010．黑龙江省财政农业支出的经济效益研究．哈尔滨：哈尔滨理工大学硕士学位论文．

张曦．2007．黑龙江省农产品进出口贸易的现状与发展对策．黑龙江对外经贸，(1)：50-52.

郑有贵，罗贞治，李成贵．1998．党的十一届三中全会以来我国农业政策的演变及其作用．教学与研究，(12)：5-10.

周慧秋．2005．东北三省粮食综合生产能力研究．哈尔滨：东北农业大学出版社．

周慧秋．2008．黑龙江省农业基础设施对粮食产量影响及应对措施．农场经济管理，(6)：48-50.

朱丽娟．2011．基于农户响应行为的黑龙江省农业自然灾害风险管理研究．长春：东北林业大学博士学位论文．

宗义湘．2006．加入 WTO 前后中国农业支持水平评估及政策效果研究．北京：中国农业科学院博士学位论文．

第3章　东北地区农作物空间格局动态变化特征

作物空间分布变化是农业研究的重要内容,在一定程度上可反映作物种植受自然因素和社会经济因素共同影响的程度。本研究选择我国粮食主产区东北地区为研究区,以主要农作物(一季稻、春玉米、春小麦和大豆)的时空分布为研究对象,集成遥感、统计和空间模型等多种方法,充分利用多尺度、多信息源数据,重点研究以下内容:①作物的空间分配方法模型。真实的作物空间分布既取决于自然环境因子,也取决于农业人口密度、农产品价格、比较效益、市场因素和区域农业政策等社会经济因素因子,需要综合考虑多因子的相互作用机理,构建尽可能接近"真实"的非线性作物空间分配模型。②多源数据的处理方法。统计数据与基于遥感获取的耕地空间分布数据、灌溉分布数据等必然存在一定的数量差异,如何进行相互验证,以减少数据差异对空间分布模拟研究的影响值得研究深入分析。③统计数据需进一步细化。在中国应该采用验证后的县域统计数据,代替目前研究中普遍采用的国家或省域尺度统计数据,以提高模拟作物空间分布信息的精度。④开展长时间序列的比较研究。在10年间隔周期上,比较研究主要作物空间分布的动态变化特征。因此,本研究以期为区域作物空间分布研究积累一定的理论、方法和基础数据,促进我国土地变化科学、生物地理学和生物地球化学等学科和领域的发展。

国内外研究背景:农业用地占全球陆地面积的40%以上,其中耕地(1 220万~1 710万 km^2)占陆地面积的12%(Ramankutty et al., 2008)。20世纪90年代以来,农业土地利用作为"土地利用/土地覆盖变化全球科学研究计划"(LUCC)的重要研究内容已经得到学术界的广泛关注(刘纪远等,2005;陈佑启和杨鹏,2001)。近年来,由于受人类活动的显著影响,农业土地利用的时空动态变化更是成为了新兴学科"土地变化科学"(land change science)的研究热点和核心(Turner et al., 2007)。但以往的研究主要侧重于分析耕地的时空变化,以及其与其他土地利用类型(如林地、草地、城市用地等)之间的时空转换关系(Zhong et al., 2011;Liu et al., 2005;战金艳等,2010;刘成武和李秀彬,2006;刘旭华等,2005;李景刚等,2004),而缺乏对耕地内部单一作物的时空分布变化,以及不同作物间空间分布时空转换机理机制的深入分析,其结果导致难以全面科学评价农业生产对区域粮食安全、陆地生态系统地球物理和地球化学循环等的重要影响(Piao et al., 2010;David and Rosamond, 2009)。

水稻、玉米和小麦是我国的主要粮食作物。据农业部2009年统计数据,三大作物的种植面积和产量分别占我国当年粮食收获面积和产量的78%和89%。三种作物的种植面积和空间分布在过去30年(1980~2009年)发生了显著的时间和空间变化。与1980年相比,2009年我国的水稻和小麦面积分别减少了13%和16%,而玉米面积则增加了55%,成为我国种植面积最大的作物。与我国水稻种植面积总体减少相对照,地处东北边陲的黑龙江省在过去的30年水稻面积增长了13倍,2009年以246万 hm^2 而位居全国第三,仅次于湖南和江西。因此，获取我国主要粮食作物（水稻、玉米和小麦）的空间分布信息，比较研究其在我国不同典型区域的时空变化特征，对于完善农业土地利用研究、促进我国土地变化科学，以及生物地理学（biogeography）和生物地球化学（biogeochemistry）相关交叉领域理论的发展具有重要的意义。研究结果对于保障我国粮食安全，主动适应全球气候变化，促进农业可持续发展也存在具有一定的实践指导意义。

3.1　基于农业统计的农作物空间格局动态变化特征

统计数据分析是获取区域作物空间分布信息的传统方法。统计数据不仅提供统计单元内不同作物品种的面积、单产和总产信息，而且还能够提供与作物生长、农业生产紧密相关的其他信息，如作物物候期、灌溉量、施肥量、投入成本和动力费用等。为此，联合国粮农组织和美国农业部等都构建了全球尺度的农业统计数据库，提供国家尺度、部分区域省域尺度和美国县域尺度的农业统计信息（FAO，2011；NASS，2011）。由于统计数据在定量分析中的显著优势，因此被广泛应用于大区域尺度和长时间序列作物空间分布的研究（Alan and Paul，2011；方修琦等，2009；方福平和程式华，2009）。Alan 和 Paul（2011）利用长达 170 年的县域统计数据研究了小麦作物 1839~2009 年在整个北美地区空间分布的动态变化，并深入分析了小麦分布区域在经度、纬度、生育期降水量和平均温度等因子上的时空变异规律。陆文聪和梅燕（2007）基于 1978~2005 年我国各省区粮食生产面积统计数据，运用生产集中度从大区域和省域两个层面综合分析了粮食生产区域格局动态变化趋势。云雅如等（2005）根据黑龙江省 1980~1999 年的气候资料和1980~2000 年水稻、小麦、玉米等主要粮食作物播种面积等统计资料，分析了气候变化背景下黑龙江省主要粮食作物的种植格局和种植界线变化情况。尽管基于统计数据的方法具有定量分析等优势，但其不足之处也很明显：一方面，统计数据获取消耗人力、物力和财力，统计过程也受人为因素的干扰较大，统计项目、统计年限、数据质量等在国家间、地区间均存在显著差异性；另一方面，统计数据仅能反映统计单元水平上的数量变化，对统计单元内部作物分布的空间变异性难以表现（Portmann et al.，2010；You et al.，2009）。

3.1.1　东北地区农作物种植结构变化特征

利用 1980~2010 年的县级农作物种植面积统计数据，以 5 年为一个时段，为消除统计数据中的突变误差，选择每个年份节点的前后 3 年均值代表该阶段的农作物种植面积，选择玉米、水稻、小麦和大豆 4 种农作物，分析近 30 年东北地区农作物种植结构变化特征。按照种值比例超过 25% 的为主导类型，将种植结构类型分为：单一型如单一大豆型、单一玉米型、单一水稻型、单一大豆型；复合型如玉米-大豆型、玉米-水稻型、大豆-水稻型等；三作物组合如玉米-大豆-水稻型、玉米-水稻-小麦型等。

图 3-1 表明，东北地区的种植结构自 1980 年以来，都是以玉米-大豆组合型为主导的种植结构，但玉米种植比例逐年提高，由 45.8% 上升到 56%，大豆由 31.7% 下降至 25.7%。此外，值得注意的是，水稻的种植比例由 9% 上升至 17%，小麦的种植比例由

1980 年的 13.5%降至 1.2%，东北的种植结构调整，朝向玉米-水稻的组合型变化。黑龙
江省的种植结构由 1980 年的小麦-玉米-大豆组合型改变至 1995 年间的水稻-玉米-大豆

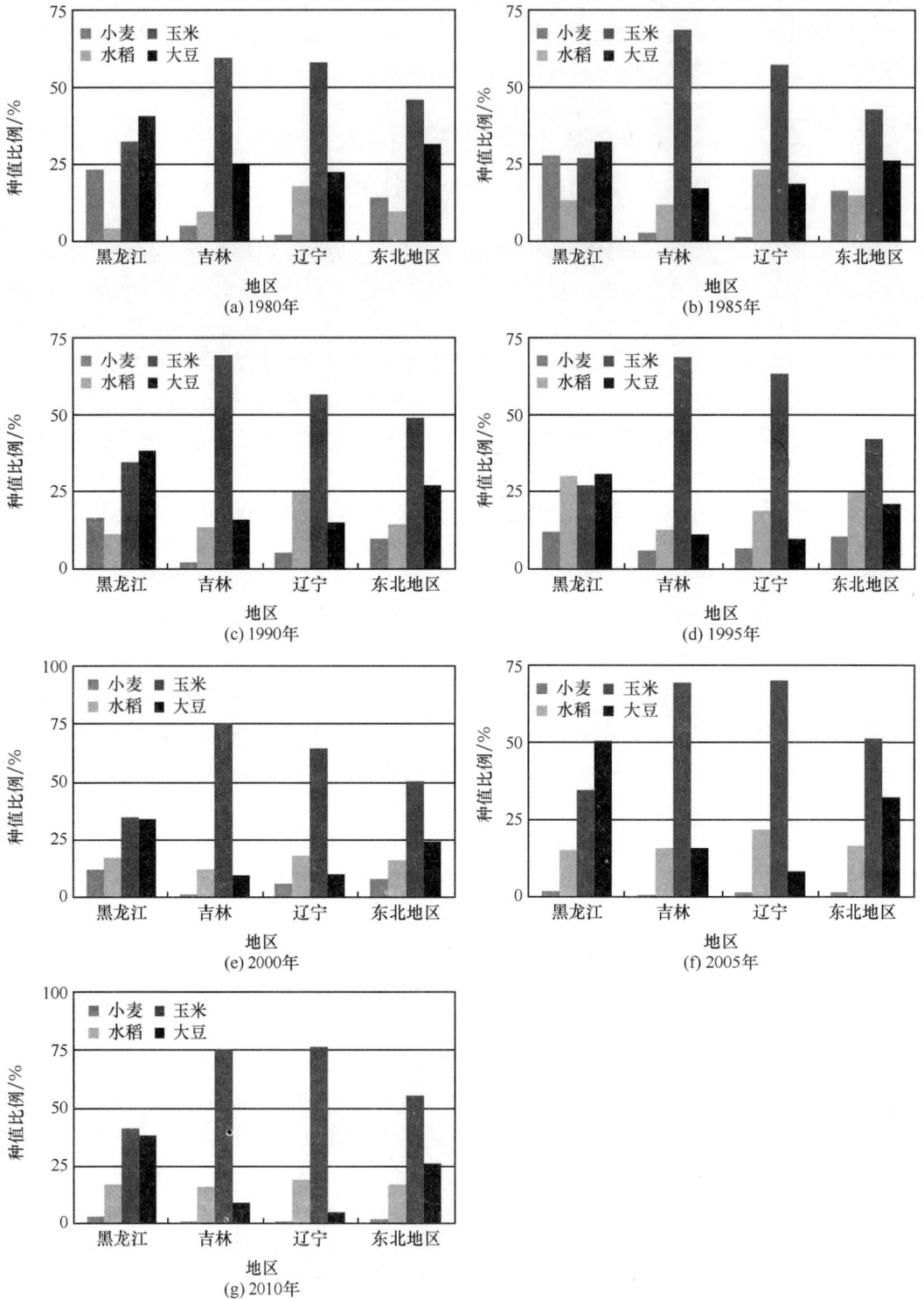

图 3-1　东北地区农作物种植结构变化特征

组合型，再至 2010 年间的玉米-大豆组合型，未来趋向于保持玉米-大豆-水稻的组合种植结构。玉米的种植比例由 32.7% 上升至 42.2%，大豆的种植比例较为稳定，小麦种植比例由 23% 下降至 2%，水稻是近 30 年黑龙江省增长较快的农作物，由 1980 年代的 4.5% 上升至 16.9%。吉林省的种植结构一直以单一玉米型为主导，玉米的种植比例由 60.5% 上升至 74.7%，大豆的种植比例由 24.6% 降至 8.9%，是近 30 年吉林省种植结构调整最大的农作物，而小麦的种植比例由 5.3% 降至 0.1%，未来朝向玉米-水稻组合型种植结构。辽宁省的种植结构由 20 世纪 80 年代的单一玉米型转向 20 世纪 90 年代的玉米-水稻组合型，再转变为单一玉米型；期间玉米种植比例由 58.2% 上升至 76.1%；水稻种植比例除 1985~1990 年保持在 24% 左右，近 30 年保持在 18% 左右；而大豆种植比例由 21.9% 降至 5.1%。

将东北地区的种植结构进行组合，可获得 11 种县域的种植结构类型，共计 183 个县市的种植结构模式。图 3-2 的县级种植结构空间分布表明，东北地区的县域种植结构近 30 年经历了重大转变，主要趋势表现 2000 年以后 11 类种植结构类型减少为 8 类；以小麦为主导的种植结构消失，玉米-大豆型种植结构比例减少，单一玉米型种植结构比例显著上升，此外水稻-玉米型种植结构比例也趋于增加。

1980 年全东北地区的玉米-大豆型为主导的种植结构类型占县级数的 42.1%，主要分布于辽宁省大部分县市、吉林省中部和黑龙江省南部地区，大部分位于东北平原区。单一玉米型占 14.8%，主要分布于吉林省和黑龙江省西部的松嫩平原地区，辽宁省也有零星分布；小麦-大豆型种植结构占 13.1%，分布于黑龙江省的大兴安岭地区和三江平原的部分县市。1990 年东北地区的主要种植结构类型依然为玉米-大豆型占 31.1%，主要分布于辽宁省的西部和东部部分县市、吉林省东南部和黑龙江省的东部虎林等地，这一类型种植结构的变化主要发生在辽宁的中部地区；单一玉米型的比例提升至 23%，主要分布于东北地区西部，在 80 年代的基础上有所扩大，并形成连片。这一时期还有一个非常显著的特征是以水稻为主导的种植结构类型迅速增加，包括单一水稻型、水稻-玉米-大豆型、水稻-玉米型和水稻-大豆型的比例由 80 年代的 11.5% 上升至 23.5%，主要分布于辽宁省中部、吉林省中部和黑龙江省中部地区。

2000 年东北地区的种植结构以玉米-大豆型、单一玉米型和单一大豆型为主，分布占全区域的 26.8%、25.1% 和 16.9%，玉米-大豆型主要分布于辽宁东部、吉林省南部和黑龙江省东部及松嫩平原区，单一玉米型则主要分布于辽宁省环渤海湾和东北的整个西部地区，单一大豆型主要分布在黑龙江省南部山区、北部大兴安岭和三江平原地区。这一时期内玉米种植类型比例持续调整，多种农作物同时种植朝向单种玉米或大豆方向转变，最大的特征是以小麦为主导种植作物类型的种植结构几乎消失，只剩少数县域有小麦-大豆型种植结构类型。2010 年东北地区的种植结构变化为单一玉米型上升至 47%，而玉米-大豆型下降至 15.8%，水稻-玉米型上升至 15.3%，这一时期东北种植结构趋向于种植水稻、玉米。

近 30 年东北地区县域的种植结构调整表现为单一化趋势，大量种植玉米，全区有 2/3 以上的县市改变了种植结构。主要种植结构调整模式由小麦-玉米型调整为单一玉米型，占全部调整县市的 5%；小麦-玉米-大豆型调整为玉米-大豆型，占调整比例的 3.3%；水稻-玉米-大豆型调整为水稻-玉米型，占 3.2%；玉米-大豆型调整为水稻-玉米

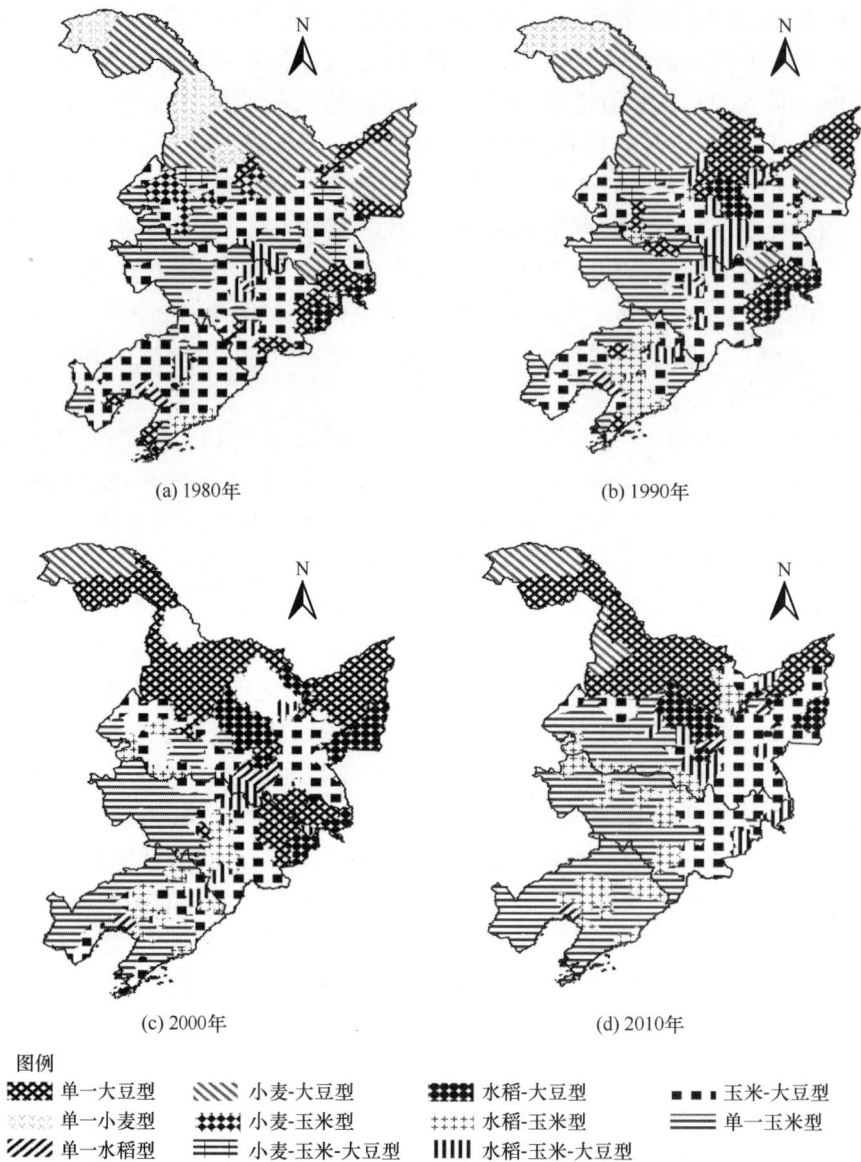

(a) 1980年　　　　　　　　　　　　　(b) 1990年

(c) 2000年　　　　　　　　　　　　　(d) 2010年

图例

单一大豆型　　小麦-大豆型　　水稻-大豆型　　玉米-大豆型

单一小麦型　　小麦-玉米型　　水稻-玉米型　　单一玉米型

单一水稻型　　小麦-玉米-大豆型　水稻-玉米-大豆型

图 3-2　1980~2010 年农作物种植结构的时空分布特征

型，占 9%；玉米–大豆型调整为单一玉米型，占调整比例的 39.3%；单一玉米型调整为玉米–水稻型或者水稻–玉米–大豆型，占 5%；单一大豆型转换为玉米–大豆组合模式，占 10.7%；小麦组合种植模式转换为玉米的组合模式，占 23.8%。

3.1.2　东北地区农作物种植面积变化趋势

利用 1980~2010 年县级农作物种植面积统计数据，选择玉米、水稻、小麦和大豆 4 种农作物，分析近 30 年东北地区农作物种植面积变化特征及趋势。东北地区的 4 种农作物变化趋势分析表明，大豆、水稻和玉米的种植面积不断扩大，只有小麦的种植面积持续

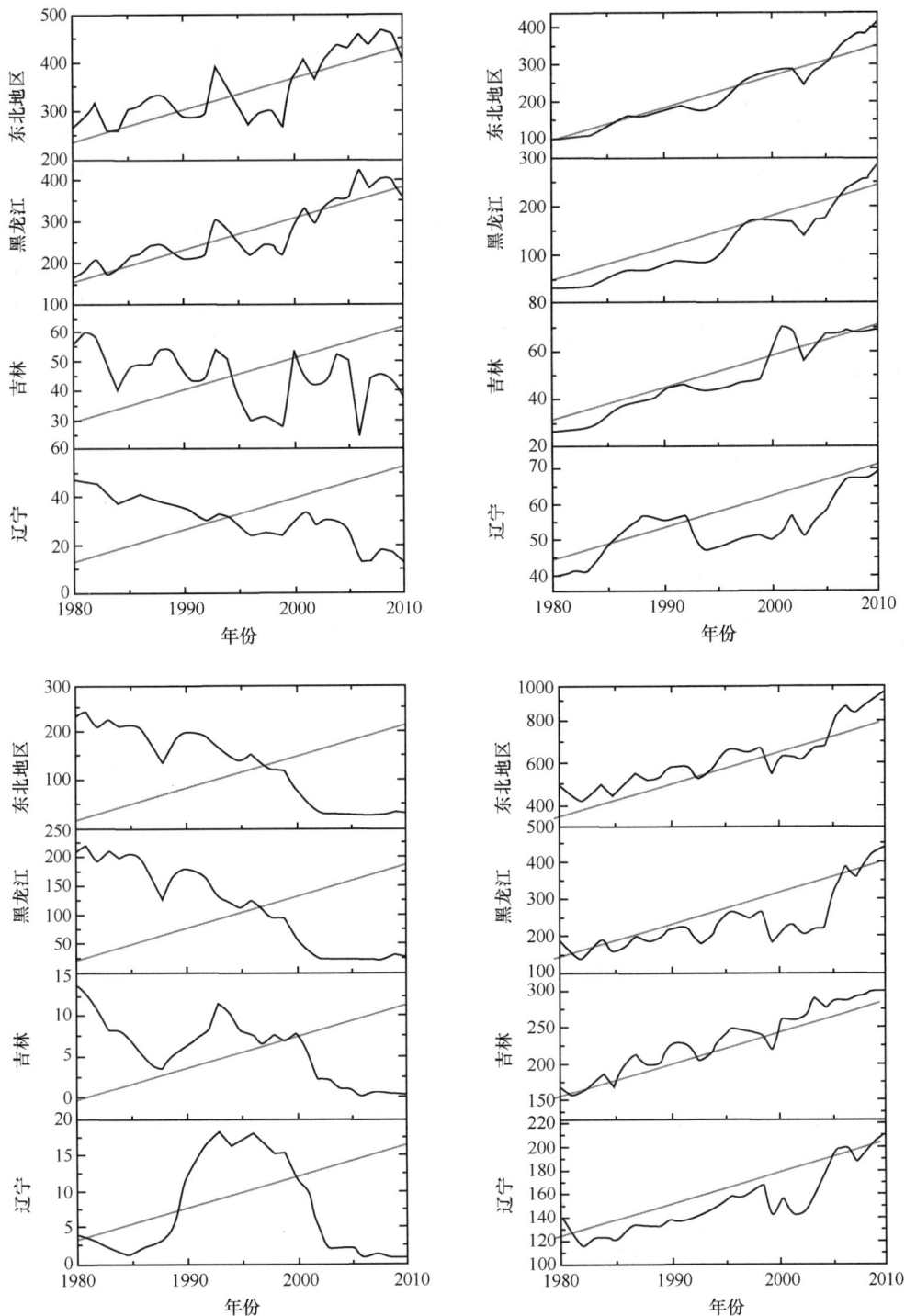

减少(图 3-3)。过去 30 年大豆在东北地区以 5.96 万 hm^2/a 的速度增加,主要得益于黑龙江省种植大豆面积以 7.41 万 hm^2/a 的增加;相反,吉林省和辽宁省分别以 0.48 万 hm^2/a 和 0.97 万 hm^2/a 的速度减少,但因总面积较小,对东北地区大豆种植趋势影响较小。过

大豆	水稻	小麦	玉米
$y=5.96x-11546$	$y=10.01x-19760$	$y=-7.9x+15896$	$y=13.66x-26633$
$R^2=0.63$	$R^2=0.94$	$R^2=0.91$	$R^2=0.80$
$y=7.41x-14506$	$y=7.81x-15466$	$y=-7.55x+15170$	$y=6.52x-12765$
$R^2=0.79$	$R^2=0.93$	$R^2=0.93$	$R^2=0.62$
$y=-0.48x+993.82$	$y=1.53x-3001.5$	$y=-0.32x+646.47$	$y=4.65x-9050.8$
$R^2=0.22$	$R^2=0.92$	$R^2=0.60$	$R^2=0.93$
$y=-0.97x+1965.9$	$y=0.67x-1292.1$	$y=-0.04x+79.81$	$y=2.49x-4817.8$
$R^2=0.83$	$R^2=0.61$	$R^2=0.0025$	$R^2=0.77$

图 3-3　1980~2010 年 4 种农作物种植面积变化趋势(单位:万 hm^2)

去 30 年,水稻在整个东北地区都表现为增加趋势,其中东北全境以 10.01 万 hm^2/a 的速度增长,黑龙江省以 7.81 万 hm^2/a 的增长速度贡献了大部分,吉林省、辽宁省分别以 1.53 万 hm^2/a 和 0.63 万 hm^2/a 增长。过去 30 年,小麦总体呈现减少趋势,东北地区以 7.9 万 hm^2/a 的速度减少,主要来自黑龙江省的小麦面积减少。过去 30 年,东北地区玉米的种植面积增长强劲,以 13.66 万 hm^2/a 的速度增加,三个省的贡献都比较显著,黑龙江省、吉林省和辽宁省分别以 6.52 万 hm^2/a、4.65 万 hm^2/a 和 2.49 万 hm^2/a 速度增长。

将 1980~2010 年东北地区县域农作物种植面积的增长趋势,用线性回归方法得到其增长速率。图 3-4 表明,小麦在近 30 年的变化趋势呈现 76.5% 的县市趋于减少,37.2% 的县市年均减少超过 200 hm^2,只有黑龙江省哈尔滨和附近出现零星的增长趋势。而水稻种植面积呈现大面积增长趋势,有 82% 的县市保持持续增长趋势,其中 46.6% 的县市年均增长面积超过 200 hm^2。玉米的种植面积也呈现大面积增长趋势,有 88.5% 的县市保持增长,其中 71% 的县市年均增长面积超过 200 hm^2。大豆种植面积的空间变化趋势表明,54.6% 的县市呈现面积减少趋势,其中 36.1% 的县市年均减少面积超过 200 hm^2,主要分布在辽宁省、吉林省和黑龙江省的西部地区;有 45.5% 的县市表现为面积增加趋势,其中 29.5% 的县市年均增长面积超过 200 hm^2,主要分布于黑龙江省东南部山区和大兴安岭地区,吉林省南部部分县市。

3.2　基于卫星遥感数据的农作物空间格局动态变化特征

遥感技术作为一种高新技术,因成本低、迅速和准确的优点正被广泛应用于对地观测活动中,在不同时空尺度的农业土地利用研究和农作物空间分布动态变化研究中发挥了重要的作用(刘纪远等,2005;杨鹏等,2000)。经过 30 多年的发展,基于遥感信息的作物识别和变化监测方法,已从最初的目视解译法发展到基于统计学的分类法(如结合地面样点的监督分类方法、多时相分类方法、多元数据结合分类法等),以及其他智能遥感分类法(如神经元网络法、模糊分类法、专家系统分类法、混合像元分解法等)。Jose 等(2011)采用基于对象的影像分析技术(object-based image analysis)综合应用植被指数信息、纹理特征和作物物候信息,在美国加利福尼亚县域尺度精确提取了 13 种作物的空间分布信息。Ozdogan(2010)在地区尺度应用非监督信号处理算法和地面观测作物光谱

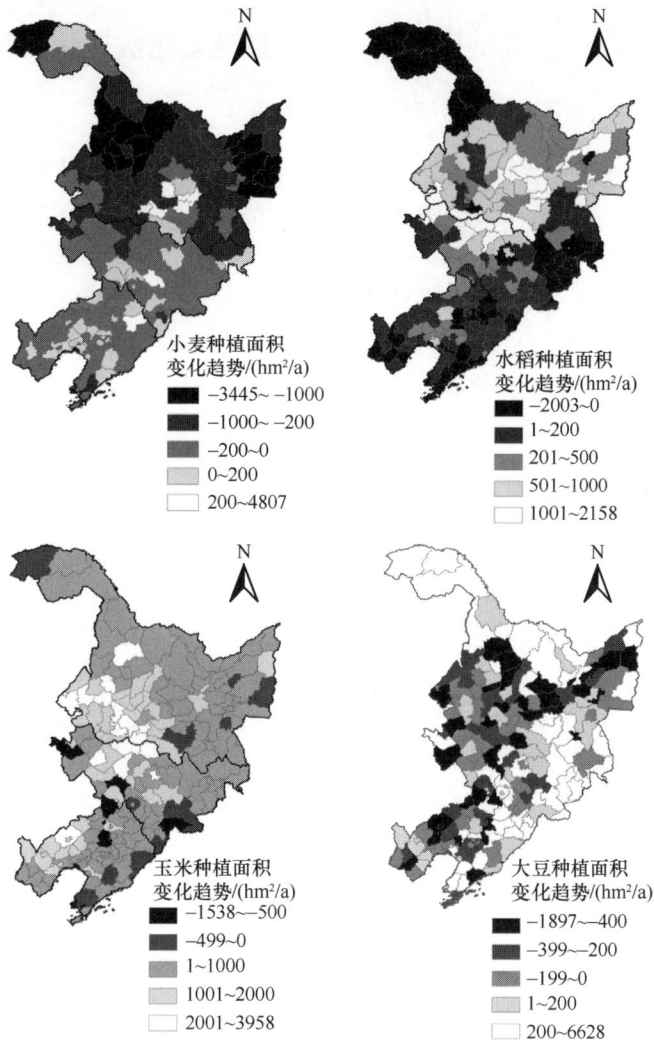

图 3-4　1980~2010 年东北地区县域农作物种植面积变化趋势

信息，实现了从时间序列 MODIS 影像中高精度自动提取玉米、大豆等作物空间分布的研究。Xiao 等（2006）、Liu 等（2005）和李景刚等（2004）则分别探索了利用低空间分辨率或中低空间分辨率影像数据进行大区域（国家）尺度耕地或作物空间分布信息的研究。应该说，基于遥感信息获取作物空间分布的方法正得到越来越深入的研究，在作物类型和种植制度相对单一的小尺度区域已经得到广泛应用。但在国家、洲际或全球洲际尺度上，由于混合像元、大气干扰、尺度转换等因素的影响，而导致同物异谱和同谱异物现象广泛存在，还难以实现对大区域尺度农作物空间分布信息的精确获取（宫鹏，2009；Yang et al.，2007）。目前，基于遥感信息分类完成的全球土地利用与土地覆盖数据产品都仅提供耕地或耕地内部水田和旱地的空间分布信息，还缺乏像元尺度或亚像元尺度的具体作物空间分布数据，且各数据产品分类精度在区域上也呈现出较为显著的差异（Wu et al.，2008）。

3.2.1　东北地区不同作物类型植被指数变化特征

1. 时序植被指数(NDVI)与作物生长发育的关系

遥感图像上的植被信息主要通过绿色植物叶子和植被冠层的光谱特性及其差异、变化来反映,不同光谱通道所获得的植被信息可与植被的不同要素或某种特征状态有各种不同的相关性,如叶子光谱特性中,可见光谱段受叶子叶绿素含量的控制、近红外谱段受叶内细胞结构的控制、中红外谱段受叶细胞内水分含量的控制(王纪华等,2008)。

对于复杂的植被遥感,仅用个别波段或多个单波段数据分析对比来提取植被信息有很大的局限性,因此往往选用多光谱遥感数据经分析运算(加、减、乘、除等线性或非线性组合方式),产生某些对植被信息有一定指示意义的数值——植被指数。它用一种简单有效的形式来实现对植物状态信息的表达,植被指数的时空变化反映着植被的动态演化信息(贾海峰和刘雪华,2006)。

在植被指数中,通常选用对绿色植物(叶绿素引起的)强吸收的可见光的红波段($0.6\sim0.7\mu m$)和对绿色植物(叶内组织引起的)高反射的近红外波段($0.7\sim1.1\mu m$)。这两个波段不仅是植物光谱中最典型的波段,而且它们对同一生物物理现象的光谱响应截然相反,形成明显反差,这种反差随着叶冠结构、植被覆盖而变化,因此可以将它们用比值、差分、线性组合等多种组合来增强或揭示隐含的植物信息(王纪华等,2008)。

在植被遥感中,应用最广泛的是归一化植被指数(NDVI)。NDVI的优势在于,经归一化处理后,可以部分消除太阳高度角、卫星扫描角及大气程辐射的影响(林文鹏等,2010)。NDVI是植被生长状态及植被覆盖度的最佳指示因子,它不但与植被分布密度呈线性相关,而且时序NDVI曲线还是作物生长的动态迹线,它以直观的形式反映了作物从播种、出苗、抽穗、成熟到收获的一系列物理过程。

植被指数的时空变化反映着植被的动态演化信息。研究表明,作物生长发育不同阶段的归一化植被指数(NDVI)与作物不同生育期有明显的相关性,图3-5以华北地区冬小麦为例,列出了经过平滑处理后的MODIS NDVI时间序列曲线与作物不同生育期的对应关系(任建强等,2010)。可以看到,冬小麦的植被指数从出苗期开始到越冬期结束有一个先增大、后减小的过程,从返青期开始,也是一个先逐步增加,达到一个最大值后又逐步减少的过程。当然这种对应关系在不同地区、不同年份有所差异。这种植被指数在不同物候期内的变化及其年际间和区域间的差异,是利用遥感数据获取不同农作物种植面积空间分布信息的理论基础。

2. 东北地区主要作物植被指数(NDVI)变化特征

春玉米、水稻、大豆是东北地区的主要农作物。这些作物的物候历与植被指数都有很好的对应关系。这些农作物的生长都有各自的规律,如播种、出苗的日期,何时生长最旺盛,何时开花、成熟、收获等。不同作物物候期不同,导致反映作物生长的植被指数NDVI的时间曲线形态也不同,并按一定规律变化。一般来说,东北地区各种作物植被指数在其整个生育期都经历了一个先逐步增加,达到一个最大值后又逐步减少的过程。

东北地区春玉米大约5月上旬播种,5月中下旬出苗,6月下旬开始拔节,7月中下

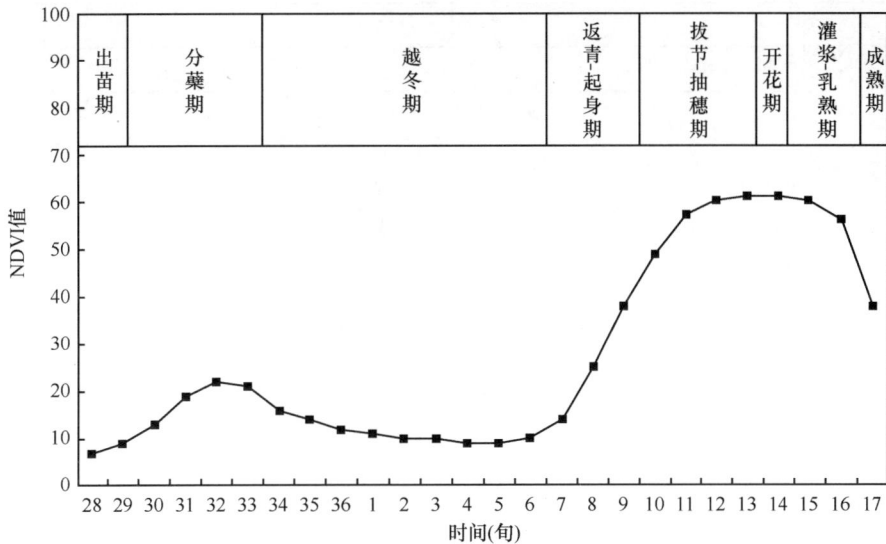

图 3-5　冬小麦各生育期与旬 NDVI 时序曲线的对应关系

旬抽雄，此时 NDVI 达到最大，8 月底 9 月初乳熟、成熟。随着春玉米的出苗、拔节到抽雄、成熟，反映在遥感图像上的 NDVI 值先逐步增大，达到一个峰值后再逐步变小。

东北地区大豆 5 月上中旬播种，5 月下旬至 6 月初出苗、根系形成，然后进入花芽分化分枝、生殖生长和营养生长并进时期，NDVI 逐渐变大，7 月中下旬至 8 月上旬进入开花结荚期，此时 NDVI 达到最大值，9 月中旬乳熟、成熟，9 月下旬收获，NDVI 逐步变小。当然，此过程受天气影响，不同年份会有变化，如 2013 年春季受持续低温影响，大豆播种日期相应推迟。

对于水稻来说，其移栽前背景信息表现为水体性质，NDVI 值很低。东北地区水稻，7 月上中旬分蘖，8 月上旬为抽穗期，NDVI 值达到最大，此后不断减少。

图 3-6 是东北地区春玉米、大豆和水稻物候历与植被指数的一般对应关系。这种对应关系在不同地区、不同年份有所差异（黄青等，2010；冯锐等，2011）。

3.2.2　东北地区农作物空间格局信息的遥感提取方法

1. MODIS 数据处理

农业部遥感应用中心卫星接收站有 2002 年以来自主接收的 MODIS 全部日数据及合成的不同时间段的 NDVI 数据。利用 2005 年和 2010 年每年 5 月中旬到 9 月中旬每日覆盖东北地区的 MODIS 数据，经过辐射定标、几何校正等过程，计算每天的 NDVI 值，并进行每旬的最大值合成，得到 2005 年和 2010 年每年每旬的最大值。利用 MODIS-NDVI 数据，结合农作物生长过程中的植被指数特征，利用不同模型来提取不同作物的分布格局信息。

2. 基于植被指数的农作物空间格局信息遥感提取方法

MODIS 时序植被指数包括单日植被指数及旬、月植被指数。旬、月植被指数是在单

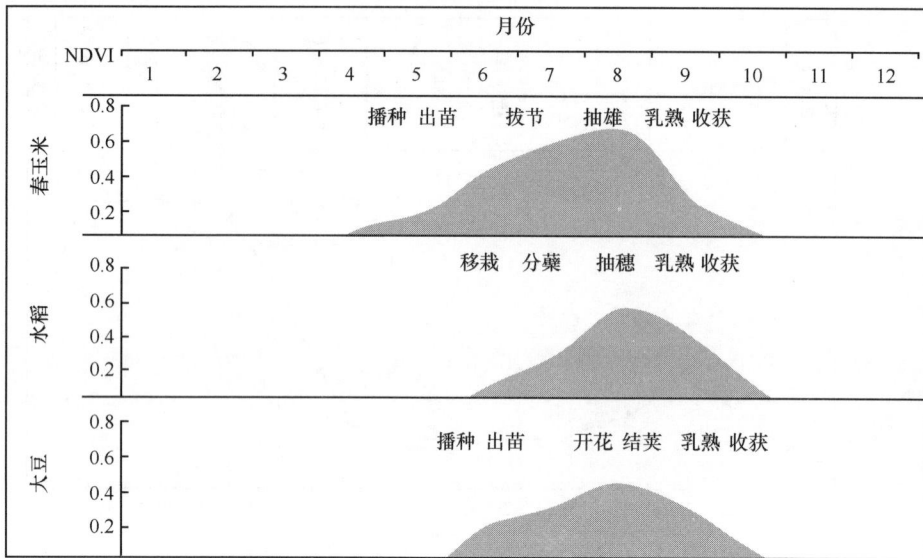

图 3-6　东北地区主要作物物候历与植被指数的一般对应关系

日植被指数的基础上经过多天合成得到的。MODIS 植被指数合成的目的是在一定的时间间隔内提供准确的不受云影响的植被指数图像，确保合成数据的质量和一致性，更好地区分植被的年际变化、解释物候变化规律，以最佳的时空分辨率使得陆表覆盖最大化。本文选用目前最常用的业务化方法-最大值合成法(MVC)，MVC 倾向于选择最晴空、最接近于星下点和最小太阳天顶角的像元，在有晴空像元存在的情况下，排除了受云和大气影响的像元(梁子，2008)。

　　根据对主要农作物的物候历及植被指数与物候期的对应关系的分析(图 3-6)，利用 MODIS 数据获取不同农作物种植面积空间信息需要的几个关键时相的遥感数据(杨小唤等，2004；林文鹏等，2006)。为了模型的可读性好，用 $NDVI_{xy}$ 表示不同时相的 NDVI 值，其中 x 取值范围为 1~12，表示月份；y 取值范围为 1~3，分别表示上、中、下旬，如 $NDVI_{82}$ 表示 8 月中旬的 NDVI 值。表 3-1 是东北地区春玉米、春小麦、大豆及一季稻主要提取模型。

表 3-1　不同作物面积空间分布提取模型

序号	作物空间分布提取模型	作物类型
1	$NDVI_{51}<T_1$，$NDVI_{63}>T_2$，$NDVI_{81}>NDVI_{73}$，$NDVI_{81}>NDVI_{82}$，$NDVI_{81}>T_3$	春玉米
2	$NDVI_{43}<T_4$，$NDVI_{61}>T_5$，$NDVI_{71}>NDVI_{63}$，$NDVI_{71}>NDVI_{72}$，$NDVI_{71}>T_6$	春小麦
3	$NDVI_{63}<T_7$，$NDVI_{81}>NDVI_{73}$，$NDVI_{81}>NDVI_{82}$，$T_8<NDVI_{82}<T_9$	大豆
4	$NDVI_{61}<T_{10}$，$NDVI_{81}>NDVI_{82}$，$NDVI_{81}>NDVI_{73}$，$NDVI_{92}>T_{11}$	一季稻

　　以春玉米为例进行说明。根据上文提到的春玉米和植被指数 NDVI 的对应关系，随着春玉米的出苗、拔节到抽雄、成熟，反映在遥感图像上的 NDVI 值先逐步增大，达到一个峰值后再逐步变小，根据这一特性，春玉米面积信息的识别要同时满足上述表中序号为 1 的所有条件。模型中，T_1、T_2、T_3 是不同生育期的阈值，根据作物的光谱特征，其数

值大小来源于不同区域植被指数与物候期的一一对应关系,如 2009 年 5 月上旬,T_1 的值在各地区一般都小于 0.2;6 月下旬,辽宁省的 NDVI 值一般在 0.43 左右,吉林省在 0.42 左右,黑龙江省在 0.40 左右,但各地区受播种时间和物候差异影响,NDVI 值可在 0.38~0.50 波动;8 月上旬的 NDVI 最大,一般大于 0.62,可以达到 0.7 以上,甚至更高,同时也大于 8 月中旬和 7 月下旬的 NDVI。限定了这些阈值参数后,将参数带入上述模型 1,就可以提出春玉米的面积空间分布。

需要说明的是,由于受播种时间、物候差异、作物长势差异等的影响,NDVI 值在同一时相不同地区差异较大,模型中关键点位的 NDVI 值、T_x 值需要根据每年的物候历或农情野外监测数据来分区分作物进行修正。具体操作中,每年要先根据前几年不断积累建立的阈值先建立提取模型,运行之后,再根据实测地面数据对阈值进行调整。春玉米、大豆和一季稻原理相同。模型中的 $T_4 \sim T_{11}$ 要根据不同地区、不同作物物候历分区分作物设置,并在实测中不断验证、调整。模型分的区域越小,提取精度相应较高,但分区域的阈值往往获取困难。

3.2.3　东北地区农作物空间格局及变化特征

1. 农作物空间格局信息提取结果及精度验证

根据表 3-1 不同作物的提取模型,提取出东北地区不同作物 2005 年和 2010 年的空间分布,通过 ArcGIS 空间计算,得出作物空间动态变化图,如彩图 1 所示。

用中等分辨率遥感影像全覆盖方式,进行大尺度作物种植面积遥感提取研究,提取的精度一方面取决于遥感影像的分辨率;另一方面取决于提取模型中参数阈值的设定。精度验证根据区域的大小主要采取两种方式:一是小范围内的精度验证,主要以高分辨率遥感卫星 SPOT 为主要信息源的农业部东北地区作物本底调查数据为相对真值进行验证;二是在区域尺度上,以省级行政区划为基本单元,以统计数据作为评价标准,对分省的各类作物的面积进行精度评价,本节采用的面积指标是提取年份前后 3 年作物面积的平均值。图 3-7 以辽宁省春玉米主产县法库县、彰武县、康平县、铁岭县等地区为例,显示了县域尺度上基于 MODIS 提取的面积与高分辨率图像解译结果对比情况。图 3-8 和表 3-2 是东北三省春玉米、水稻、大豆基于 MODIS 提取的面积与多年平均统计面积的对比,在区域尺度上,2005 年各种作物提取精度总体达 87.5%,2010 年各种作物提取精度总体达 94.2%。

表 3-2　东北地区各作物总体面积提取精度与统计数据对比

作物类型	统计数据面积/10^3 hm^2		MODIS 提取面积/10^3 hm^2		相对精度/%	
	2005 年	2010 年	2005 年	2010 年	2005 年	2010 年
春玉米	2 959	4 065	3 420	4 185	86.5	97.1
大豆	7 212	9 432	8 320	10 219	86.7	92.3
水稻	4 434	4 095	4 967	3 837	89.3	93.3
总计	14 605	17 592	16 707	18 241	87.5	94.2

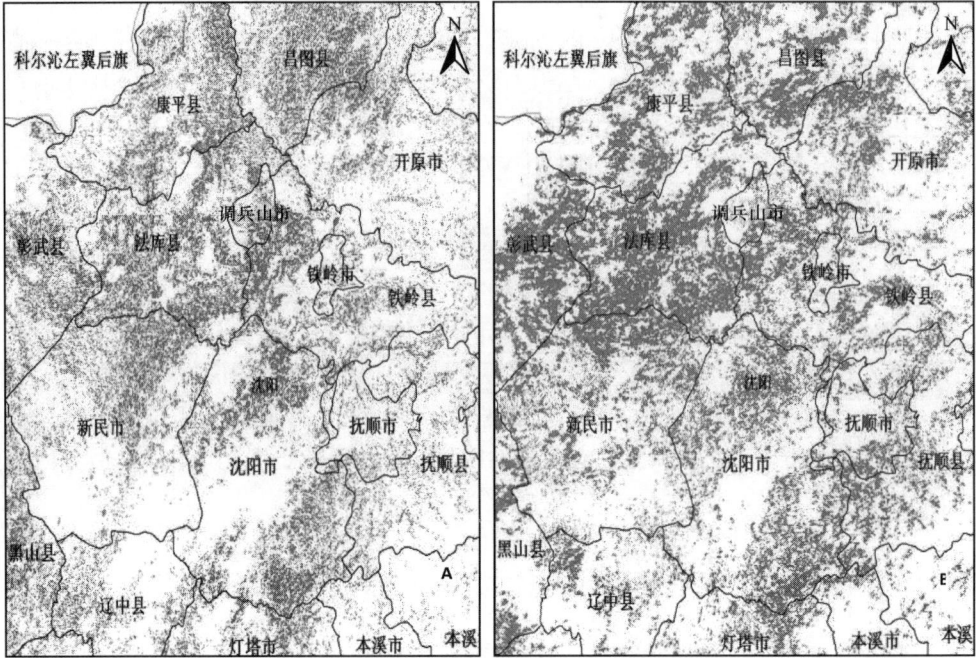

(a) 高分辨率遥感图像解译面积   (b) MODIS遥感提取面积

图 3-7 春玉米面积县域尺度精度验证

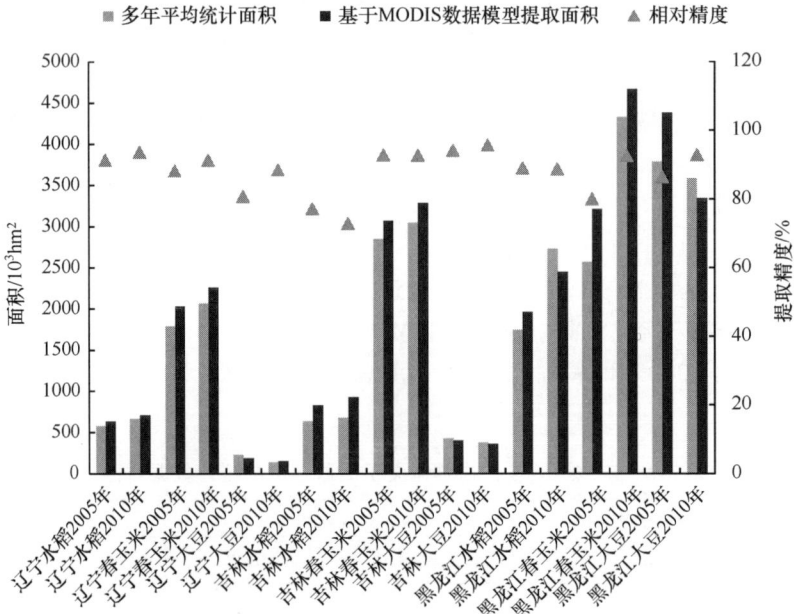

图 3-8 分省、分作物遥感面积提取精度与统计数据对比

2. 农作物空间格局动态变化特征分析

1）作物景观空间格局分析的数量方法

在进行作物格局动态变化的分析中，我们尝试将景观生态学中不同景观类型数量动态变化指数模型应用到农田耕地内部不同作物动态变化规律研究中。选取的景观格局指数包括以下 6 项（邬建国, 2007; 肖笃宁等, 2003）。

（1）平均斑块面积（average patch area）

其计算公式为

$$AA = A_i / n \tag{3-1}$$

式中，AA 为作物类型 i 的斑块平均面积; A_i 为作物类型 i 的总面积; n 为作物类型 i 的斑块数目。

（2）作物景观斑块密度指数（crop landscape patch density index）

其计算公式为

$$PD = \sum N_i / A \tag{3-2}$$

式中，PD 为斑块密度指数; $\sum N_i$ 为研究区某作物景观斑块类型的数目; A 为作物景观斑块类型的面积。此格局指数可以了解研究区内每平方千米平均作物斑块数。

（3）作物景观斑块数量破碎化指数（crop landscape fragmentation index）

其计算公式为

$$FN = MPS(Nf-1)/Nc \tag{3-3}$$

式中，FN 为某类作物景观斑块类型的景观破碎度指数; MPS 为整个作物景观的平均斑块面积, Nf 为某类作物景观斑块类型的斑块数目; Nc 为研究区作物总面积与最小斑块面积的比值。此格局指数可以反映某种作物被其他作物景观分割的破碎程度，其值 $\in$ (0, 1)，数值越大表示被破坏程度越大。

（4）作物景观分离度指数（crop landscape isolation index）

其计算公式为

$$N_i = \frac{A}{2A_i} \sqrt{\frac{n}{A}} \tag{3-4}$$

式中，N_i 为作物景观类型 i 的分离度指数; A 为研究区某作物景观总面积; A_i 为某作物景观类型 i 的面积; n 为某作物景观类型 i 的斑块数。此格局指数可以表示某种作物不同斑块个体空间分布的离散（或集聚）程度，分离度越大，表示斑块越离散，斑块之间距离越大。

（5）作物类型变化幅度（crop types change range）

其计算公式为

$$\Delta S = \frac{S(i, t_2) - S(i, t_1)}{S(i, t_1)} \times 100\% \qquad (3\text{-}5)$$

式中，ΔS 为作物景观变化幅度；$S(i, t_1)$ 和 $S(i, t_2)$ 分别为研究初期 t_1 和末期 t_2 某一作物类型 i 的面积。此格局指数可以表示某种作物在一段时间内的面积变化情况。

（6）单一作物类型动态度（crop dynamic degree）

其计算公式为

$$K = \frac{U_b - U_a}{U_a} \times \frac{1}{T} \times 100\% \qquad (3\text{-}6)$$

式中，K 为研究时段内某一作物景观类型动态度；U_a、U_b 分别为研究初期及研究期末某一种作物类型的数量；T 为研究时段（年）。此格局指数表示研究区某类作物类型的年变化率。

2）作物景观空间格局动态变化特征

根据上述不同景观类型数量动态变化的指数模型，我们得到 2005～2010 年东北地区各种作物类型面积动态变化情况。表 3-3 是不同作物面积的变化幅度及动态度。从表中可以看出，三个省的水稻和玉米面积均呈增加的趋势，而大豆减少趋势则非常明显。三个省中，黑龙江省各种作物动态度变化均为最大，其中春玉米面积在 5 年内变化幅度达 45%，而水稻和大豆则分别增加和减少了近 30% 及 24%。而吉林省的各种作物变化幅度相对较小。

表 3-3　2005～2010 年东北地区不同作物面积的变化幅度及动态度　（单位：%）

作物类型	辽宁		吉林		黑龙江		东北三省	
	变化幅度	动态度	变化幅度	动态度	变化幅度	动态度	变化幅度	动态度
水稻	12.03	2.41	12.27	2.45	29.97	5.99	22.37	4.47
春玉米	11.32	2.26	6.82	1.36	45.40	9.08	22.82	4.56
大豆	-18.99	-3.80	-10.81	-2.16	-23.56	-4.71	-22.36	-4.47

表 3-4 详细列出了 2005～2010 年东北地区各省不同作物景观变化情况。通过作物景观指数，我们可以清楚地了解每种作物的空间变化过程。以黑龙江省为例，5 年间水稻的平均斑块面积增大，斑块密度减小，水田作物趋于连片、水田斑块向着更有规律分布的方向发展的过程显而易见，景观破碎化指数和分离度指数的降低反映了水田的离散程度，说明在格局分布上，水田向着更有序的方向发展。春玉米作物表与水田有着相似的变化规律，这与经济利益的刺激和国家扶持政策密切相关，也有自然因素分析认为，水稻面积的增加和温度上升有关（陈佑启等，2010）。而大豆在空间上的分布变化特征正好相反，5 年间大豆平均斑块面积减少，斑块密度增加，大豆田块向着更离散的方向发展的过程得以清楚显现，这种景观空间结构的破碎化不利于农田整体生态功能的稳定。表 3-4 同时列出了东北地区水稻、玉米及大豆总体格局指数变化，通过这些指数表征的意义，东北地区不同作物时间及空间上的动态变化规律一目了然。

表 3-4　2005 年、2010 年东北地区不同作物景观格局指数动态变化

省份	作物	年份	作物景观格局指数			
			平均斑块面积/km²	作物景观斑块密度指数/(N/km²)	作物景观斑块数量破碎化指数	作物景观分离度指数
辽宁	稻谷	2005	0.775	12.900	0.0142	8.085
		2010	0.902	11.090	0.0139	7.325
	玉米	2005	0.266	37.590	0.0500	4.309
		2010	0.819	12.210	0.0400	2.415
	大豆	2005	0.172	58.017	0.0041	57.354
		2010	0.201	49.662	0.0031	71.701
吉林	稻谷	2005	0.493	20.288	0.0120	11.738
		2010	0.533	18.752	0.0127	10.677
	玉米	2005	0.348	28.758	0.0474	3.750
		2010	0.967	10.341	0.0326	2.236
	大豆	2005	0.353	28.308	0.0061	28.560
		2010	0.260	38.481	0.0132	39.657
黑龙江	稻谷	2005	0.592	16.902	0.0151	10.013
		2010	0.795	12.573	0.0128	7.351
	玉米	2005	0.215	46.428	0.0381	10.127
		2010	0.621	16.099	0.0293	4.537
	大豆	2005	0.701	14.273	0.0160	4.122
		2010	0.626	15.974	0.0208	6.311
东北地区	稻谷	2005	0.620	16.697	0.0138	9.945
		2010	0.744	14.138	0.0131	8.451
	玉米	2005	0.276	37.592	0.0452	6.062
		2010	0.802	12.883	0.0340	3.063
	大豆	2005	0.409	33.533	0.0087	30.012
		2010	0.362	34.705	0.0124	39.223

3.3　基于多源数据融合的农作物空间格局动态变化特征

　　基于遥感信息、统计数据和空间模型来获取作物空间分布信息的方法各具特色，但也存在不同的缺陷。因此，部分研究人员开始探索将以上 3 种方法集成的复合模拟方法（Sacks et al., 2010; Portmann et al., 2010; You et al., 2009; Ramankutty et al., 2008; Monfreda et al., 2008; Leff et al., 2004; Frolking et al., 2002; Ramankutty and Foley, 1998）。Leff 等（2004）利用遥感信息获取的农业土地覆盖数据，以及国家尺度和部分区域省域尺度统计数据，合成了全球 18 种主要作物 10 km 空间分辨率的分布图集。其中，

各统计单元的作物收获面积信息被简单均匀地分配到基于遥感分类获取的耕地像元内。Ramankutty 等(2008)和 Monfreda 等(2008)则先利用两种 1 km 的全球土地覆盖分类数据(GLC2000 和 BU-MODIS)合成了全球耕地和草地分布图,然后应用线性回归模型将国家尺度和部分区域省域、县域尺度的作物统计信息直接分配到各耕地像元,从而得到了全球 11 种主要作物的 10 km 分辨率的空间分布图集。Portmann 等(2010)则在 Ramankutty 等(2008)的研究基础上进一步集成灌溉信息等,最终得到了 26 种主要作物的灌溉地和雨养地的空间分布图。本研究尝试利用交叉信息熵方法模拟东北地区近 30 年的水稻空间分布信息,从不同侧面分析东北地区水稻种植变化特征,进一步丰富作物空间分布获取方法。

3.3.1 东北地区农作物空间格局变化模拟

1. 数据来源及处理

研究数据主要包括:①农业统计数据,主要为 1980~2008 年东北地区以县为单位的水稻统计数据,包括水稻单产、面积和总产数据;②行政区划数据,主要采用了 2000 年全国县级行政区划,研究中其他时期的行政区划数据处理是在此基础上进行了合并和拆分;③灌溉数据,来源于联合国粮农组织(FAO)和德国卡塞尔大学(Kassel University)联合开发的覆盖全球农业灌溉图;④土地利用数据,主要来自遥感解译得到的土地利用数据;⑤作物气候适应性数据,采用了 FAO 和应用系统分析国际研究所(IIASA)开发的 AEZ 模型运行结果;⑥作物分布概率数据,主要通过既有知识或咨询专家建立的数据库。上述数据除统计数据和行政区划数据外,所有数据均被空间化为 10 km×10 km 的单元网格。

研究以 10 年为一个时段,将东北地区近 30 年(1980~2008 年)分成了 4 个时间点进行分析,对每个时间点的农业统计数据采用了其前后年的平均值以消除统计数据误差及数据缺失的影响,研究得到了 4 期东北地区水稻空间分布图。

2. 研究方法

SPAM-China 模型由国际食物政策研究所和中国农业科学院农业资源与农业区划研究所联合开发,模型核心模块包括交叉信息熵分布概率模型和作物空间分配优化模型。模型基本工作思路是在对多源数据进行一致化处理后,采用交叉信息熵方法对多源信息进行判别和处理,计算多种作物空间分布概率,从而模拟作物空间分布特征。

(1)对于给定的分布概率$(p_1, p_2, \cdots, p_k)$,可定义 Shannon 信息熵为

$$H(p_1, p_2, \cdots, p_k) = -\sum_{i=1}^{k} p_i \ln p_i \tag{3-7}$$

通过引入交叉信息熵(CE)用于度量两个概率分布 p_i 和 q_i 不一致的情况,获得最小交叉信息熵方式确定概率的限制。

$$\mathrm{CE}(p_1, p_2, \cdots, p_k; q_1, q_2, \cdots, q_k) = -\sum_{i=1}^{k} p_i \ln\left(\frac{p_i}{q_i}\right) = \sum_{i=1}^{k} p_i \ln p_i - \sum_{i=1}^{k} p_i \ln q_i$$

$$= - H(p_1, p_2, \cdots, p_k) - \sum_{i=1}^{k} p_i \ln q_i \tag{3-8}$$

式中，p_i 和 q_i 分别为 X 县中第 j 种作物分布的两个概率作物面积可分配概率 s_{ijl} 和潜在适宜种植面积可分配概率 π_{ijl}：

$$s_{ijl} = \frac{A_{ijl}}{CA_j} \tag{3-9}$$

式中，CA 为像元的面积；A_{ijl} 为 X 县第 i 个像元上可分配的 j 作物种植面积；模型初始时，假设 j 作物在 X 县内所有像元上平均分配。

$$\pi_{ijl} = \frac{Su_{ijl} \times PD_i}{\sum_i Su_{ijl} \times PD_i} \quad \forall i \, \forall j \, \forall l \tag{3-10}$$

式中，π_{ijl} 为 i 像元上作物 j 的潜在分布概率；Su_{ijl} 为适宜作物种植面积，本研究中采用 GAEZ 数据集；PD_i 表示人口密度，采用 GPW Version 2 数据集。

（2）作物分配优化模型

$$\underset{\{s_{ijl}\}}{MIN} CE(s_{ijl}, \pi_{ijl}) = \sum_i \sum_j \sum_l s_{ijl} \ln s_{ijl} - \sum_i \sum_j \sum_l \pi_{ijl} \ln \pi_{ijl} \tag{3-11}$$

其中分配概率应满足如下优化条件：

$$\sum_i s_{ijl} = 1 \quad \forall j \, \forall l \tag{3-12}$$

$$\sum_j \sum_l CA_j \times s_{ijl} \leqslant Avail_i \quad \forall i \tag{3-13}$$

$$CA_{jl} \times s_{ijl} \leqslant Su_{ijl} \quad \forall i \, \forall j \, \forall l \tag{3-14}$$

$$\sum_{i \in k} \sum_l CA_{jl} \times s_{ijl} = SCA_{jk} \quad \forall j \, \forall l \in J \tag{3-15}$$

$$\sum CA_{jl} \times s_{ijl} \leqslant IRA_i \quad \forall i \tag{3-16}$$

$$1 \geqslant s_{ijl} \geqslant 0 \quad \forall i, j, l \tag{3-17}$$

式中，$i = 1, 2, 3\cdots$ 表示行政统计单元内的像元；$j = 1, 2, 3\cdots$ 表示作物种类；$l =$ 灌溉种植、雨养高投入、雨养低投入等 3 种类型生产种植模式；SCA_{jk} 为上一级统计单元的种植面积，如模型中用于空间分配的县级统计数据需要在总量上与省级统计数据保持一致；IRA_i 表示灌溉数据，采用 FAO 全球灌溉分布数据；$Avail_i$ 表示像元中的总耕地面积，采用土地利用/土地覆盖数据中的耕地分布；通过建立交叉信息熵获得各像元内各种作物的分布概率，进行空间优化配置，获得作物最大分布概率 S_{ijl}，模型输出结果包括各关键时间节点玉米种植面积、总产及单产的空间分布。

3.3.2　东北地区农作物面积动态变化分析

1. 东北地区近 30 年来水稻空间变化特征

近 30 年东北地区水稻空间分布变化特征显著，水稻种植面积明显增加，种植区域不断北移东扩（图 3-9）。1980 年，东北地区水稻空间分布主要在南部和中部地区，北部地区有少量水稻种植，水稻空间分布的最北端位于黑龙江省黑河地区。整个区域水稻种植主要集中在传统种植区的条带状上,其余地区水稻种植面积较少。1990 年,东北地区水稻空间分布主要是在原有主要种植区域的基础上向周围扩展,南部和中部地区原有水稻种植区种植面积增加明显,北部地区三江平原和松嫩平原水稻种植面积呈增加趋势,空间上水稻种植相对离散的区域较 1980 年有所减少。2000 年,东北地区水稻空间分布发生了显著变化,南部地区原水稻种植集中区域种植面积减少趋势明显,中部地区和北部地区的黑龙江省三江平原和松嫩平原水稻种植面积显著增加,而南部地区水稻种植则表现出分散的态势。2008 年,东北地区南部水稻种植面积恢复增加趋势,中部地区水稻种植面积及水稻种植集中程度较 2000 年增加明显,2000 年呈显著变化的北部地区三江平原和松嫩平原水稻种植面积变化不显著,基本维持了 2000 年的种植水平,在黑龙江省的西部地区水稻种植面积有增加趋势。总的来说,1980 以来的 30 年间,东北地区水稻空间分布变化趋势明显,水稻种植趋势向北向东移动,增加区域主要分布在中部和北部地区,其中北部地区水稻种植面积增加趋势最为显著,三江平原和松嫩平原水稻种植面积增加是北部地区水稻种植空间变化的主要趋势,南部地区水稻种植面积也表现出增加趋势,但增加趋势相对不显著。

对三个时段(1980~1990 年、1980~2000 年和 1980~2008 年)像元尺度的水稻空间分布进行对比分析,研究像元尺度上水稻种植面积的增减趋势(彩图 2)。在研究时段的前 10 年(1980~1990 年),东北地区水稻种植面积呈增加趋势,但显著变化的像元数量较少,主要分布在东北地区南部和东南部,显著减少像元主要分布在辽宁省的南部区域,而显著增加像元主要分布在水稻主要种植区的条带状附近,规律性较差,但显著增加像元数量明显大于显著减少像元数量。水稻成片减少区域主要分布在吉林省西部和黑龙江省最北端水稻种植区域,辽宁省南部和东北部有少量区域水稻种植面积下降,但东北地区大部分水稻种植像元表现出增加趋势,水稻种植面积增加的像元数量远大于水稻种植面积减少的像元数量。

1980~2000 年,水稻种植像元增加区域显著大于减少区域,趋势更为明显,减少区域主要分布在南部地区和吉林省的西部,显著减少区域主要集中在辽宁省南部区域;增加区域主要分布在中部和北部地区,三江平原和松嫩平原水稻种植面积显著增加的像元数量增多,水稻种植区域东扩较为明显,吉林省中部地区也存在大量显著增加区域。

1980~2008 年,水稻种植面积增加趋势显著,显著减少像元数量极少,少量水稻种植面积减少像元主要位于东北地区南部和北部较高纬度地区,空间分布较为分散,绝大部分水稻种植像元内面积都表现出增加趋势,南部原有水稻种植区水稻种植面积显著增加的像元数量较少,大量的水稻种植面积显著增加像元分布在吉林省中部、黑龙江省南部和东部地区,黑龙江省西部地区也有少量水稻种植面积显著增加像元,与 1980 年相比,除在原有主要水稻种植区域水稻种植面积大量增加外,北部地区少量种植水稻区域三江平原和松嫩平原的大面积种植水稻使得水稻面积增加较为显著。

2. 东北地区近 30 年来玉米空间变化特征

过去 30 年东北三省玉米种植面积的数量增长接近 500 万 hm^2。从时空变化来看,20世纪 80 年代玉米种植面积显著增加的地区(变化率超过 10%),主要集中在松嫩平原和吉林省西部,而显著减少的地区包括辽宁省中部及黑龙江省南部地区[图 3-9(a)];从

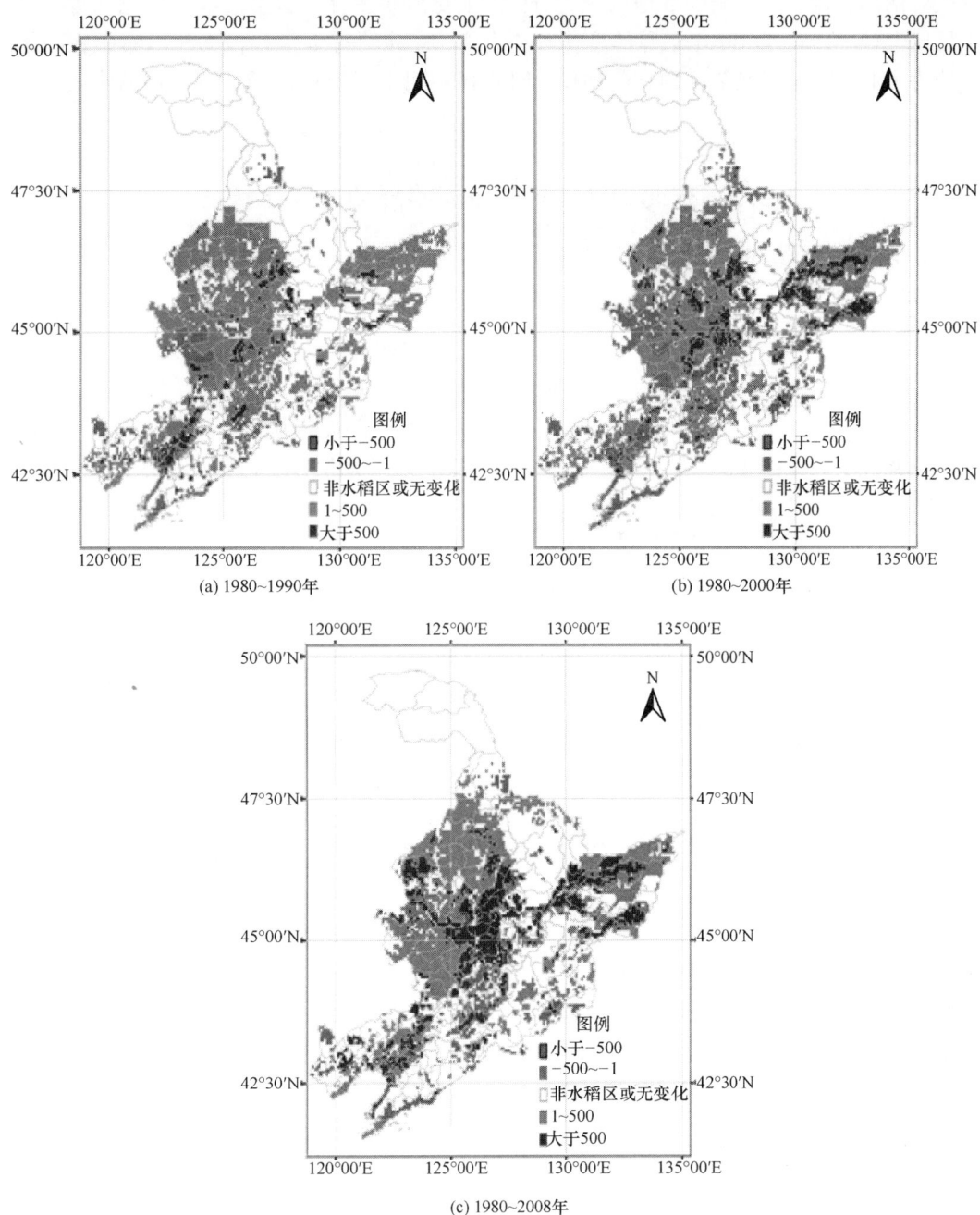

(a) 1980~1990年

(b) 1980~2000年

(c) 1980~2008年

图 3-9　像元尺度上水稻种植面积变化

20 世纪 90 年代以来,玉米种植面积增加的地区向松嫩平原北部,小兴安岭南麓地带靠近,同时在松花江中上游地区以及沿牡丹江一线也有明显的增加(增加率达 5% 以上),辽河平原北部以及松嫩平原西部的玉米种植面积则有明显缩减[图 3-9(b)];2000 年以后,玉米种植面积明显增加的地区为南部的辽西丘陵及辽河中下游平原(增加率达 10%以上),东部则扩展至沿松花江一线及三江平原地区,北部则继续向松嫩平原北部及小兴安岭南麓移动,面积减少的地区较为分散,主要出现在吉林省中西部及黑龙江省中部地区[图 3-9(c)]。近 30 年来总体变化分析表明,东北三省玉米种植面积以集中在松嫩平原为中心,向南扩展至辽西丘陵地区,向北移动到小兴安岭南麓,向东则延伸至三江平原地区。

3.3.3　东北地区农作物空间格局动态变化特征

1. 东北地区近 30 年来水稻空间格局变化特征

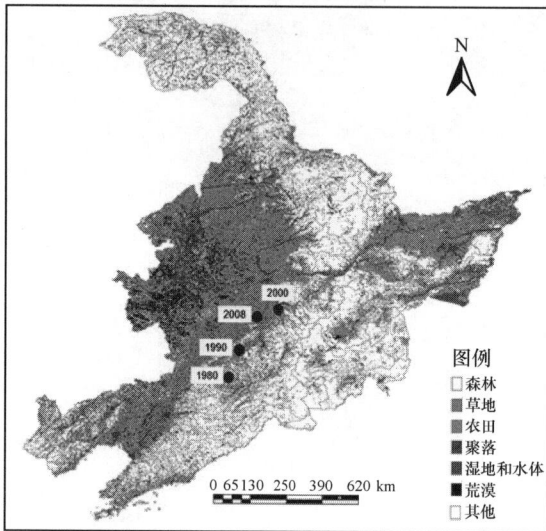

图 3-10　近 30 年东北地区水稻种植重心变化

近 30 年来东北地区水稻种植重心变化明显(图 3-10)。1980 年水稻种植重心位于 125.46°N 左右,是近 30 年 4 个研究时间点中水稻种植重心分布纬度最南的年份,其主要原因是 1980 年东北地区水稻种植主要集中在南部和中部区域,北部区域水稻种植面积较少,导致水稻种植重心较低。2008 年水稻种植重心位于 126.34°N 左右,相比 1980 年跨越了 1 个纬度,水稻种植重心北移明显,但相比 2000 年,2008 年水稻种植重心有南移趋势,主要是因为 2000 年水稻种植面积增加区域主要集中在中部和北部,而 2008 年南部水稻种植面积的恢复和中部水稻种植面积的增加导致了整个区域水稻重心的向南向西移动,

2008 年水稻种植重心相比 2000 年约南移了 0.65 个纬度。水稻种植重心的北移一方面表明东北地区受全球气候变化的影响,气温升高,积温增加,具备了适宜水稻种植的气候条件。另一方面,受社会经济和作物适宜性等综合因素影响(如育种技术、水稻产出比和宏观政策等),东北地区农民种植水稻意愿加强,水稻种植面积在低纬度地区增长数量有限的条件下,水稻种植区域逐渐向高纬度地区扩展。

2. 东北地区近 30 年来玉米空间格局变化特征

根据玉米种植面积纬向分布[图 3-11(a)],1980 年代玉米种植核心纬度为 45°N,对应地区为吉林省中部和黑龙江省南部地区,面积接近 70 万 hm^2;20 世纪 90 年代,其核心纬度向北推移至 46°N,对应地区为吉林省西部北部和黑龙江省中西部地区,到 2010 年该地区玉米种植面积达 143 万 hm^2。从玉米种植面积变化的纬向分布特征来看,20 世纪 80 年代玉米种植面积显著增加区域(变化率超过 10%)主要位于 43°~47°N,该区间增加的种植面积占总增加面积的 77.91%;20 世纪 90 年代玉米种植面积显著增加区域(变化率超过 10%)主要分布于 44°~48°N,该区间增加的种植面积占总增加面积的 75%;2000 年以来玉米种植面积显著增加区域(变化率超过 10%)主要分布于为 40°~48°N,其

中 40°~44°N 增加的玉米种植面积占总增加面积的 53%，反映了玉米种植开始向中南部集中的态势。上述结果表明东北三省玉米种植面积在纬向上的变化特征主要体现为 2000 年前向北扩展(44°~48°N)，2000 年后向中南部集中(42°~44°N)。

根据玉米种植面积经向分布曲线[图 3-11(b)]，20 世纪 80 年代与 90 年代玉米种植面积的核心经度范围为 124°~126°E，对应地区分别为黑龙江省西部、吉林省西部及辽宁省中部地区与黑龙江省中部、吉林省中部地区；2000 年后，126°E 附近玉米种植面积增长幅度较大，已成为玉米种植面积的核心经度。总体而言，玉米种植在 123°~127°E 分布最为集中，在 4 个主要时间点(1980 年、1990 年、2000 年和 2010 年)面积比例均占玉米种植总面积的 60% 以上，但近 10 年来其占总面积比例出现下降态势。从玉米种植面积变化的空间分布来看，123°E 以西地区，20 世纪 80 年代、90 年代及 2000 年以来增加面积分别占相应期间总增加面积的 11.27%、9.92% 及 33.00%；而 127°E 以东地区，3 个时段增加面积分别占 6.03%、15.58% 及 29.22%；在 123°~127°E 的地区，3 个时段增加面积分别占 82.69%、74.49% 及 37.77%。由此可见，近 30 年来，123°E 以西和 127°E 以东地区种植面积增加呈逐年递增态势，而中部地区种植面积的增加呈放缓趋势，尤其是近 10 年来，不同地区间的差异逐渐缩小，表明经向变化特点为中部稳定增长，同时向西和向东加速扩展。

根据玉米种植面积高程方向分布曲线[图 3-11(c)]，玉米种植核心分布高程大致在海拔 200 m 处，主要对应于辽河平原中上游地区和松嫩平原大部地区，该区玉米种植面积由 1980 年的 116.11 万 hm² 增加到 2010 年的 251.21 万 hm²，增加了 116.35%。从高程方向的变化特征来看，长期以来海拔在 100~200 m 的玉米种植面积比重稳定在 50% 以上，20 世纪 80 年代、90 年代及 2000 年以来增加的玉米种植面积分别占相应期间总增加面积的 68.33%、56.95% 及 37.13%，表明该海拔区间玉米种植面积的增加率呈递减态势；海拔 100 m 以下地区，3 个时段增加的面积分别占 9.58%、2.18% 及 28.39%，表明该区间 2000 年以来玉米种植出现明显增长；海拔在 200~350 m 地区，3 个时段增加面积分别占 23.28%、22.23% 及 27.96%，也表明 2000 年以来的面积增加较为明显。上述结果表明东北三省玉米种植面积在高程方向上的变化特征为向低海拔和较高海拔同时扩展的态势。

3.3.4　SPAM-China 模型在东北地区的应用评价

本节利用交叉信息熵模型 SPAM-China 对东北地区近 30 年来水稻时空变化特征进行了模拟与对比分析，尽管该模型在非洲和南美地区取得了较好的模拟效果，但在中国区域还未取得实证研究。为检验模型的区域适应性，研究对模拟结果进行了定量比较分析。对比分析采用了 2005 年东北地区土地利用图，其空间分辨率为 100 m×100 m，利用 ArcGIS 空间分析工具统计了东北地区水田面积，提取了模拟结果中水稻种植较集中的像元，其面积约占到整个东北地区水稻种植面积的 15%。对两类数据进行分析比较，结果表明，东北地区水田面积明显大于水稻种植面积，两类数据在种植面积较少的像元上表现出了较好的相关性，但在面积较大的像元上相关性下降，而从参与比较的全部像元来看，像元内水田面积大于模拟结果水稻分布面积的像元数量相对较多(图 3-12)。通过对

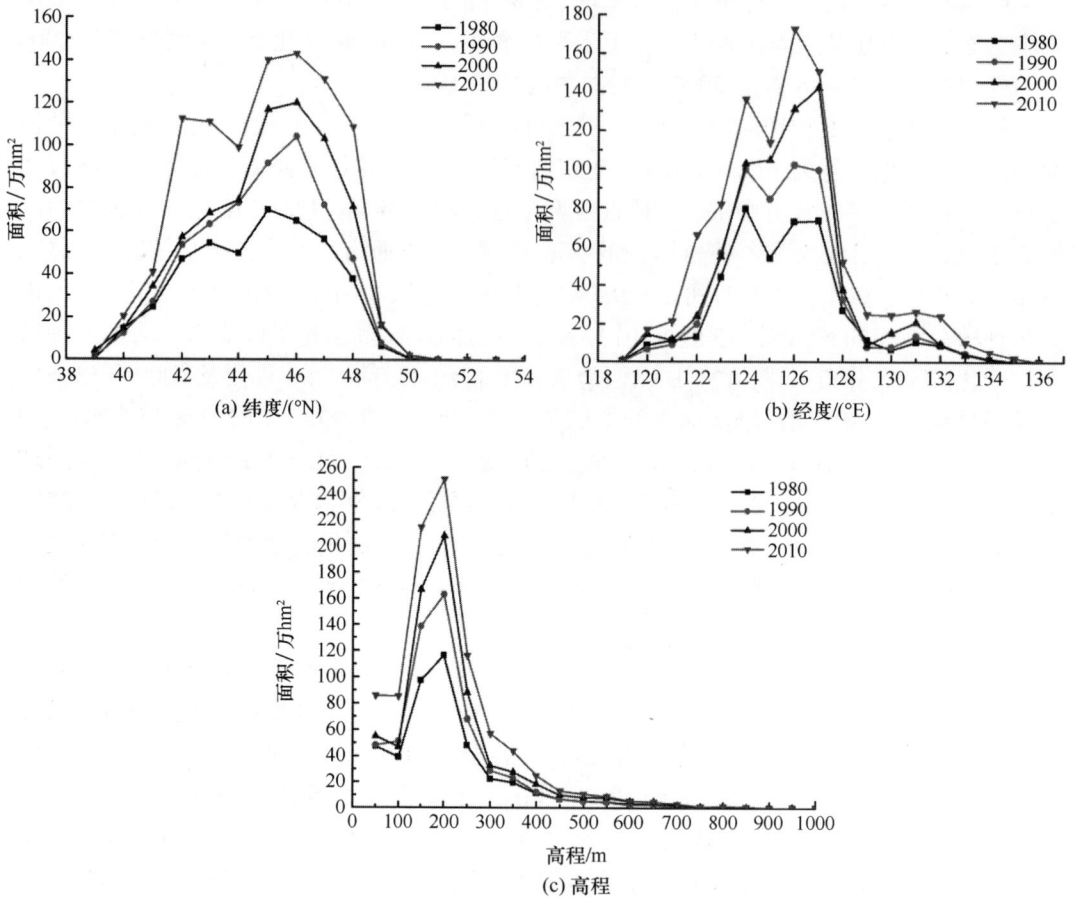

(a) 纬度/(°N)

(b) 经度/(°E)

(c) 高程

图 3-11　东北地区玉米种植面积地理分布特征的时序变化(1980~1990~2000~2010)

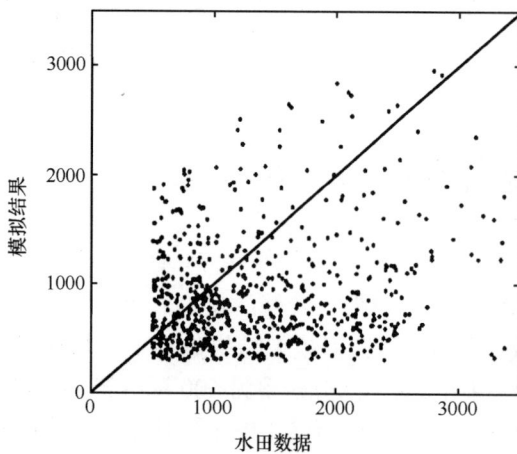

图 3-12　耕地数据和模拟结果比较

研究结果的比较,虽然在部分区域上存在一定的差异,但从整体效果来看,本研究结果具有较高一致性。因此,应用交叉信息熵模型 SPAM-China 可在像元尺度上实现东北地区水稻空间分布的模拟。

SPAM-China 模拟结果能基本反映出近30年东北地区水稻空间变化,与水稻种植变化的实际情况比较吻合,近30年东北地区水稻空间分布变化特征明显,水稻面积增加区域主要集中在东北地区北部的黑龙江省。但是,SPAM-China 模型中集成了多源数据(包括土地利用数据、土地适宜性数据和灌溉数据等),本研究主要利用了1980~2008年的农业统计数据,其他相关数据仍采用了2000年数据,必然会对模型结果的模拟精度造成一定的影响，因此，更新并评估包括土地利用数据在内的模型集成数据对不同时段结果精度的影响将是后续研究的重要内容。

其次，由于多源数据难以空间一致化，任意输入项数据的空间分辨率下降都将影响模型的模拟精度，因此，SPAM-China 模型输入数据与输出结果的空间分辨率均为 10 km。东北地区是我国粮食主产区，耕地面积较大，地势平坦且耕地连片，自然禀赋优越，在 10 km 空间分辨率尺度上的模拟结果可能会对较少数山地丘陵区域造成一定影响，但对于整个东北区域，SPAM-China 模型在东北区域的应用还是比较适宜的。

参 考 文 献

陈佑启，杨鹏 . 2001. 国际上土地利用/土地覆盖变化研究的新进展 . 经济地理，21(1)：95-100.

陈佑启，姚艳敏，何英彬，等 . 2010. 中国区域性耕地资源变化影响评价与粮食安全预警研究 . 北京：中国农业出版社 .

方福平，程式华 . 2009. 论中国水稻生产能力 . 中国水稻科学，23(6)：559-566.

方修琦，殷培红，陈烽栋 . 2009. 过去 20 年中国耕地生产力区域差异变化研究 . 地理科学，29(4)：470-476.

冯锐，张玉书，钱永兰，等 . 2011. 基于多时相 MODIS 数据的东北地区一季稻面积提取 . 生态学杂志，30(11)：2570-2576.

宫鹏 . 2009. 遥感科学与技术中的一些前沿问题 . 遥感学报，13(1)：16-26.

黄青，唐华俊，周清波，等 . 2010. 东北地区主要作物种植结构遥感提取及长势监测 . 农业工程学报，26(9)：218-223.

贾海峰，刘雪华 . 2006. 环境遥感原理与应用，北京：清华大学出版社 .

李景刚，何春阳，史培军，等 . 2004. 中国北方 13 省 1983 年后的耕地变化与驱动力研究 . 地理学报，59(2)：274-282.

梁子 . 2008. MODIS 植被指数合成算法说明，http://liangshzh0816.blog.163.com/blog/static/34776762008914111447920[2008-10-14].

林文鹏，王长耀，储德平，等 . 2006. 基于光谱特征分析的主要秋季作物类型提取研究 . 农业工程学报，22(9)：128-132.

林文鹏，王长耀 . 2010. 大尺度作物遥感监测方法与应用 . 北京：科学出版社 .

刘成武，李秀彬 . 2006. 1980 年以来中国农地利用变化的区域差异 . 地理学报，61(2)：139-145.

刘纪远，张增祥，李秀彬，等 . 2005. 20 世纪 90 年代中国土地利用变化的遥感时空信息研究 . 北京：科学出版社，446-514.

刘旭华，王劲峰，刘明亮，等 . 2005. 中国耕地变化驱动力分区研究 . 中国科学(D 辑)：地球科学，35(11)：1087-1095.

陆文聪，梅燕 . 2007. 中国粮食生产区域格局变化及其成因实证分析——基于空间计量经济学模型 . 中国农业大学学报：社会科学版，24(3)：140-152.

任建强，陈仲新，周清波，等 . 2010. 基于时序归一化植被指数的冬小麦收获指数空间信息提取 . 农业工程学报，26(8)：160-167.

王纪华，赵春江，黄文江 . 2008. 农业定量遥感基础与应用 . 北京：科学出版社 .

邬建国 . 2007. 景观生态学——格局、过程、尺度与等级(第二版) . 北京：高等教育出版社 .

肖笃宁，王根绪，王让会 . 2003. 中国干旱区景观生态学研究进展 . 乌鲁木齐：新疆人民出版社 .

杨鹏，唐华俊，刘佳 . 2000. 作物遥感估产中自动分类方法研究进展与展望 . 中国农业资源与区划，21(3)：57-60.

杨鹏，吴文斌，周清波，等 . 2008. 基于光谱反射信息的作物单产估测模型研究进展 . 农业工程学报，24(10)：262-268.

杨小唤，张香平，江东 . 2004. 基于 MODIS 时序 NDVI 特征值提取多作物播种面积的方法 . 资源科学，26(6)：17-22.

杨晓光，刘志娟，陈阜 . 2010. 全球气候变暖对中国种植制度可能影响：I. 气候变暖对中国种植制度北界和粮食产量可能影响的分析 . 中国农业科学，43(2)：329-336.

云雅如, 方修琦, 王媛, 等. 2005. 黑龙江省过去 20 年粮食作物种植格局变化及其气候背景. 自然资源学报, 20(5): 697-705.

战金艳, 史娜娜, 邓祥征. 2010. 江西省耕地转移驱动机理. 地理学报, 65(4): 482-493.

Alan L O, Paul W R. 2011. Adapting North American wheat production to climatic challenges, 1839-2009. Proceedings of the National Academy of Science, 108 (2): 480-485.

Ash C, Jasny B R, Malakoff D A, et al. 2010. Feeding the future: introduction to special issue on food security. Science, 327: 797.

Bondeau A, Smith P, Zaehle S, et al. 2007. Modelling the role of agriculture for the 20th century global terrestrial carbon balance. Global Change Biology, 13: 679-706.

David S B, Rosamond L N. 2009. Historical warnings of future food insecurity with unprecedented seasonal heat. Science, 323: 240-244.

Feddema J J, Olson K W, Bonan G B, et al. 2005. The importance of land-cover change in simulating future climates. Science, 310: 1674-1678.

Fischer G, Nachtergaele F O, Prieler S, et al. 2008. Global Agro-Ecological Zones Assessment for Agriculture (GAEZ 2008), IIASA, Laxenburg, Austria. http://www.iiasa.ac.at/Research/LUC/SAEZ/index.html.

Foley J A, DeFries R, Asner G P. 2005. Global consequences of land use. Science, 309: 570-574.

Food and Agriculture Organization of the United Nations (FAO). 2011. Agro-MAPS: Global Spatial Database of Agricultural Land-Use Statistics. http://www.fao.org/landandwater/agll/agromaps/interactive/page.jspx.

Frolking S, Qiu J, Boles S, et al. 2002. Combining remote sensing and ground census data to develop new maps of the distribution of rice agriculture in China. Global Biogeochemical Cycles, 16 (1091), doi: 10.1029/2001GB001425.

Godfray H C J, Pretty J, Thomas S M, et al. 2011. Linking policy on climate and food. Science, 331: 1013-1014.

Jose M P, Moffatt K N, Richard E P, et al. 2011. Object-based crop identification using multiple vegetation indices, textural features and crop phenology. Remote Sensing of Environment, in press. doi: 10.1016/j.rse.2011.01.009.

Leff B, Ramankutty N, Foley J A. 2004. Geographic distribution of major crops across the world. Global Biogeochemical Cycles, 18 (1009): 1-27. doi: 10.1029/2003GB002108.

Liu J, Liu M, Tian H, et al. 2005. Spatial and temporal patterns of China's cropland during 1990-2000: An analysis based on Landsat TM data. Remote Sensing of Environment, 98: 442-456.

Monfreda C, Ramankutty N, Foley J A. 2008. Farming the planet: 2. the geographic distribution of crop areas and yields in the year 2000. Global Biogeochemical Cycles, 22 (1022): 1-19. doi: 10.1029/2007GB002952.

National Agricultural Statistics Service (NASS). 2011. Data and Statistics. http://www.nass.usda.gov/Data_and_Statistics/index.asp.

Ozdogan M. 2010. The spatial distribution of crop types from MODIS data: Temporal unmixing using Independent Component Analysis. Remote Sensing of Environment, 114: 1190-1204.

Piao S L, Ciais P, Huang Y, et al. 2010. The impacts of climate change on water resources and agriculture in China. Nature, 467: 43-51.

Portmann F T, Siebert S, Döll P. 2010. MIRCA 2000-Global monthly irrigated and rainfed crop areas around the year 2000: A new high-resolution data set for agricultural and hydrological modeling. Global Biogeochemical Cycles, 24 (1011): 1-24. doi: 10.1029/2008GB003435.

Ramankutty N, Evan A T, Monfreda C, et al. 2008. Farming the planet: 1. Geographic distribution of global agricultural lands in the year 2000. Global Biogeochemical Cycles, 22(1003): 1-19. doi: 10.1029/2007GB002952.

Ramankutty N, Foley J. 1998. Characterizing Patterns of Global Land Use: An Analysis of Global Croplands Data. Global Biogeochemical Cycles, 12(4): 667-685.

Rost S, Gerten D, Bondeau A, et al. 2008. Agricultural green and blue water consumption and its influence on the global water system. Water Resources Research, 44, W09405, doi: 10.1029/2007WR006331.

Sacks W J, Deryng D, Foley, et al. 2010. Crop planting dates: an analysis of global patterns. Global Ecology and Biogeography, 19 (5): 607-620.

Schmidhuber J, Tubiello F N. 2007. Global food security under climate change. Proceedings of the National Academy of Science, 104: 19703-19708.

Smith P, Martino D, Cai Z, et al. 2007. Agriculture. In Climate Change 2007: Mitigation. Contribution of Working Group III to the Fourth Assessment Report of the Intergovernmental Panel on Climate Change, Cambridge University Press, 497-540.

Tan G. , Shibasaki R. 2003. Global estimation of crop productivity and the impacts of global warming by GIS and EPIC integration. Ecological Modelling, 168: 357-370.

Turner B L, Lambin E F, Reenberg A. 2007. The emergence of land change science for global environmental change and sustainability. Proceedings of the National Academy of Science, 104: 20666-20671.

Wu W, Shibasaki R, Yang P, et al. 2007. Global-scale modelling of future changes in sown areas of major crops. Ecological Modelling, 208 (2-4): 378-390.

Wu W, Shibasaki R, Yang P, et al. 2008. Validation and comparisons of 1 km global land cover products in China. International Journal of remote sensing, 29(13): 3769-3785.

Xiao X, Boles S, Frolking S, et al. 2006. Mapping paddy rice agriculture in South and Southeast Asia using multi-temporal MODIS images. Remote Sensing of Environment, 100: 95-113.

You L, Wood S, Wood-Sichra U. 2009. Generating plausible crop distribution maps for Sub-Saharan Africa using a spatially disaggregated data fusion and optimization approach. Agricultural Systems, 99: 126-140.

Zhong T Y, Huang X, Zhang X, et al. 2011. Temporal and spatial variability of agricultural land loss in relation to policy and accessibility in a low hilly region of southeast China. Land Use Policy, doi: 10. 1016/j. landusepol. 2011. 01. 004.

第4章 东北地区农作物种植北界和作物品种变化特征

全球气候变化背景下，近50年东北地区作物生长季内每10年增温0.38℃。随着热量资源增加，东北地区的主要农作物可种植北界北移，同时作物品种熟型由早熟向中晚熟发展。若不考虑品种更替和技术进步，温度升高作物生育阶段缩短，尤其是开花到成熟阶段缩短更明显，从而降低作物产量。同时气候变暖使原有的种植早熟品种的区域可以种植中熟品种，原有的中熟品种的地区可以种植晚熟品种，在相同土壤和栽培管理技术水平条件下，作物品种熟型的变化使得作物产量增加。

气候变化已成为全球性问题，根据IPCC第四次评估报告，过去100年全球地表温度上升0.74℃，气温普遍升高尤以北半球高纬度地区最为明显（IPCC，2007）。中国气候变暖与全球变暖有相当的一致性，但也存在明显差别。在全球变暖背景下，近100年来中国年平均地表气温明显增加，升幅为0.5~0.8℃，近50年中国北方地区年平均气温升幅最高，高于同期全球平均值，20世纪80年代是温度明显升高的转折点（丁一汇等，2006）。

气候变化与气候波动对粮食生产的可能影响已引起科学家的强烈关注。伴随气候变化热量资源的增加，目前的研究结果表明，中国种植制度可能会产生两种变化：一是一年两熟和一年三熟种植界线北移，使变化区域内复种指数提高；另一种是作物品种熟型由早熟向中晚熟发展，作物单产有所增加（张厚瑄，2000；王馥棠，2002；刘志娟等，2010；杨晓光等，2010；杨晓光等，2011；Liu et al.，2013）。Olesen和Bindi（2002）针对气候变化对欧洲种植制度的影响研究表明，气候变暖将使欧洲所有谷类作物种植区北移，冷季播种的作物可能向北移至斯堪的纳维亚，冬季温度的升高使得该地区可以种植高产的一年生和多年生作物，这种影响对C4作物的影响更为明显，研究表明年平均温度每升高1℃，芬兰春季谷类作物的适宜种植区将北移120~150 km。

近年来我国学者针对气候变化对我国东北地区主要作物种植北界以及品种熟型的影响方面开展了大量的研究工作，本章将汇总近年来的相关研究成果，论述气候变化背景下东北地区主要农作物种植北界以及作物熟型品种的变化特征。

4.1 东北地区主要农作物种植北限和品种熟性变化特征

作物生长发育需要在一定的温度条件下进行，而且温度要积累到一定程度后才能完成一定的生育期。近50年间东北地区平均每10年增温0.38℃（刘志娟等，2009），热量资源的增加使得东北地区的积温增加，为东北地区农作物种植北界北移提供了热量保障。如果保持作物品种和栽培管理条件不变，气候变暖则作物生育期缩短，作物单产下降（Liu et al.，2010；Liu et al.，2012）。同时温度升高使得作物潜在生长季延长，可以通过调整种植制度，选育或引进生育期相对较长、产量潜力相对较高的品种，逐步取代目前生育期相对较短、产量潜力相对较低的品种以应对未来的气候变化，进而达到充分利用当地气候资源，提高作物产量的目的。

4.1.1　农作物种植界线对气候变化的响应特征

东北地区因冬温过低，绝大部分地区无法保证冬小麦安全越冬，故只能种植春小麦。随着气候变暖，特别是冬季气温明显升高，能否将冬小麦种植北界适度北移一直是人们关注问题。金之庆等（2002）采用两组气候指标并结合气候渐变情景，预测 2050 年我国冬小麦安全种植北界在东北地区可能出现的地理位移。第一组气候指标为：1 月平均温度为−8℃；冬季最低温度≤−20℃的天数等于 3 天；11 月平均温度为 2℃；第二组积温指标，最冷月平均最低气温−15℃，极端最低气温−24～−22℃。上述两组指标只有同时满足，才能确定冬小麦界线。结果表明，随着气候不断增暖，预计到 2030 年，冬小麦的安全种植北界将移至东北地区通辽→双辽→四平→抚顺→宽甸一线，到 2050 年，将移至扎鲁特旗（鲁北）→通榆→长岭→集安→安图→延吉一线。这意味着在未来 50 年内，东北地区冬小麦的适种面积将由目前的近乎为零逐步扩大到辽宁省的大部和吉林省的东南部，这一地区的复种指数将会明显提高。冬小麦产量通常比春小麦高，加上冬小麦收获后还可以种植作物，因此该地区的粮食总产可望大幅度增加。不过须强调的是：尽管气候增暖是大的趋势，但并不排除低温年出现的可能，而气候变化背景下，气候变率增大，因此，在推广冬小麦的过程中务必持慎重态度。

杨晓光等（2010）基于最冷月平均最低气温−15℃和极端最低气温−24～−22℃的指标，比较分析了 1951～1980 年和 1981～2007 年两个时间段的冬小麦种植北界的空间地理位移。如彩图 4 所示，与 1951～1980 年相比，1981～2007 年冬小麦种植北界在辽宁省东部平均向北移动 120 km，西部平均向北移动 80 km。随着未来气候变暖，东北地区冬小麦的安全种植北界将继续北移。如图 4-1 所示，到 2011～2040 年，冬小麦种植北界在辽宁省将北移至黑山-鞍山-岫岩-丹东一线，在 2041～2050 年将移至黑山-鞍山-岫岩-丹东以北地区，与 1951～1980 年相比，辽宁省东部地区北移约 200 km，辽宁省西部地区北移约 110 km（杨晓光等，2011）。

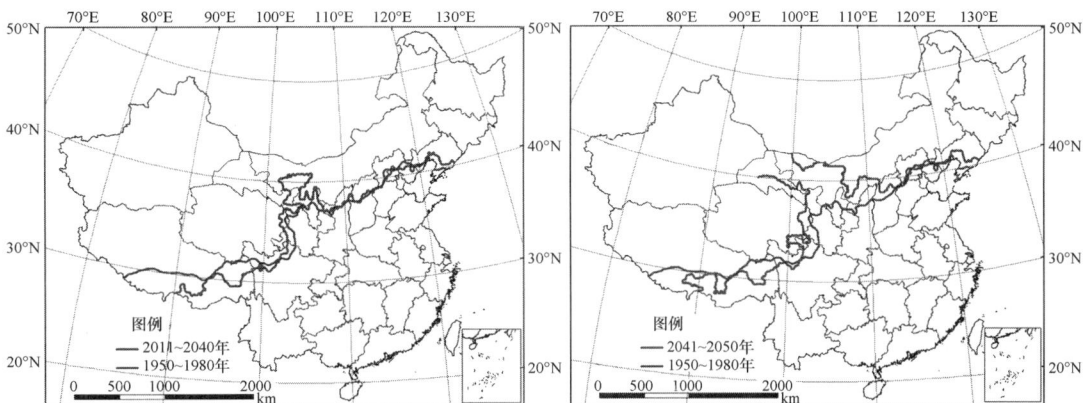

图 4-1　未来气候情景下中国冬小麦安全种植北界的地理位移

黑龙江省属半湿润一熟单季早粳稻稻作区，一季早粳稻生长季天数为110~160天，早、中、晚3个熟型水稻所需的≥10℃积温分别为2000℃·d、2200℃·d和2400℃·d。黑龙江省稻区的生育期在120~140天，80%的保证率下≥10℃积温为2000~2700℃·d。因此，黑龙江省基本可以满足水稻生长的热量条件需要，但由于热量年际间变化，低温是限制该地区水稻生长最重要的因素。方修琦和盛静芬(2000)的研究表明，温度升高不仅使黑龙江南部地区水稻种植面积显著增加，也使北部原来种植水稻热量条件不足的次适宜区和不适宜区水稻种植面积迅速增加；在其他条件允许的情况下，东北地区年平均温度升高1℃，水稻种植熟型可变化一个熟级。20世纪80年代以来，黑龙江省初霜日期推后，大部分地区终霜日期提前，无霜期延长。与20世纪70年代相比，80年代全黑龙江无霜期延长4天，90年代无霜期延长7天，北部地区较南部地区无霜期延长的幅度更大。上述变化大约可以使水稻种植提高1~2个熟型，并使原水稻种植的次适宜区变为适宜区，原不适宜区部分地变为适宜区。在降水条件匹配适宜的情况下，水稻种植条件因此得到了大范围改善，不仅有利于原水稻种植区内种植面积的增加，而且有利于水稻种植向原热量条件不足的北部地区的推移扩展(方修琦和盛静芬，2000)。

4.1.2　作物品种对气候变化的适应特征

作物的生长对积温的要求因品种而异，根据玉米生育期长短及对热量条件的要求，可以分为早熟、中熟和晚熟品种(龚绍先，1988)。春玉米不同熟型品种种植在适宜地区，可充分发挥品种潜力，若盲目跨积温区种植，玉米生育后期易遭遇低温冷害而影响产量。

已有研究结果表明，如果保持品种不更替、栽培管理措施不改变，气候变暖背景下作物生育期缩短，单产下降(崔读昌，1992；熊伟等，2008)；温度的升高使作物潜在生长季延长(徐铭志和任国玉，2004)，可以通过调整种植制度，选种生育期相对较长、产量潜力相对较高的品种，逐步取代目前生育期相对较短、产量潜力相对较低的品种以应对未来的气候变化(金之庆等，2002)，进而达到充分利用当地气候资源，提高作物产量的目的(张厚瑄，2000)。

我们在前人研究基础上，结合东北三省春玉米不同熟型品种的热量指标，定量分析气候变暖对东北三省春玉米不同熟型品种种植北界的可能影响(Liu Zhijuan et al.，2013)。由于气候变化，气温升高，使得该区的积温增加，导致春玉米安全种植界线北移。彩图5是80%保证率下的东北地区春玉米早熟、中熟和晚熟品种安全种植北界，由图可以看出：①与1961~1980年相比，1981~2007年春玉米早熟品种的安全种植北界向北移动，由"嫩江-伊春-北安(47.34°~50.6°N)"一带向北移动到"孙吴-黑河(51°N)"一带。②中熟品种的安全种植北界在黑龙江省向北平均移动0.8个纬度。吉林省中西部平原地区可种植中熟玉米品种，而东部山区由于海拔较高，积温较低，所以大部分地区不满足中熟品种的积温要求，因此中熟品种在吉林省种植的分界线在"前郭尔罗斯-长春-梅河口(125.25°~125.70°E)"一带，由于气候变暖，使中熟玉米的安全种植界线平均向东部长白山山区推移了1个经度，中熟品种可种植面积扩大了2.1×10⁴ km²。③黑龙江省除北部一些区域不能种植春玉米早熟品种外，其他地区均可种植。黑龙江省由于纬度高，积温相对较低，因此绝大部分区域积温不能满足春玉米中熟品种的生长发育要求，只有松嫩平原南部的小片区域可以种植中熟品种,晚熟品种在黑龙江不能种植。④辽宁省由于纬度最低,积温相对较高,但其北部部分地区由于热量条件的限制,1980 年之前不能种植晚熟的玉米品种,安全种植的分界线在"彰武-沈阳-本溪-岫岩(42.68°N,122.91°E~40.24°N,124.54°E)"一带,但气候变暖后种植界线移动到"彰武-沈阳-本溪-丹东(42.68°N,122.2°E~39.82°N,123.34°E)"一带,可种植面积增加了 $1.6 \times 10^4 \ km^2$。

在气候变暖背景下并不能排除极端年份的出现,这些气候变化的极端状况对农业生产以及种植界线将造成什么样的影响,也是普遍关心的问题。图 4-2 为东北地区春玉米不同熟型品种的 20 世纪 60 年代、70 年代、80 年代、90 年代和 21 世纪第一个 10 年各年代安全种植北界,图 4-3 为 1961~2007 年春玉米早熟、中熟和晚熟品种的种植北界的分布状况,从图中可以看出,由北向南共有三条等值线,其中最北和最南的两条线反映气候的极端状况,分别代表从 1961~2007 年中由热量最高年和热量最低年的积温条件确定的玉米种植北界。中间一条线为 1961~2007 年春玉米不同熟型品种的安全种植北界。

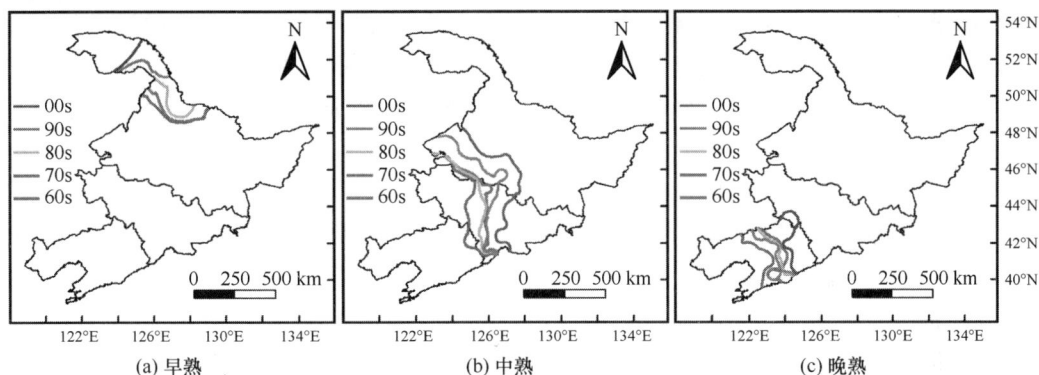

图 4-2　20 世纪 60 年代、70 年代、80 年代、90 年代和 21 世纪前 10 年东北三省春玉米早熟、中熟和晚熟品种安全种植北界

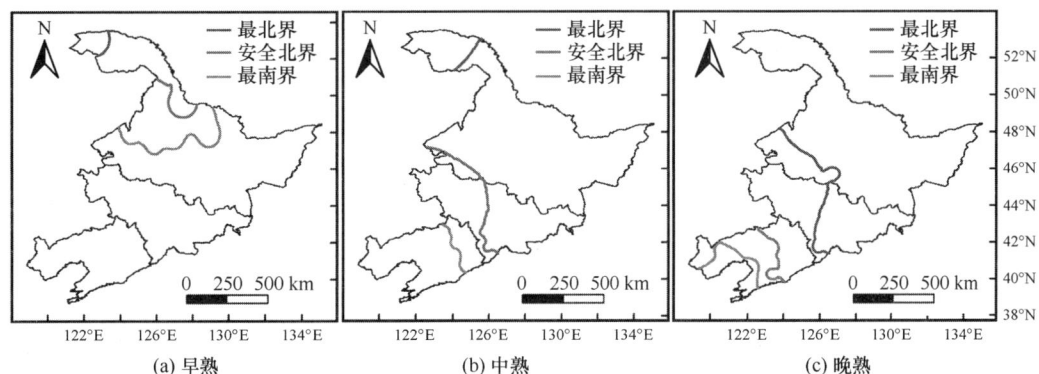

图 4-3　1961~2007 年东北三省春玉米早熟、中熟和晚熟品种种植最北界、最南界以及安全种植北界

比较东北地区春玉米不同熟型品种安全种植北界的年代际变化,可以得出三种熟型品种的种植界线最北的一条均出现在 2001~2007 年,最南的一条均出现在 20 世纪 70 年代。因此,东北地区春玉米安全种植北界随着年代变化并不是呈逐渐北移的趋势,而是

自 20 世纪 60 年代开始先北移，20 世纪 70 年代以后开始逐步南移。对极端年份及极端年代春玉米不同熟型品种的种植北界的研究表明了以下几点。

（1）早熟品种

早熟品种的安全种植北界最北的年份为 2001～2007 年，种植界线最南出现在 1970s，空间位移从北纬 49°N 变化到 52°N［图 4-2(a)］。早熟品种最北和最南种植界线出现的年份分别为 2000 年和 1992 年，因此过去近 50 年东北地区春玉米早熟品种种植北界的变化范围为北纬 47°～53°N，最大波动范围为 6°［图 4-3(a)］。

（2）中熟品种

黑龙江省春玉米中熟品种安全种植北界由 1970 年的 45°N 变动到 2001～2007 年的 47°N。由于吉林省自西向东海拔逐渐升高，积温呈现明显的经向分布，自西向东逐渐减少，因此随着气候的变暖，种植界限呈现出明显的纬向变动。最西和最东的种植界线分别出现在 1970 年(125°E) 和 2001～2007 年(127°E)［图 4-2(b)］。春玉米中熟品种最北和最南种植界线出现的年份分别为 2000 年和 1972 年，因此过去近 50 年东北地区春玉米中熟品种种植北界的变化范围为 42°～52°N，最大波动范围为 10 个纬度［图 4-3(b)］。

（3）晚熟品种

春玉米晚熟品种安全种植北界最北的种植界限最北的年份为 2001～2007 年，最南的种植界线出现在 1970s，变化范围从 41°N 变动到 43°N［图 4-2(c)］。过去近 50 年东北地区春玉米晚熟品种种植北界的最北界和最南界分别出现在 2000 年和 1976 年，因此过去近 50 年东北地区春玉米晚熟品种种植北界的变化范围为 40°～48°N［图 4-3(c)］。

气候变化趋势预测显示，21 世纪中国将持续变暖，尤以北方冬半年最为明显(秦大河等，2005；丁一汇等，2006)。在未来气候变化背景下，势必会对东北地区春玉米不同熟型品种的种植带来一定的影响，我们结合东北三省春玉米不同熟型品种热量指标需求，定量分析了未来气候变暖对东北三省春玉米不同品种种植北界的可能影响，为东北三省春玉米不同品种种植区域的调整以及保障粮食安全和稳产高产提供科学依据。

图 4-4 为 A2 情景下，2030 年和 2050 年东北三省春玉米早熟、中熟和晚熟品种种植北界。①由图 4-4(a) 可以看出，由于气候变暖，积温升高，春玉米种植界线可向北移动。与基准时段 1961～1990 年相比，2030 年和 2050 年春玉米早熟品种种植北界向北移动，由"嫩江—孙吴—铁力—通河—牡丹江"一带向北移动到"漠河—呼玛"附近，使春玉米早熟品种可能种植面积扩大。②由图 4-4(b) 可以看出，在黑龙江省松嫩平原北部地区，基于基准时段 1961～1990 年春玉米中熟种植北界位于"富裕—明水—绥化—哈尔滨—尚志"一带，到 2030 年界线平均向北移动 2.5 个纬度，到达"嫩江—孙吴—铁力"一带，到 2050 年界线移动到黑河以北地区，使原有的种植春玉米早熟品种的地区，因热量资源的增加可以考虑种植春玉米中熟品种。在吉林省中西部平原区由于热量条件充足，积温满足中熟品种生长发育需求。而在东部长白山农林区，由于海拔较高，积温相对较低，部分地区的积温不能满足中熟品种的生长发育，但是随着气候变暖，春玉米中熟品种种植界线向东部山区推移，到 2030 年，种植界线向东推移到"敦化—松江—东岗"一带，平均

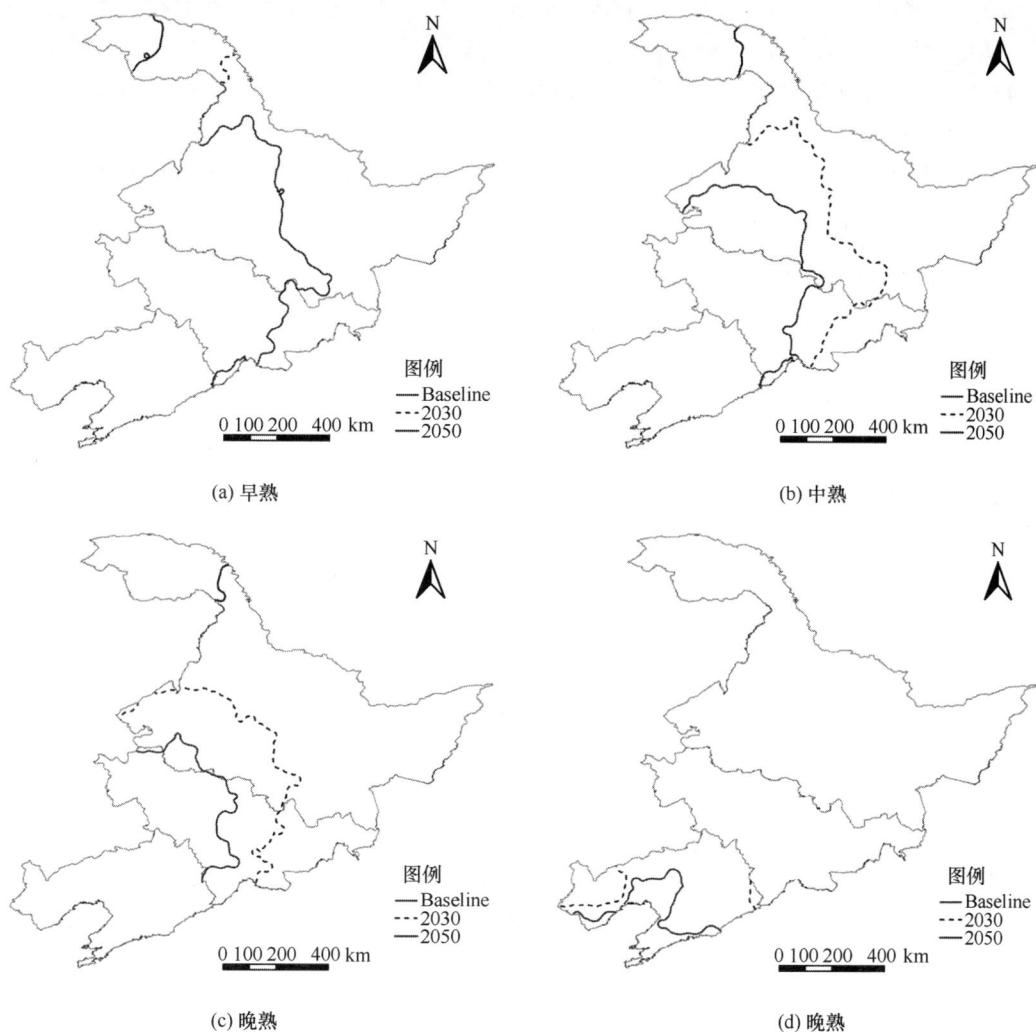

(a) 早熟

(b) 中熟

(c) 晚熟

(d) 晚熟

图 4-4　A2 情景下 2030 年和 2050 年东北三省春玉米早熟、中熟、晚熟品种种植北界

移动了 1.5 个经度,其中北部山区(蛟河、敦化)向东推移的趋势更为明显;到 2050 年,
整个吉林省均可种植春玉米中熟品种。由于辽宁省纬度相对于其他两省较低,积温相对
较高,全省均可种植中熟品种。③图 4-4(c)和图 4-4(d)为黑龙江省和吉林省、辽宁省春
玉米晚熟品种种植北界变化趋势。由图 4-4(c)可以看出,黑龙江省除松嫩平原南部的泰
来、安达以南区域外,其余地区 1961～1990 年积温不能满足春玉米晚熟品种的生长发育
要求。到 2030 年,黑龙江省晚熟品种种植北界向北移动约 2.4 个纬度,到达"富裕—克
山—海伦—尚志"一带,到 2050 年,种植界线北移到黑河以北地区,即除最北部漠河附
近的部分区域,黑龙江省大部分区域到 2050 年均可满足春玉米晚熟品种的热量需求。在
吉林省的中西部平原地区均可种植春玉米晚熟品种,而东部山区由于海拔相对较高,积
温相对较低,大部分地区不能满足春玉米晚熟品种的积温要求,基准时段 1961～1990 年
种植界线的分界线在"三岔河—长春—梅河口"一带,到 2030 年,由于气候变暖,春玉米
晚熟品种的种植界线将移动到"蛟河—桦甸—靖宇—临江"一带,平均向东部长白山山区

推移了 2 个经度。由图 4-4(d)可以看出，辽宁省西南部大部分区域可种植春玉米晚熟品种，基准时段气候背景下，种植界线在"锦州—黑山—鞍山—熊岳—庄河"一带，最北可到 42°N。气候变暖后种植界线不断向北移动，到 2030 年、2050 年辽宁省境内均可种植春玉米晚熟品种。

B1 情景下 2030、2050 年东北三省春玉米早熟、中熟和晚熟品种种植北界变化趋势与 A2 情景下的变化趋势相似，但是空间位移不同(表 4-1)。

表 4-1　B1 情景下 2030 年和 2050 年东北三省春玉米早熟、中熟和晚熟品种种植北界变化

年份		早熟	中熟	晚熟	
				黑龙江省和吉林省	辽宁省
1961～1990	界线	嫩江—孙吴	齐齐哈尔—明水—绥化	白城—前郭尔罗斯—三岔河	黑山—鞍山
2030	界线	呼玛以北	富裕—克山—海伦	齐齐哈尔—明水—绥化	开原—章党—宽甸
	移动(纬度)*	2.7	0.6	1.6	0.4
2050	界线	呼玛以北	黑河以北	富裕—克山—海伦	全省均可种植
	移动(纬度)*	3.0	2.9	2.5	1.0

* 表示与基准时段 1961～1990 年相比，界线向北移动的纬度。

在进行农业气候分析时要考虑 80% 以上保证率，因此笔者以 1961～1990 年为基准时段，分析了 A2 和 B1 气候变化情景下 2011～2050 年在平均状况 50% 及 80% 保证率下春玉米不同熟型品种种植北界的分布(图 4-5 和表 4-2)。

1961～1990 年 80% 保证率的春玉米早熟品种的种植北界位于"富裕—克山—海伦—尚志"一带，基于 A2 气候情景 2011～2050 年 80% 保证率的春玉米早熟品种北界向北移动了到黑河附近，向北移动了约 1.8 个纬度；在 50% 保证率下，与基准时段 1961～1990 年相比，2011～2050 年春玉米早熟品种的种植北界由"嫩江—孙吴"一带移动到呼玛以北，平均向北移动了 2.2 个纬度[图 4-5(a)]。

在黑龙江省松嫩平原北部地区，春玉米中熟品种在基准时段 1961～1990 年 80% 保证率时，种植北界位于"泰来—安达—哈尔滨"一带，随着气候逐渐变暖，到 2011～2050 年，界线移动到"富裕—明水—绥化"一带，向北移动了约 1.2 个纬度；在 50% 保证率下，种植北界由"齐齐哈尔—明水—绥化"一带移动到"嫩江—孙吴"一带，平均向北移动了约 1.7 个纬度，使得松嫩平原地区现在种植春玉米早熟品种的地区，在未来因热量资源增加可以考虑种植春玉米中熟品种。在吉林省桦甸以西由于热量条件充足，积温满足中熟品种生长发育的需求，所以均可种植春玉米中熟品种。而在东部长白山农林区，由于海拔相对较高，积温相对较低，该地区的积温不能满足中熟品种的生长发育。80% 保证率时，基准时段 1961～1990 年中熟品种的种植界线位于"蛟河—桦甸—靖宇—临江"一带，随着气候变暖，2011～2050 年春玉米中熟品种种植界线向东部山区平均推移了 0.7 个经度。50% 保证率时，基准时段 1961～1990 年中熟品种的种植界线位于"蛟河—桦甸—靖宇—临江"一带，2011～2050 年春玉米中熟品种种植界线向东移动到"敦化—东岗"一带，平均移动了 1.2 个经度。由于辽宁省纬度相对于其他两省较低，积温相对较高，全省均可种植春玉米中熟品种[图 4-5(b)]。

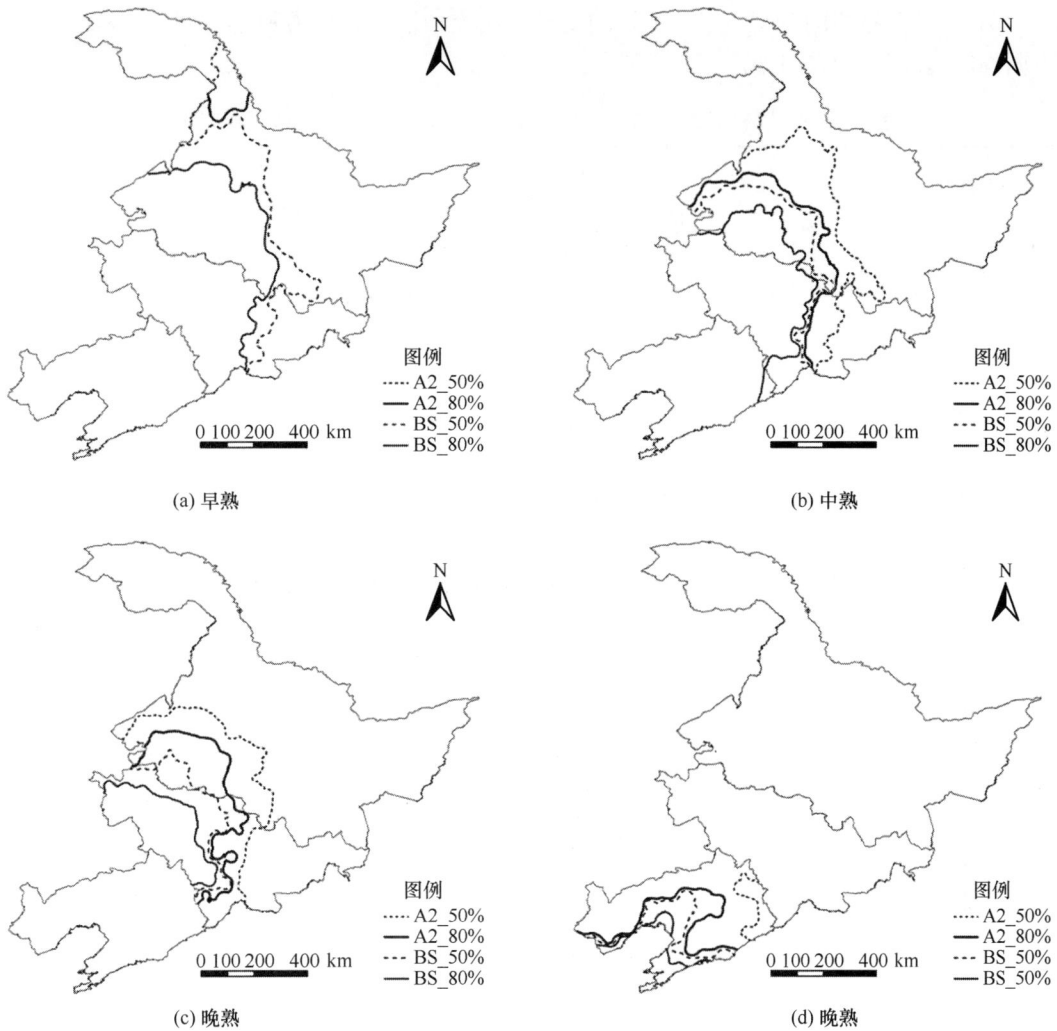

图 4-5　A2 情景下 50% 和 80% 保证率时东北三省春玉米早熟、中熟和晚熟品种种植北界变化

BS_50%、BS_80% 分别表示基准时段 1961~1990 年 50%、80% 保证率时的界线，A2_50%、A2_80% 分别表
示 A2 气候情景下 2011~2050 年 50%、80% 保证率时的界线

　　黑龙江省绝大部分区域积温不能满足春玉米晚熟品种的生长发育要求。80% 保证率
条件下，1961~1990 年黑龙江省全省不能满足春玉米晚熟品种的热量需求，但 A2 情景
预测的 2011~2050 年松嫩平原南部的泰来、齐齐哈尔和安达区域可以种植春玉米晚熟品
种。在 50% 保证率条件下，2010~2050 年黑龙江省春玉米晚熟品种种植的北界与 1961~
1990 年相比平均向北移动了约 2 个纬度。在 80% 和 50% 保证率下，2011~2050 年吉林省
春玉米晚熟品种种植北界与 1961~1990 年相比分别平均向东移动了 0.5 个经度、1.0 个
经度。基准时段 1961~1990 年 80% 保证率时，辽宁省春玉米晚熟品种种植界线在"锦
州—营口"一带，2011~2050 年界线移动到"黑山—沈阳—本溪"一带，平均向北移动了
1.0 个纬度。在 50% 保证率下，与 1961~1990 年相比，2011~2050 年春玉米晚熟品种种
植界线由"黑山—鞍山"一带移动到"开原—章党—桓仁"一带，平均向北移动了 0.4 个
纬度[图 4-5(c)、4-5(d)]。

B1 情景下界线的变动与 A2 情景的变动情况类似。均表现为随着时间的推移，界线不同程度向北移动（表 4-2）。

表 4-2　B1 情景下 50% 和 80% 保证率时东北地区春玉米种植北界变化

保证率	界线	年份	早熟	中熟	晚熟	
					黑龙江省和吉林省	辽宁省
80%	北界	1961~1990	富裕—克山—海伦	泰来—安达—哈尔滨	白城—乾安—前郭尔罗斯	锦州—营口
		2011~2050	呼玛以北	嫩江—孙吴	富裕—明水—绥化	彰武—开原—章党
	界线北移（纬度）		2.0	2.4	2.3	1.7
50%	北界	1961~1990	嫩江—孙吴	齐齐哈尔—明水—绥化	泰来—三岔河	黑山—鞍山
		2011~2050	呼玛以北	黑河以北	嫩江—孙吴	白城—前郭尔罗斯—三岔河
	界线北移（纬度）		2.3	2.6	3.9	4.2

4.2　种植结构变化对作物产量的影响特征

气候变暖为作物种植北界以及不同熟型品种种植北界北移提供了热量资源，使原有不能种植某作物的区域可以种植该作物，该作物可种植面积增加，总产也相应增加。气候变暖同时使得原有的种植早熟品种的区域可以种植中熟品种，原有的中熟品种的地区可以种植晚熟品种。由于晚熟品种与中熟、早熟品种相比，生育期较长，接受太阳辐射多，可以积累更多干物质，产量相对较高。因此作物种植界线的北移和作物品种熟型的改变必将带来产量不同程度的增加。

4.2.1　气候变化对作物生长发育过程的影响机理

东北地区 1981~2010 年春玉米生长季内主要气象要素变化特征见表 4-3，由表可以看出，近 30 年春玉米生长季内最高气温和最低气温均呈现升高的趋势，区域平均每 10 年分别升高 0.36℃ 和 0.41℃，太阳辐射全区平均每 10 年降低 0.14 MJ/（m^2·d），但并不显著；降水量总体呈下降的趋势，全区平均每 10 年减少 26.4 mm（Liu et al.，2012）。

表 4-3　东北地区玉米生长季气候要素变化倾向率（1981~2010 年）

气候要素	气候倾向率/每 10 年			气候倾向率通过 $p<0.05$ 显著性检验的站点比例
	最低值	最高值	区域平均值	
最高气温/℃	0.05	0.77	0.36**	78
最低气温/℃	0.10	0.80	0.41**	93
太阳辐射/[MJ/（m^2·d）]	−0.63	1.38	−0.14	22
降水量/mm	−78.9	17.3	−26.4	24

在不考虑品种更替的前提下，东北地区最高和最低温度的升高均使得春玉米各生育阶段明显缩短，尤其是开花期到成熟期缩短。比较而言，最高温度的升高比最低温度升高对生育期的影响更大，如图 4-6 所示。

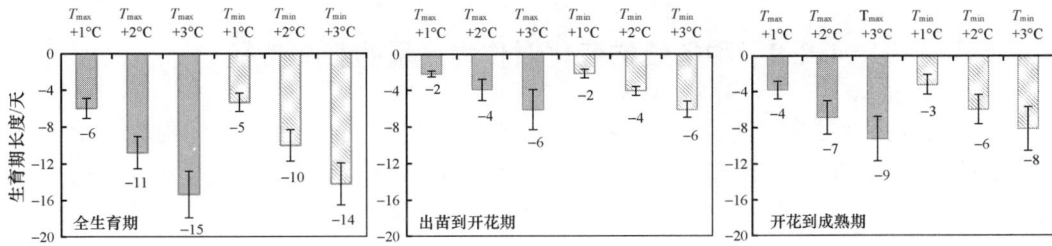

图 4-6　气候变化对东北地区春玉米生育期长度的影响

随着气候变暖东北地区春玉米潜在生长季起始时间提前，终止时间延后，最终带来潜在生长季长度延长，这样研究区域内替换生育期较长的品种成为可能，如图 4-7 所示。为了说明气候变暖背景下，研究区域春玉米潜在生长季长度变化特征，选择 4 个典型站点进行分析，孙吴、三岔河、通化和丹东 4 个台站分别代表黑龙江省高纬度湿润地区、吉林省平原地区、吉林省高海拔山区和辽宁省沿海地区。由图可知，潜在生长季的起始时间有略微提前的趋势，4 个站点每 10 年分别提前 1.7 天、1.0 天、0.5 天和 1.0 天；潜在生长季的终止日期有延后的趋势，每 10 年分别延后 1.1 天、1.4 天、2.1 天和 2.1 天。最终导致 4 个台站的潜在生长季的持续日数均呈现增加的趋势，每 10 年分别增加 3.0天、2.4 天、2.6 天和 3.1 天(Liu et al.，2012)。

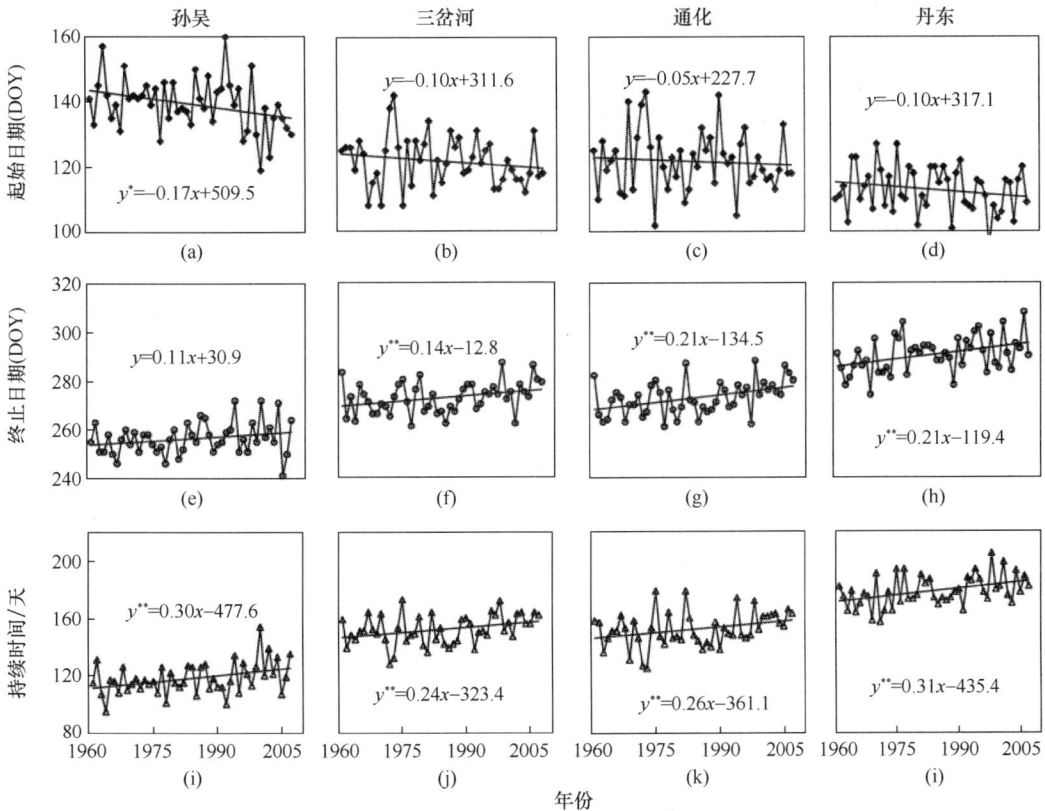

图 4-7　典型台站春玉米潜在生长季的起始日期(a)~(d)、终止日期(e)~(h)
和持续时间(i)~(l)的变化

4.2.2　种植结构变化对作物产量的影响特征

在不考虑品种更替的前提下，最高温度的升高将会造成潜在产量和雨养产量的下降。最低温度的升高对潜在产量和雨养产量的影响并不显著。降水量减少将直接造成雨养产量大幅度降低，但降水量较高的区域除外，如图 4-8 所示（Liu et al.，2012）。

气候变暖带来作物品种熟型的变化，使不同熟型的玉米品种种植北界不同程度北移，使得原有的种植早熟品种的区域可以考虑种植中熟品种，原有的中熟品种的地区可以考虑发展晚熟品种的种植，熟型的改变必将带来产量的变化，如图 4-9 所示，区域试验数据表明，当早熟品种被中熟品种替代后，在相同的气候和土壤条件下，中熟品种的生育期较早熟品种长，玉米的单产可增加约 9.8%；当中熟品种被晚熟品种替代后，在相同的气候和土壤条件下，晚熟品种的生育期比中熟品种长，玉米单产可增加 7.1%。同时可以预计，未来气候变暖的情况下，早熟玉米区可以种植晚熟玉米品种，此时可以使玉米单产增加约 17.6%（Liu et al.，2013）。

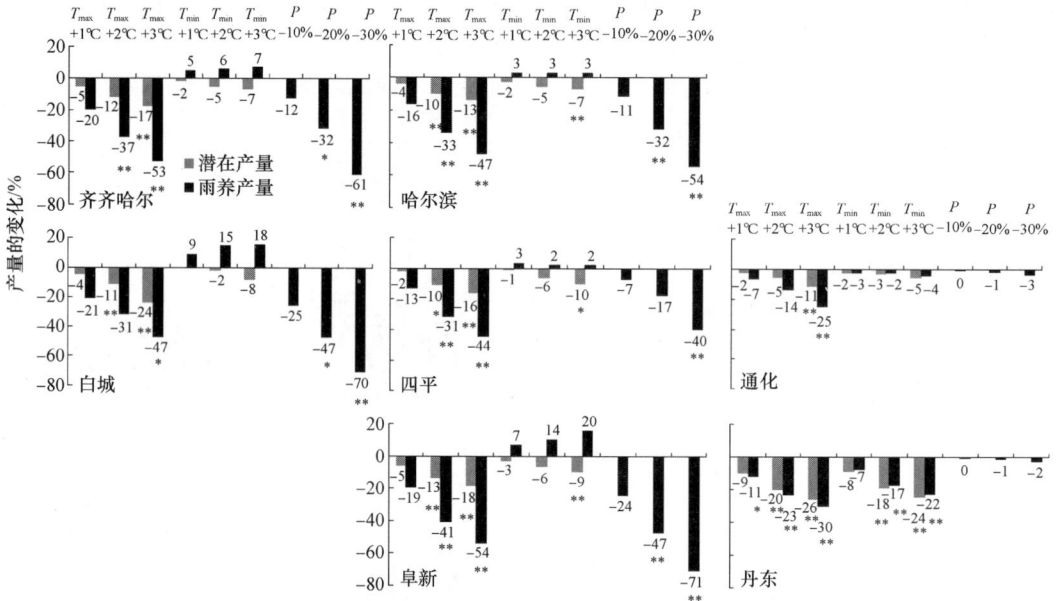

图 4-8　东北地区最高和最低气温升高 1℃、2℃、3℃，降水量减少 10%、20% 和 30% 对春玉米潜在产量和雨养产量的影响

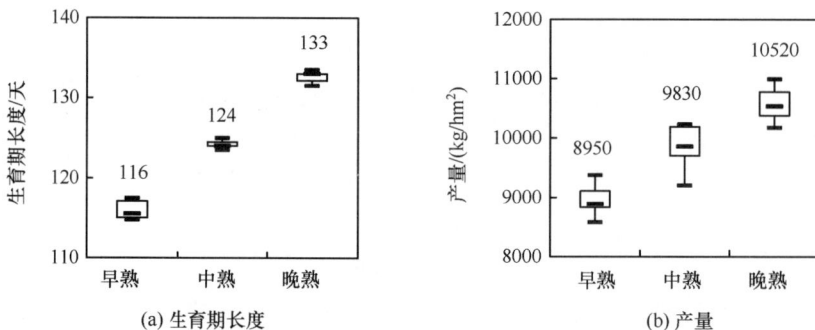

图 4-9　东北地区春玉米不同熟型品种

参 考 文 献

崔读昌 . 1992. 气候变暖对我国农业生产的影响与对策 . 中国农业气象, 13(2): 16-20.

丁一汇, 任国玉, 石广玉, 等 . 2006. 气候变化国家评估报告(I): 中国气候变化的历史和未来趋势 . 气候变化研究进展, 2(1): 3-8.

方修琦, 盛静芬 . 2000. 从黑龙江省水稻种植面积的时空变化看人类对气候变化影响的适应 . 自然资源学报, 15(3): 213-217.

龚绍先 . 1998. 粮食作物与气象 . 北京: 中国农业大学出版社 .

金之庆, 葛道阔, 石春林, 等 . 2002. 东北平原适应全球气候变化的若干粮食生产对策的模拟研究 . 作物学报, 28(1): 24-31.

刘志娟, 杨晓光, 王文峰, 等 . 2009. 气候变化背景下我国东北三省农业气候资源变化特征 . 应用生态学报, 20(9): 2199-2206.

刘志娟, 杨晓光, 王文峰, 等 . 2010. 全球气候变暖对中国种植制度可能影响 IV. 未来气候变暖对东北三省春玉米种植北界的可能影响 . 中国农业科学, 43(11): 2280-2291.

秦大河, 丁一汇, 苏纪兰, 等 . 2005. 中国气候与环境演变评估(I): 中国气候与环境变化及未来趋势 . 气候变化研究进展, 1(1): 4-9.

王馥棠 . 2002. 近十年来我国气候变暖影响研究的若干进展 . 应用气象学报, 13(6): 754-766.

熊伟, 杨婕, 林而达, 等 . 2008. 未来不同气候变化情景下我国玉米产量的初步预测 . 地球科学进展, 23(10): 1092-1101.

徐铭志, 任国玉 . 2004. 近 40 年中国气候生长期的变化 . 应用气象学报, 15(3): 306-312.

杨晓光, 刘志娟, 陈阜 . 2010. 全球气候变暖对中国种植制度可能影响 I. 气候变暖对中国种植制度北界和粮食产量可能影响的分析 . 中国农业科学, 43(2): 329-336.

杨晓光, 刘志娟, 陈阜 . 2011. 全球气候变暖对中国种植制度可能影响 VI. 未来气候变化对中国种植制度北界的可能影响 . 中国农业科学, 44(8): 1562-1570.

杨镇 . 2007. 东北玉米 . 北京: 中国农业出版社 .

张厚瑄 . 2000. 中国种植制度对全球气候变化响应的有关问题 I. 气候变化对我国种植制度的影响 . 中国农业气象, 21(1): 9-13.

IPCC. 2007. Climate Change 2007: Synthesis Report. Intergovernmental Panel on Climate Change. Cambridge: Cambridge University Press

Liu Y, Wang E L, Yang X G, et al. 2010. Contributions of climatic and crop varietal changes to crop production in the North China Plain, since 1980s. Global Change Biology, 16: 2287-2299.

Liu Z J, Yang X G, Chen F, et al. 2013. The effects of past climate change on the northern limits of maize planting in Northeast China. Climatic Change, 117: 891-902, DOI: 10.1007/s10584-012-0594-2.

Liu Z J, Yang X G, Hubbard K G, et al. 2012. Maize potential yields and yield gaps in the changing climate of Northeast China. Global Change Biology, 18: 3441-3454.

Olesen J E, Bindi M. 2002. Consequences of climate change for European agricultural productivity, land use and policy. Eur J Agron, 16: 239-262.

第5章 东北地区农作物物候时空变化特征

作物物候期作为重要的农业生态系统特征,不仅是农业生产管理与计划决策的重要依据,也是全球变化研究和生态系统分析的重要内容。本研究选择我国粮食主产区东北地区为研究区,以主要农作物(一季稻、春玉米、春小麦和大豆)的典型物候期(出苗期、抽穗期、成熟期以及生育期长度)为研究对象,利用作物物候观测资料与逐旬遥感时序数据,重建作物物候期特征的变化过程。研究结果将提供作物物候期特征的时空分布信息,可应用于大尺度农田生产力估算、生物地球化学循环模拟和农业生态系统监测;结合气候因子和人类活动因子,可进一步综合分析两种因子对作物物候期特征的影响机制;也可用于探讨东北地区作物典型物候期对农业气候资源特征变化的时空响应。

国内外研究背景:农业是对气候变化最为敏感的领域之一,气候变化意味着农业气候资源与自然灾害状况的变化,势必对农业产生有利或不利的影响。气候变暖、长期干旱以及大气二氧化碳浓度的变化,已经改变了许多传统农事活动和作物物候特征,比如春季作物物候期提前和播种期提前。物候特征可以通过遥感法、田间观测法和积温法等多种途径获得(张峰等,2004)。其中利用遥感法提取作物物候期特征的基本原理是:从多时相遥感影像中获取的 NDVI 数据,经函数拟合方法重构后可以准确地反映农作物出苗、拔节、抽穗、收获等物理过程,适合大范围、快速监测作物的关键物候期(范锦龙和吴炳方,2004;闫慧敏等,2005)。国外最早利用 NOAA/AVHRR 数据进行大面积作物物候期监测是 Gallo 和 Flesch(1989)利用周合成差值植被指数估测玉米吐丝期。国内的王延颐等(1990)采用空间分辨率为 15 km 的 GVI 数据监测江苏省冬小麦和水稻一年两熟轮作体系的 6 个生育期。辛景峰等(2001)利用 10 天合成的 NOAA/AVHRR 数据集监测华北平原冬小麦-夏玉米轮作体系中的 6 个关键物候期。吴文斌等(2009)利用相同 NDVI 时间序列数据监测我国耕地生长季开始期的时空变化,这些研究反映了时间序列 NDVI 数据可用于监测作物物候期及其变化。因此,基于遥感技术可以快速获取区域尺度上农业生态系统物候期特征的时空动态信息,及时全面反映区域尺度上作物生长过程对外界环境条件变化(诸如区域温度、降水和日照时间等)的时空响应,但当前在研究某种植被或作物类型时,存在不能准确识别物候特征的缺陷等。因此,基于地面观测记录的植被或作物的物候数据能够完善物候特征的定量研究。欧洲地区有覆盖区域较大、时间序列及记录较完整的物候观测网(International Phenological Gardens,IPG),Menzal(1999)通过 IPG 的观测数据研究超过 30 年的欧洲植被物候变化。国内也通过建立物候观测网,开展了对植被物候特征以及局部地区作物物候特征的研究。由于作物物候期变化很可能会改变区域尺度作物产量的形成过程并最终影响到作物总产量。因此,理解和弄清作物物候动态变化规律及其机理机制有助于农业生产农事活动的科学调整和有效管理,制定和完善应对气候变化的人类响应和适应对策,减小农业生产的脆弱性和不稳定性。

本研究分别利用基于地面观测记录的农作物物候数据以及基于卫星遥感数据提取的

农作物物候信息，分析东北地区农作物物候时空变化特征，为下一步研究主要农作物物候期特征对气候变化的响应机制提供了基础信息。

5.1　基于地面观测记录的东北地区农作物物候时空动态变化特征

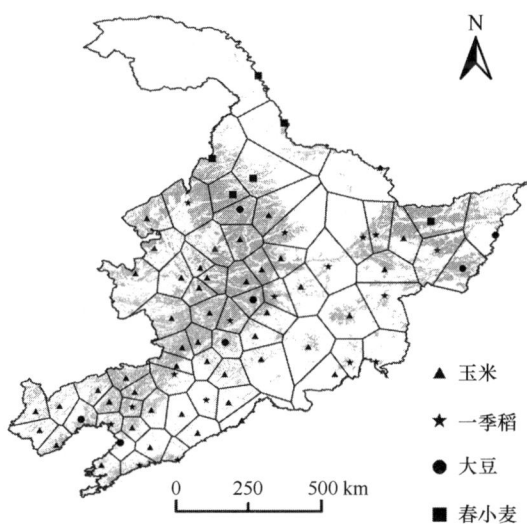

图 5-1　东北三省农业气象观测站点位置

数据来源及预处理：研究中作物物候观测资料的数据来源为国家气象局提供的中国农作物生长发育状况资料数据集，资料根据 1991 年以来农业气象台站上报的农业气象旬月报报文资料整理而得。研究使用了东北 3 省 79 个农业气象观测台站（包括黑龙江省 34 个，吉林省 21 个，辽宁省 24 个）1992～2009 年期间 4 种主要作物物候期观测记录，其中春小麦 6 个，大豆 7 个，水稻 17 个，玉米 46 个（图 5-1），涉及的数据项包括作物出苗期、抽穗期/抽雄期（其中大豆为结荚期），成熟期以及生育期（定义为出苗期与成熟期之间的天数）。考虑到由于栽培方式的改变会导致作物出苗期出现较大的年际变异，故剔除了栽培方式出现明显变化的观测数据。最后，计算获取了区域内不同作物类型各物候期特征的最高值、最低值、平均值和变幅。

数据分析方法：研究选择趋势线分析方法分析近 20 年来东北三省主要物候期典型统计项（最高值、最低值、平均值以及变幅等）的时间变化特征。该方法可以定量评估研究期间各统计项的整体倾向程度，能够反映研究区 20 年来主要物候期的变化趋势。其计算公式为

$$\theta_i = \frac{n \times \sum_{j=1}^{n}(j \times P_{i,j}) - \sum_{j=1}^{n} j \times \sum_{j=1}^{n} P_{i,j}}{n \times \sum_{j=1}^{n} j^2 - \left(\sum_{j=1}^{n} j\right)^2} \tag{5-1}$$

式中，n 为分析时段的年数；$P_{i,j}$ 为第 i 项统计特征第 j 年的值；θ_i 为第 i 项统计特征趋势线的斜率。如果 $\theta_i > 0$，则表示所代表物候期的变化趋势是推后或延长，反之则是提前或缩短。

5.1.1　一季稻典型物候期的时空变化趋势

（1）出苗期

区域内一季稻出苗期变化趋势并不明显［图 5-2(a)］，其中区域内出苗期最大值均为 5 月中上旬；出苗期最低值则集中在 4 月中旬；相比而言，出苗期平均值变化呈缓慢

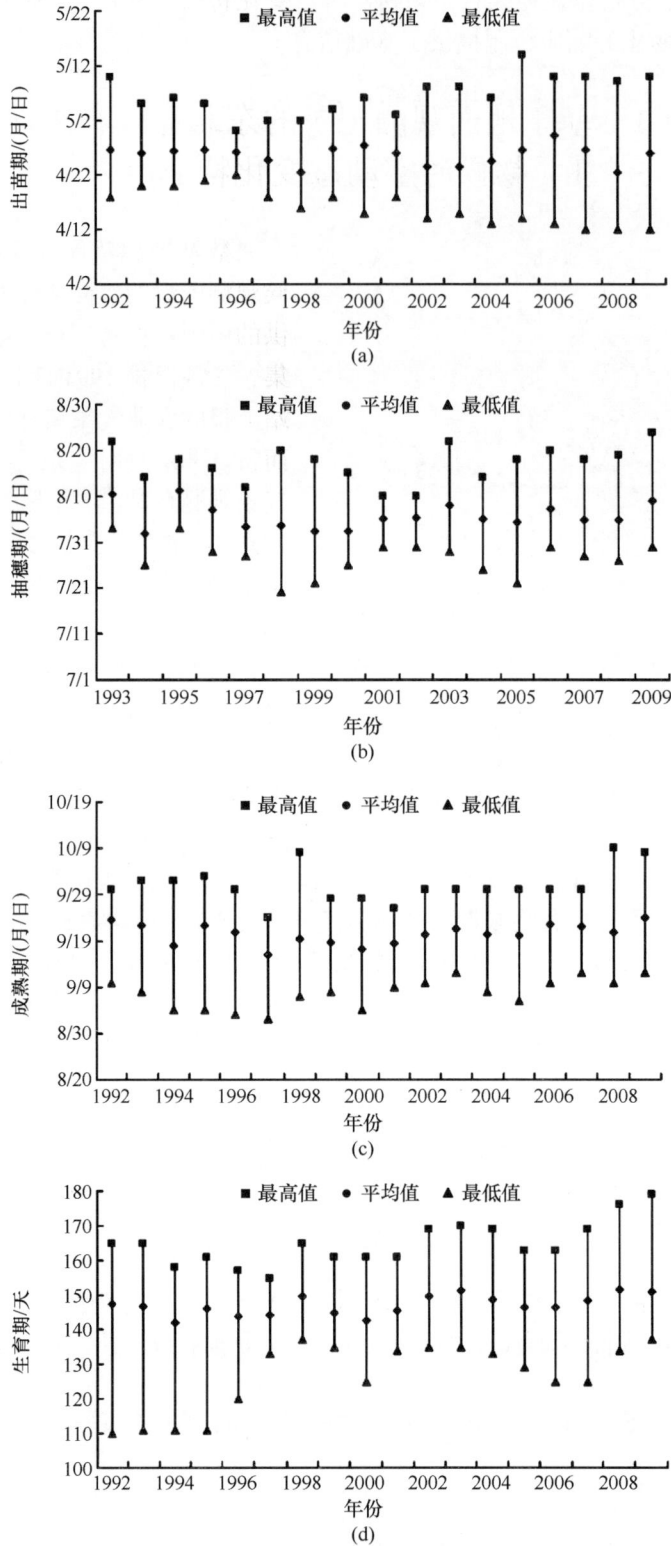

图 5-2　东北地区一季稻物候期的变化趋势

提前趋势，提前速率为 0.55 d·a^{-1}，方差为 10.85；此外，出苗期区域差异也从 20 世纪 90 年代初的 50 天以上缩短至 2000 年以来的 30 天以内，变化速率为 1.26 d·a^{-1}，方差为 143.63。

（2）抽穗期

区域内一季稻抽穗期年际变化趋势并不明显［图 5-2(b)］，最高值多为 8 月中下旬，呈缓慢推后，最低值多为 7 月下旬；均值则多为 8 月上旬，无明显变化趋势；此外，抽穗期区域差异多在 30 天以内，变化速率为 0.31 d·a^{-1}，方差为 30.38。

（3）成熟期

区域内水稻成熟期年际变化趋势呈轻微推后趋势［图 5-2(c)］，最高值除个别年份为 10 月上旬外，多为 9 月下旬，推后速率为 0.19 d·a^{-1}，方差为 15.76；最低值则多为 8 月下旬至 9 月上旬，推后速率为 0.35 d·a^{-1}，方差为 10.45；均值则为 9 月 20 日左右，无明显变化趋势；此外，成熟期区域差异维持在 30 天以内。

（4）生育期长度

区域内一季稻生育期有加长的趋势［图 5-2(d)］，其中最高值在 20 世纪 90 年代多为 160~170 天，2000 年以来开始达到 170 天以上，加长速率为 0.79 d·a^{-1}，方差为 39.68；最低值亦从 90 年代初的 110 天左右攀升至 90 年代中期以来的 130 天左右，变化速率达 1.26 d·a^{-1}，方差为 98.94；从平均值趋势分析结果也可看到生育期整体呈加长趋势，变化速率为 0.31 d·a^{-1}，方差为 8.57；此外，生育期区域内差异也从 90 年代初的 60 天左右缩短至 90 年代中期以来的 40 天左右，变化速率为 0.47 d·a^{-1}，方差为 88.74。

5.1.2　春玉米典型物候期的时空变化趋势

（1）出苗期

区域内玉米出苗期均出现提前趋势［图 5-3(a)］，其中最高值除个别年份为 6 月中旬，大部分为 6 月上旬，提前速率为 0.35 d·a^{-1}，方差为 26.97；最低值则多为 5 月上旬，无明显变化趋势；而平均值变化呈缓慢提前趋势，变化速率为 0.11 d·a^{-1}，方差为 2.61；此外，出苗期区域差异有减小的态势，变化速率为 0.31 d·a^{-1}，方差为 25.18。

（2）抽雄期

区域内玉米抽穗/抽雄期年际变化趋势并不明显［图 5-3(b)］。其中最高值多为 7 月下旬至 8 月上旬，最低值和平均值则主要集中在 7 月中旬和下旬；此外，抽穗/抽雄期的区域差异基本维持 20~30 天，也无明显变化。

（3）成熟期

区域内玉米成熟期年际变化趋势呈推后趋势［图 5-3(c)］，其中最高值从 9 月下旬推迟到 10 月上旬，推后速率为 0.38 d·a^{-1}，方差为 11.57；相应地，最低值亦从 9 月上

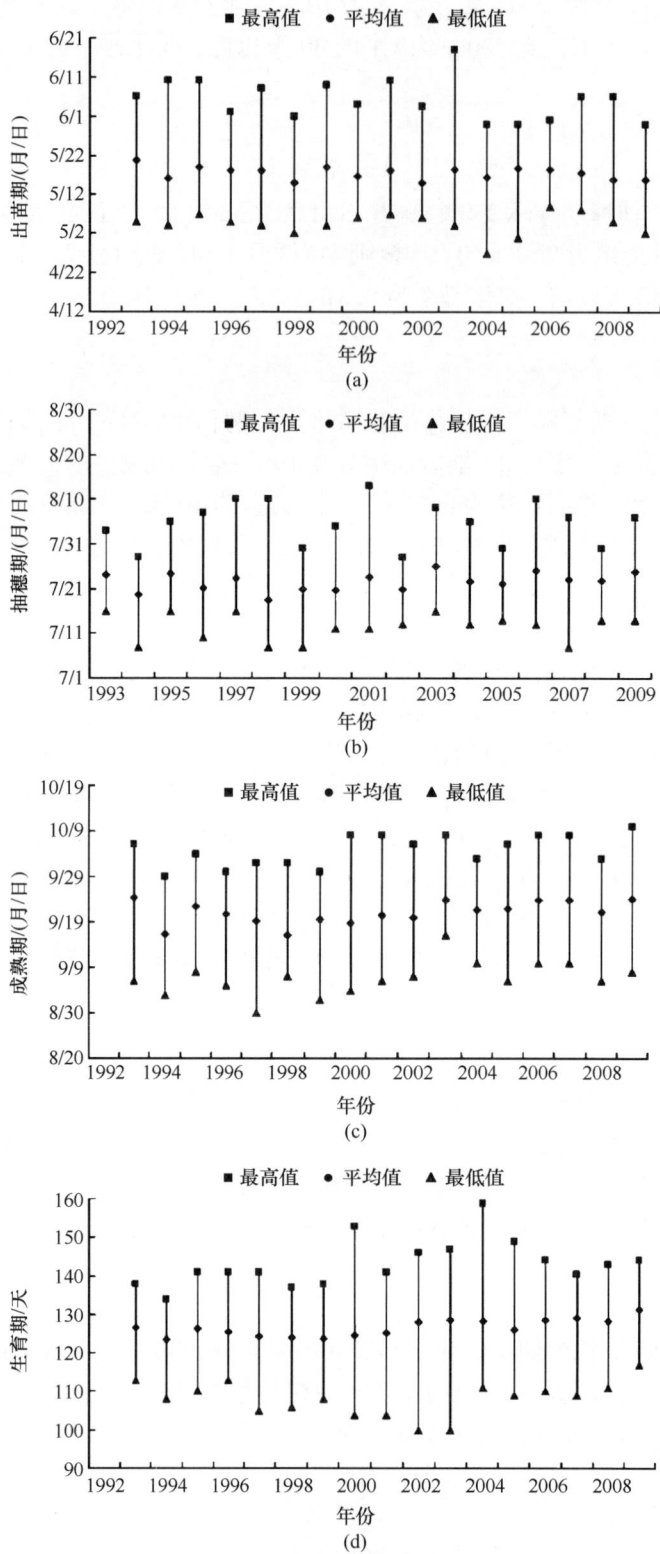

图 5-3　东北地区春玉米物候期的变化趋势

旬推迟至 9 月中旬，推后速率为 0. 35 d·a⁻¹，方差为 14. 37；均值则集中出现 9 月中旬，推后速率为 0. 23 d·a⁻¹，方差为 6. 59；此外，成熟期区域差异没有明显变化，长期维持在 30 天左右。

（4）生育期长度

区域内玉米生育期呈加长趋势［图 5-3(d)］，其中 20 世纪 90 年代区域内玉米生育期最高值多为 140 天左右，而 2000 年以来开始达到 150 天以上，加长速率为 0. 57 d·a⁻¹，方差为 37. 90；最低值则无明显变化趋势，多表现为 100~110 天；从平均值趋势分析结果亦可见生育期整体呈加长趋势，变化速率为 0. 34 d·a⁻¹，方差为 5. 24；此外，生育期区域内差异也从 20 世纪 90 年代初的 30 天左右延长至 90 年代中期以来的 40 天左右，变化速率为 0. 46 d·a⁻¹，方差为 64. 53。

5.1.3　春小麦典型物候期的时空变化趋势

（1）出苗期

区域内春小麦出苗期变化趋势不明显［图 5-4(a)］，最高值除个别年份为 5 月下旬，大部分为 5 月中旬；最低值则多为 4 月下旬，无明显变化趋势；平均值则集中在 5 月中上旬，变化亦不显著；出苗期区域差异除个别年份达到 30 天，基本在 20 天以内。

（2）抽穗期

区域内春小麦抽穗期均出现提前态势［图 5-4(b)］，其中最高值约为 6 月下旬至 7 月上旬，提前速率为 0. 16 d·a⁻¹，方差为 17. 87；最低值从 90 年代的 6 月中旬提前至 6 月上旬，速率为 0. 31 d·a⁻¹，方差为 37. 15；相对而言，平均值无显著变化；此外，抽穗期区域差异也维持在 20~30 天，整体变化速率为 0. 15 d·a⁻¹，方差为 60. 14。

（3）成熟期

区域内春小麦成熟期年际变化趋势相对复杂［图 5-4(c)］，其中最高值从 90 年代的 8 月中上旬推迟到 8 月中下旬，推后速率为 0. 20 d·a⁻¹，方差为 61. 09；最低值则从 7 月中下旬提前至 7 月中上旬，提前速率为 0. 16 d·a⁻¹，方差为 36. 38；平均值则集中出现在 7 月下旬至 8 月上旬，无显著变化趋势；此外，成熟期区域差异也有所加大，从 90 年代的 20 天左右增加到 2000 年以来的 30 天左右，变化速率为 0. 36 d·a⁻¹，方差为 90. 94。

（4）生育期长度

区域内春小麦生育期年际变化趋势亦不明显［图 5-4(d)］，其中最高值在 2000 年以前主要为 100 天以内，但近年来达到 110 天左右，加长速率为 0. 08 d·a⁻¹，方差为 47. 94；最低值也从早期的 70 天左右提升至近期的 80 天以上，加长速率为 0. 15 d·a⁻¹，方差为 41. 76；而平均值的变化趋势并不显著；此外，生育期区域内差异主要在 20~30 天波动。

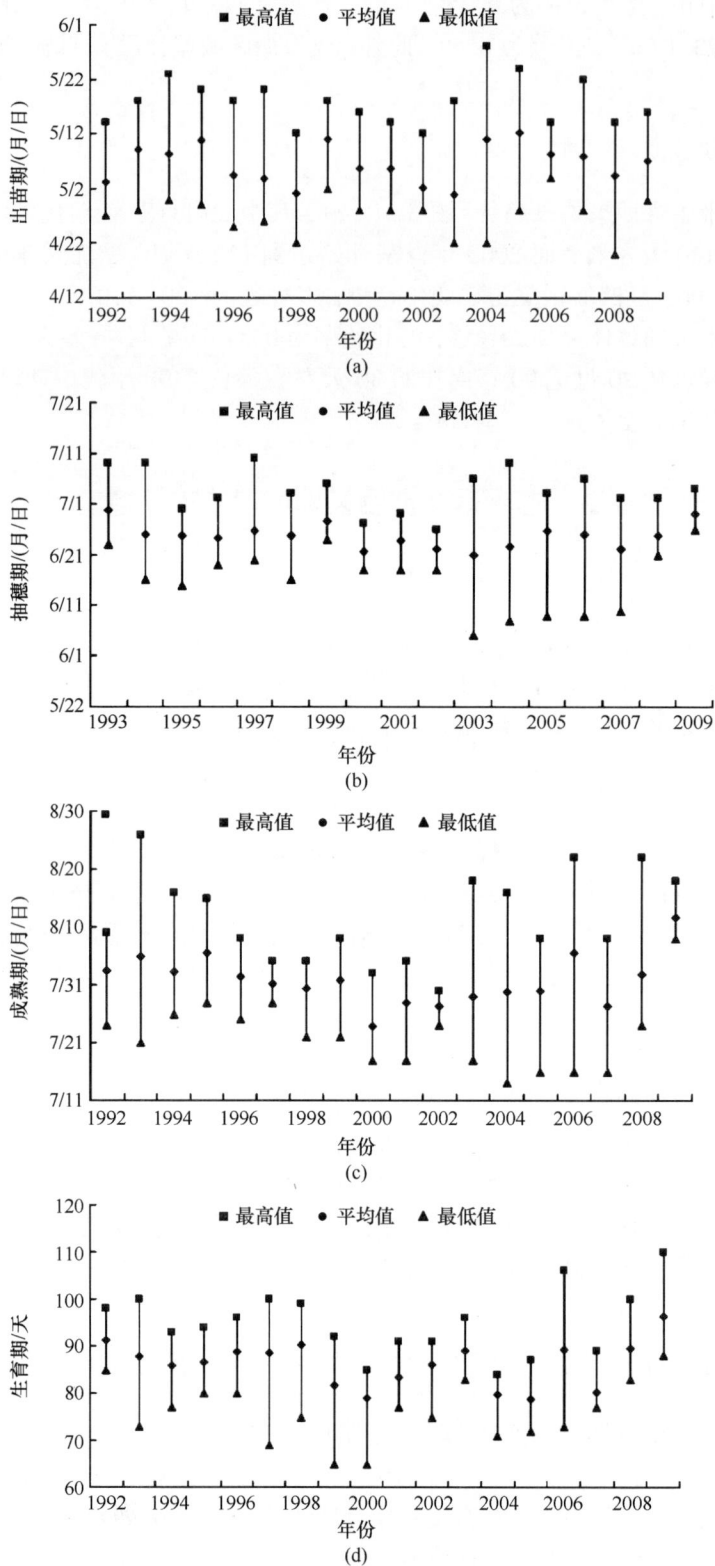

图 5-4　东北地区春小麦物候期的变化趋势

5.1.4　大豆典型物候期的时空变化趋势

（1）出苗期

区域内大豆出苗期年际间变化趋势基本呈提前态势［图 5-5（a）］，其中最高值除个别年份为 6 月下旬，大部分为 6 月中上旬，提前速率为 0.61 d·a^{-1}，方差为 61.06；最低值则多为 5 月下旬，提前速率为 0.15 d·a^{-1}，方差为 11.11；平均值则主要为 5 月下旬，无显著变化趋势；此外，出苗期区域差异除个别年份达到 40 天以上，大多数都在 20 天以内，基本呈缩小态势，缩小速率为 0.45 d·a^{-1}，方差为 59.27。

（2）结荚期

区域内大豆结荚期的变化基本呈不变或微弱提前态势［图 5-5（b）］，其中最高值均为 8 月 10 日左右，最低值多为 7 月中上旬，平均值集中在 7 月下旬，均无明显变化趋势；此外，结荚期区域差异也集中在 40~60 天。

（3）成熟期

区域内大豆成熟期的年际变化比较复杂［图 5-5（c）］，其中最高值多为 10 月中上旬，呈缓慢提前趋势，其速率为 0.19 d·a^{-1}，方差为 8.03；最低值则多为 9 月中旬，呈缓慢推后趋势，其推后速率为 0.19 d·a^{-1}，方差为 12.57；平均值呈缓慢提前趋势，变化速率约为 0.18 d·a^{-1}，方差为 5.58；此外，成熟期区域差异在 30 天左右，呈缩小趋势，缩小速率为 0.38 d·a^{-1}，方差为 14.80。

（4）生育期长度

区域内大豆生育期年际变化并不明显［图 5-5（d）］，其中最高值主要维持在 140 天左右；最低值则在 90~110 天波动；而平均值的趋势分析结果显示生育期整体呈缓慢缩短趋势，变化速率约为 0.17 d·a^{-1}，方差为 5.87；此外，生育期区域差异基本在 20~40 天波动。

讨论与结论：基于站点的农业物候观测数据无法及时地全面反映区域尺度上作物生长过程对外界环境条件变化（诸如区域温度、降水和日照时间等）的时空响应，目前，基于 NOAA/AVHRR、SPOT/VGT 以及 EOS/MODIS 等中高分辨率 NDVI 时序资料，可以更准确地反映农作物的出苗、拔节、抽穗、收获等生育过程，适合大范围、快速监测作物的关键物候期。未来的作物物候期研究将在站点观测的基础上，借助 NDVI 拟合曲线提取作物生长季特征，从而更好地反映区域尺度上作物物候期特征的时空分异。

5.2　卫星遥感耕地物候数据提取原理、处理和提取办法

5.2.1　遥感提取耕地物候的基本原理

植被的光谱特征是由于植物叶片在一定辐射水平的照射下，其中的化学组分和物理

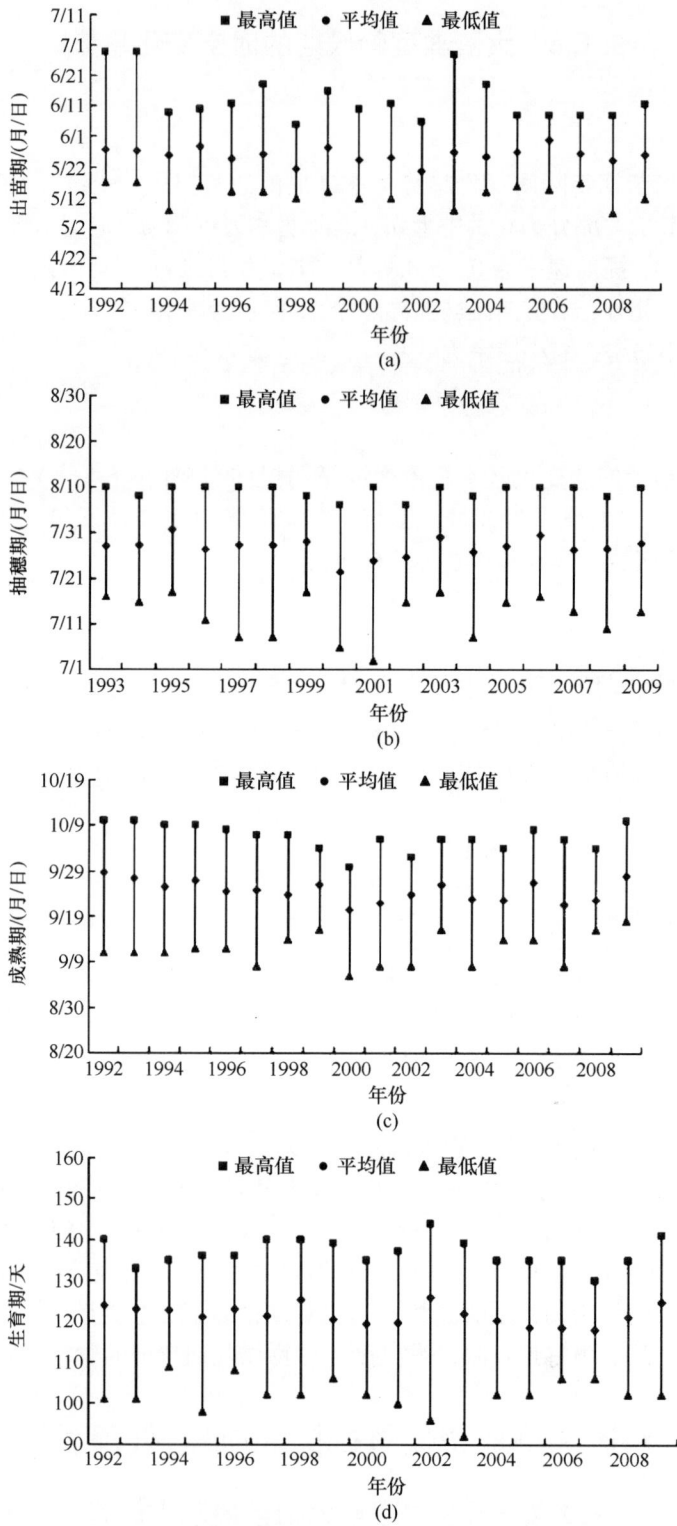

图 5-5　东北地区大豆物候期的变化趋势

结构吸收或反射特定波长的辐射能,产生了不同的光谱反射率的结果。典型植被的反射波谱特性曲线具有明显而独特的规律性。在可见光波段,植被的反射和透射都很低,受到叶绿素的影响,在 $0.45\mu m$ 蓝光和 $0.67\mu m$ 红光处各存在一个吸收带,而在 $0.55\mu m$ 绿光处则形成一个小反射峰。在近红外波段,从 $0.7\mu m$ 附近开始植被的反射率陡然增加,在 $0.8\sim1.1\mu m$ 形成一个高反射率平台,这是叶片细胞结构多次散射造成的。在中红外波段,植被的反射率有所下降,叶片水分的作用形成了 $1.45\mu m$、$1.95\mu m$ 和 $2.7\mu m$ 处的吸收带。

植被指数是由多光谱遥感数据经过空间变换或者不同波段之间的线性、非线性组合构成的,其基本原理正是利用了植被的光谱特征,通过强化可见光(主要是红光)与近红外波段反射率之间的差异来反映植被的生长状况(王正兴等,2003)。对于多光谱遥感影像,随着植被的生长,叶绿素吸收和叶片细胞结构反射增强,红光反射率减少,近红外反射率增加,由红光和近红外波段组合构成的植被指数也逐渐增大;当植被生长达到顶峰时,对应的植被指数也达到生长期内的最大值;在持续一段时间后植被开始进入衰退阶段,随着植被的枯萎,叶绿素吸收和叶片细胞结构反射减弱,红光反射率增加,近红外反射率减少,由红光和近红外波段组合构成的植被指数也逐渐减小。因此时间序列的植被指数曲线可以表征植被生长期内的变化特征,是植被生长的动态轨迹,以最直观的形式反映了植被从生长开始到结束的整个生理过程(张明伟,2006)。

耕地物候是指耕地内部作物受环境因子(气候、水文、土壤等)和人类活动影响而出现的以年为周期的自然现象,主要包括作物的出苗、抽穗和成熟等。与自然植被不同,耕地物候受人类活动影响更大,如多熟种植制度、田间管理等,其中多熟种植制度是耕地物候区别于自然植被物候的重要特征之一。星载多光谱传感器的重复观测能够提供时间序列的植被指数数据,为大中尺度的植被物候研究提供了有利条件。传统的植物物候观测往往是基于单株植物或物种进行的,而遥感观测得到的是像元内的植物群体所组成的植被物候特征。目标的综合性使得植被物候遥感观测不同于地面观测,是一种更具概括性的物候特征。Moulin 等(1997)用休眠期、生长期和衰老期 3 个阶段来定义植被的整个周期循环,在时间序列植被指数曲线上对应着植被指数由低到高至最大值,然后再降低的全过程。Zhang 等(2003)则以返青期、成熟期、衰老期和休眠期 4 个阶段来描述植被生长的年内动态情况,这些阶段之间的转换对应着植被形态的变化,以阶段转换日期为特征来反映植被的物候现象。另外,植被的生长开始和结束时间还与植被的光合作用过程密切相关。因此,利用遥感方法提取耕地物候的主要内容就是基于遥感数据在识别出种植制度的基础上,发现耕地内部作物在形态上发生显著变化所对应的日期,如作物的出苗期或返青期、抽穗期、成熟期以及从生长开始到结束所经历的生长季长度等。

遥感提取植被物候是基于时间序列植被指数进行的,首先需要生成植被指数的时间序列数据。将研究区域的 n 幅植被指数图像按时间顺序叠加在一起,每一幅图像都代表一个时期的植被指数。如果用 y 表示时间序列中 t 时刻的植被指数,那么提取每一幅植被指数图像上 (j,k) 处的像元值,按时间顺序排列就可以生成一个连续的时间序列数据 (t_i,y_i),$i=1,2,\cdots,n$(杨永民等,2012;杨永民等,2010)。在遥感数据的采集和处理过程中受到各种因素干扰(如太阳高度角、观测角、云、水汽、气溶胶等),这些因素使时间序列植被指数曲线波动很大并出现许多噪声,无法直接进行各种趋势分析和信息提取，所以有必要对生成的时间序列植被指数数据进行去噪和平滑处理，即时序植被指数重建(李儒等，2009)。前面提到，时间序列的植被指数曲线是植被生长状况的指示器，它能够表现出与植被生物学特征相关的周期变化，呈现出一定的季节和年际规律。重构后的时序植被指数曲线上的某个节点对应着植被生长过程中的某个关键物候期，除此之外，曲线的振幅、积分值等特征也能够反映出植被的某些物候信息(宋春桥等，2011)。

5.2.2　时序遥感数据的预处理方法

星载传感器在获取地表信息时会受到诸多因素的影响，如传感器本身的性能变化、数据传输过程、太阳和传感器角度、地物双向反射、云覆盖和大气状况等，此外还有地表水体和冰雪等随机干扰(孙华生等，2012)。这些因素使传感器的观测值中包含了许多不可预测的噪声，即使在经过了一定处理的遥感数据产品中仍然残留了很多噪声，导致时间序列遥感数据呈现出锯齿状的不规则波动，曲线的周期性变化趋势不明显，直接影响了植被物候参数的提取(李杭燕等，2009)。因此，在遥感提取植被物候中，对所获取的时序遥感数据进行去噪和平滑等预处理，重建遥感数据的时间序列曲线是十分必要的。针对时间序列遥感数据的重建，研究者提出了多种方法。关于对这些方法进行总结分类方面，已经存在一些从不同角度出发给出的观点。顾娟等(2006)将时序数据重建方法分为时间域处理法和频率域处理法2类；陈效述和王林海(2009)则认为时序数据重建方法分为空间域处理法、时间域处理法和非时空域处理法3类；吴文斌等(2009b)将时序数据去噪方法也归结为3类，即阈值去除法、基于滤波的平滑方法和非线性拟合法；而侯东等(2010)则根据重建方式的不同又将时序数据重建方法分为基于信号处理的频域分析法和基于统计模型的分时段重建法2类。

从不同方法各自的特点出发，时间序列遥感数据的重建方法总体上可以归为两大类，即滤波方法和函数拟合方法(表5-1)。其中滤波方法分为时域滤波和频域滤波，时域滤波是在一个给定大小的滤波窗口内，采用某种方法对时序数据中的噪声进行处理，滤波窗口的大小与最终的滤波效果有关，是一种局部处理的方法；频域滤波则是通过数学变换将数据从时间域转换到频率域，通常噪声存在于高频部分，利用一个低通滤波器即可实现去噪的目的，是一种整体处理的方法。函数拟合方法则是通过某种形式的函数对时序数据曲线进行最小二乘拟合，用拟合得到的平滑曲线代替原来的时序数据曲线，以此来实现平滑去噪。同样，函数拟合方法也存在局部处理和整体处理之分，其中经过局部拟合后的曲线还需要一个整体函数将它们连接起来以构成最终的拟合曲线。

表 5-1　时间序列遥感数据重建方法分类

滤波方法	函数拟合方法
Savitzky-Golay(S-G)滤波法	非对称高斯函数(AG)拟合法
最佳指数斜率提取法(BISE)及其改进算法	双 Logistic 函数(DL)拟合法
滑动中值/均值滤波法	傅里叶函数拟合法(HANTS 算法和 Sellers 算法)及其改进方法
时间窗口线性内插法(TWO)	分段 Logistic 函数(PL)拟合法
中值/均值迭代滤波法	多项式拟合法

续表

滤波方法	函数拟合方法
5 点平滑法	其他形式函数拟合法
基于傅里叶/小波变换的频域低通滤波法	
4253H 两次滤波法	
3RSSH 两次滤波法	
迭代插值数据重构法(IDR)	

　　常用的滤波方法包括 Savitzky-Golay(S-G)滤波法、最佳指数斜率提取法(BISE)及改进算法、滑动中值/均值滤波法、时间窗口线性内插法(TWO)、中值/均值迭代滤波法、5 点平滑法和基于傅里叶/小波变换的频域低通滤波法。

　　S-G 滤波法是 Savitzky 和 Golay 于 1964 年提出的，它是一种通过局部多项式回归模型来平滑时序数据的时域低通滤波方法(Savitzky et al. , 1964)。S-G 滤波的基本思想是基于多项式，在滤波窗口内利用最小二乘法对数据进行最佳拟合，可以简单地理解为一种加权平均算法，权重由在一个滤波窗口范围内做最小二乘拟合的多项式次数来决定(蔡天净和唐瀚，2011)。S-G 滤波公式为

$$Y'_i = \frac{\sum\limits_{i=-n}^{n} C_i Y_{i+1}}{N} \tag{5-2}$$

式中，Y 为原始数据；Y' 为拟合值；C_i 为第 i 个点的权重；$N = 2n+1$ 为滤波窗口的大小。S-G滤波法对滤波窗口的大小非常敏感，滤波窗口的宽度设置偏小容易产生大量冗余数据，反之则可能遗漏一些细节信息(Chen et al. , 2004)。另外，拟合多项式的次数也会对平滑效果产生影响，次数较低时结果较为平滑，当次数较高时则会导致过度拟合。

　　最佳指数斜率提取法(the best index slope extraction, BISE)是一种通过分析时序植被指数的增大或减小状况来判断数据真实性的去噪方法(Viovy et al. , 1992)。该方法的基本原理是基于植被变化的可预测性，认为与云覆盖和视场角的随机变化相比植被的变化具有较为稳定的特点。为了避免云覆盖和视场角变化导致的虚假值影响，需要利用一个滑动窗口来对时序数据中的噪声进行处理。BISE 的具体算法是在滑动窗口内向前搜索，如果下一点的值高于起始点则接受该点值；如果下一点的值低于起始点，则需要判断滑动窗口内是否存在大于该点值 20% 的点，若不存在才可接受该点值；另外对于增幅达到0.1 的点则认为是错误值并忽略，被忽略点值通过前后点线性插值得到。BISE 是针对逐日数据提出的，在用于多天合成数据时需要有所调整，且在时序数据呈长期递减趋势时的效果不够理想。Lovell 和 Graetz(2001)对 BISE 算法进行了改进，考虑了数据在局部的变化斜率，更加有效降低了时序数据中的噪声水平。BISE 算法同样对滑动窗口的大小比较敏感，窗口过小会包含大量噪声，过大又会湮没某些信息。

　　滑动中值/均值滤波法是一种统计滤波方法，该方法是通过选取一定大小的滤波窗口内的中值或均值来控制可能出现的异常值，从而消除时序数据的锯齿状波动，达到数据平滑的目的(Kogan and Sulliran, 1993; Sellers et al. , 1994)。滑动中值/均值滤波法可以对仅存在少量的云覆盖而引起的时序数据波动进行有效的平滑，当云覆盖较多时则需

要先进行去云处理。由于采用了中值或均值处理的方法，必然会去除最大值和最小值，所以结果可能存在一定的误差。研究表明，在对变化较大的异常点处理时滑动中值滤波要优于滑动均值滤波。这是因为在计算均值的过程中异常值并没有被去除，所以仍会对计算结果产生影响，而在计算中值时则可以有效去除异常值的影响。此外，滤波窗口的大小对结果也有所影响，滤波窗口越大得到的结果就越平滑，但是与原始数据的偏差也越大；滤波窗口过小则可能保留更多的噪声，使去噪效果大打折扣。

时间窗口线性内插法（temporal window operation，TWO）是一种通过寻找时序数据中的低值点并用线性内插数据来替换该点值的方法（Park and Tateishi，1998）。该方法基于以下 3 个假设：①在一个时间窗口内给定像元的时序数据呈单调递增或递减变化；②像元的观测值总是小于等于实际值；③一定时期内给定像元的实际值不低于同期观测的最大值。具体的处理过程是从时序数据的起点开始，检查当前点的值是否大于或等于时间窗口内之前的值。如果满足条件，则将下个窗口的起点值赋予当前点；如果不满足条件，则选择该窗口内的最大值作为下个窗口的起点值。时间窗口的大小影响最终结果，窗口过小会导致存在大量噪声，窗口过大会使一些重要信息遗漏。

中值/均值迭代滤波法是基于信号处理中常用的中值/均值滤波法，通过引入阈值并进行迭代运算来平滑时序数据（Ma and Veroustrate，2006）。具体过程为：对时序数据中的每一个点在滤波窗口内计算中值或均值，然后与该点值进行比较，寻找两者之差最大的点并判断差值是否大于阈值；如果存在最大差值大于阈值的点，则用滤波窗口内的中值或均值替换该点值。如此迭代进行直到时序数据中不再存在满足上述条件的点。在该方法中，滤波窗口的大小和差值阈值的选择都会对最终的滤波效果产生影响。

5 点平滑法的具体过程是：将时间序列中第 i 个点的原始数据与其前后各 2 个点的平均值进行比较，取两者之中较大的值作为该点的值（陈效述和喻蓉，2007；丁登和陈效述，2007）。该方法被用来处理由于云、气溶胶和水汽等因素影响导致 NDVI 时间序列曲线中出现的异常低值，计算公式为

$$\text{NDVI}_i = \max\left[\text{NDVI}_i, \frac{\text{NDVI}_{i-2}+\text{NDVI}_{i-1}+\text{NDVI}_{i+1}+\text{NDVI}_{i+2}}{4}\right] \tag{5-3}$$

式中，i 代表时序数据的序号，$i=1, 2, \cdots, n$。NDVI 时间序列在经过 5 点平滑处理之后，在保留了主要波动特征的同时消除了大部分的噪声，避免了异常值造成的不利影响。

基于傅里叶/小波变换的频域低通滤波法是一种常用的信号处理方法，它通过频域分析来对包含噪声的时间序列数据进行处理。该方法利用傅里叶变换或小波变换将时间序列数据从时间域转换到频率域，然后结合一定截止频率的低通滤波器将数据中的高频成分滤掉，仅保留低频成分。一般来说噪声信号往往存在于高频部分，因此再利用傅里叶或小波逆变换将经过滤波处理后的数据从频率域还原到时间域，这样就实现了去除噪声的目的。傅里叶变换是将连续信号转换为一系列正余弦函数的线性组合，仅适用于周期的和平稳的信号分析。而小波变换是将连续信号分解为不同频率分量的小波函数，相比傅里叶变换具有良好的局部化特性，可以用于非周期和不平稳信号的处理（Lu et al.，2007；Sakamoto et al.，2005）。在该方法中低通滤波器的截止频率与滤波效果密切相关，截止频率较低会导致滤波不彻底，得不到较为平滑的曲线；截止频率较高则可能使得滤波结果与原始数据偏差较大。

　　除了上述常用方法之外，还有一些滤波方法，如 4253H 两次滤波法、3RSSH 两次滤波法和迭代插值数据重构法（iterative interpolation for data reconstruction，IDR）等。4253H 两次滤波法分别取移动窗口为 4，2，5，3 对时序数据及残差中值或均值进行滤波，然后用汉宁窗（hanning）进行权重平均，最后将两者相加（Velleman，1980）；3RSSH 两次滤波法则取移动窗口为 3 进行两次中值滤波，然后用汉宁窗进行权重平均（Davis，2002）；迭代插值数据重构法（IDR）是一种基于时序数据上包络线的滤波方法，与均值迭代滤波相类似（Julien and Sobrino，2010）。

　　常用的函数拟合方法包括非对称高斯函数（AG）拟合法、双 Logistic 函数（DL）拟合法、傅里叶函数拟合法及改进方法等。

　　非对称高斯函数（asymmetric gaussian，AG）拟合法是一种由局部拟合到整体拟合的方法，使用高斯函数来分段模拟植被的生长过程，最后通过平滑连接各段高斯拟合曲线实现时间序列的重构（Jönsson and Eklundh，2002）。其主要过程大致可以分为区间提取、局部拟合和整体连接 3 个步骤。首先提取原始时序数据曲线中的谷值和峰值，采用高斯函数分别拟合曲线的左右部分。针对曲线突出部分拟合效果欠佳的问题，将曲线划分成左边谷值区、中部峰值区与右边谷值区，分别用不同的局部拟合函数进行描述，最后再利用各局部拟合函数构建整体拟合函数。局部拟合函数为

$$f(t)=f(t; c_1, c_2, a_1, \cdots, a_5)=c_1+c_2 g(t; a_1, \cdots, a_5) \tag{5-4}$$

其中 $g(t; a_1, \cdots, a_5)$ 为高斯函数：

$$g(t; a_1, \cdots, a_5)=\begin{cases} \exp\left[-\left(\dfrac{t-a_1}{a_2}\right)^{a_3}\right], & t>a_1 \\ \exp\left[-\left(\dfrac{a_1-t}{a_4}\right)^{a_5}\right], & t<a_1 \end{cases} \tag{5-5}$$

式中，c_1 和 c_2 控制曲线的基准和幅度，a_1 决定峰值和谷值的位置；a_4、a_5 和 a_2、a_3 分别控制曲线左、右部分的宽度和陡峭度。整体拟合函数为

$$F(t)=\begin{cases} \alpha(t)f_L(t)+(1-\alpha(t))f_L(t), & t_L<t<t_C \\ \beta(t)f_C(t)+(1-\alpha(t))f_R(t), & t_C>t>t_R \end{cases} \tag{5-6}$$

式中，$[t_L, t_R]$ 是时序数据中待拟合部分的变化区间，$f_L(t)$、$f_C(t)$ 和 $f_R(t)$ 分别代表 $[t_L, t_R]$ 区间内左边谷值、中间峰值及右边谷值对应的局部拟合函数，$\alpha(t)$ 和 $\beta(t)$ 为介于 0 和 1 之间的剪切系数。通过整体拟合函数将局部拟合函数连接起来是该方法的关键之一，这种从局部到整体的拟合策略避免了整体数据对局部拟合的干扰，拟合后的曲线更加接近真实情况。

　　双 Logistic 函数（double Logistic，DL）拟合法是一种利用 Logistic 函数通过 6 个参数对时序数据进行拟合的方法，最初是针对 NDVI 时序数据开发的。这 6 个参数分别为：冬季 NDVI（wNDVI）、最大 NDVI（mNDVI）、曲线上升拐点 S 和下降拐点 A 以及这两个拐点处曲线的上升速率 mS 和下降速率 mA（Beck et al.，2006）。函数表达式为

$$\text{NDVI}(t)=w\text{NDVI}+(m\text{NDVI}-w\text{NDVI})\times\left(\frac{1}{1+\exp(-mS\times(t-S))}+\frac{1}{1+\exp(mA\times(t-A))}-1\right) \tag{5-7}$$

　　对于每个像元的时序数据，根据之前得到的冬季 NDVI 值和其余 5 个参数的估计值进行最小二乘迭代，最终得到一条由双 Logistic 曲线拟合的时间序列。Beck 等（2006）通过比较均方根误差发现在高纬度地区 DL 拟合的结果优于 AG 拟合和傅里叶函数拟合。在时序数据处理程序 TIMESAT 的当前版本中也用到了 DL 拟合，不过与上述的 DL 拟合有所不同。在 TIMESAT 中，DL 拟合同样是基于从局部到整体的拟合思想，处理过程与 AG 拟合方法相类似，区别之处在于局部拟合函数为双 Logistic 形式且比 AG 函数少一个参数（Jönsson and Eklundh，2012）。TIMESAT 中 DL 拟合的局部拟合函数为

$$f(t)=f(t; c_1, c_2, a_1, \cdots, a_4)=c_1+c_2 g(t; a_1, \cdots, a_4) \tag{5-8}$$

　　其中 $g(t; a_1, \cdots, a_4)$ 为双 Logistic 函数：

$$g(t; a_1, \cdots, a_4)=\frac{1}{1+\exp\left(\dfrac{a_1-t}{a_2}\right)}-\frac{1}{1+\exp\left(\dfrac{a_3-t}{a_4}\right)} \tag{5-9}$$

式中，c_1 和 c_2 控制曲线的基准和幅度；a_1、a_2 和 a_3、a_4 分别为控制曲线左、右部分的拐点位置及拐点处的变化速率。整体拟合函数与 AG 拟合相同。

　　傅里叶函数拟合法是一种应用广泛的时序数据去噪方法，其基本原理是根据傅里叶级数利用均值和一系列不同频率的正弦谐波叠加来拟合时间序列数据。傅里叶函数拟合法中比较典型的有 HANTS 算法和 Sellers 算法。HANTS 算法（Roerink et al.，2000）也叫时间序列谐波分析法（harmonic analysis of time series，HANTS），它的具体过程是：首先基于傅里叶谐波分析对时间序列中的所有数据进行最小二乘拟合，再将每一个数据值与拟合曲线进行比较；其中偏离量超过阈值最大的点最先被剔除，然后根据剩余的样点重新生成拟合曲线，如此反复循环得到最终的拟合曲线。该方法中偏离量的阈值和参与曲线拟合的最少点数都会对最终的拟合结果产生影响（王丹等，2005）。Sellers 算法（Sellers et al.，1996）也是一种基于傅里叶谐波分析的 NDVI 时序数据校正算法，它的特点在于对参与拟合的数据点赋予不同的权重，权重大小由数据点与拟合曲线之间的距离计算。然而这种定权准则对地表植被的动态变化过程考虑不够，因此在用于时间间隔较短的时序数据时效果欠佳。针对这些缺点也出现了一些改进的算法，如林忠辉和莫兴国（2006）基于先验知识从权重计算上对 Sellers 算法进行了修正，改进后的算法能够在一定程度上克服上述缺点；张霞等（2010）从异常值检测、自动选频和拟合影响因子的自动迭代计算等方面对 Sellers 算法进行了改进，使得计算结果更加客观并增强了算法的普适性。

　　除了上述常用的方法之外还有一些函数拟合方法，如分段 Logistic 函数（PL）拟合法、多项式拟合法和其他形式函数拟合法等。分段 Logistic 函数（piecewise Logistic，PL）拟合法与 DL 拟合相类似，区别在于后者需要一个整体拟合函数将局部拟合函数连接起来，而 PL 拟合则不存在整体拟合函数，另外具体的函数形式也有所不同（Zhang et al.，2003）。多项式拟合法也是采取分段拟合策略，通过多项式对时序数据曲线进行拟合，如何月等（2012）基于 MODIS 数据利用二次多项式拟合了浙江省的植被生长曲线并由此提取了植被物候参数，取得了良好的结果；至于其他形式函数拟合法如利用威布尔分布的一种特殊分布函数也可以对时序 NDVI 数据进行分段拟合（王宏等，2007，2006）。

　　最大值合成法（maximum value composite，MVC）也是一种重要的时序数据预处理方法，由于在本书的分类体系中它既不属于滤波方法也不属于函数拟合方法，故单独予以

介绍。MVC 是一种比较简单的消除逐日植被指数时序数据中云覆盖影响的处理方法（Holben，1986），其基本思想是：由于云覆盖的不断变化，在一定的时间段内任何位置都存在没有云覆盖的晴天；而云覆盖通常会造成植被指数的下降，据此认为一定时间段内植被指数的最大值为晴天获取的数据。MVC 首先按照一定的时间间隔对时序数据进行分组，然后取每组数据中的最大值来代表该时间段的数据。MVC 法大多用在合成初级植被指数时降低云覆盖的影响，它能够在有晴空像元存在的情况下排除受云干扰较大的像元。目前利用 AVHRR 和 MODIS 等数据计算的植被指数初级产品都是采用 MVC 法处理的，在实际的计算过程中为了进一步降低大气和双向反射的影响，对算法进行了一定改进（Taddei，1997）。具体的处理步骤是：首先对数据进行质量检测和云检测，然后选取一定时间间隔内的传感器观测角和太阳天顶角在一定的范围内（接近星下点并且太阳天顶角较小）的若干数值中的最大值。这样就可以既降低云的影响，又最大限度地消除因数据传输和双向反射等因素造成的数据质量问题。

5.2.3　耕地物候信息的遥感提取方法

对所获取的时序遥感数据进行去噪和平滑等预处理之后，就能得到重建的遥感数据时序曲线，在此基础上就可以开展植被物候信息提取的工作。针对植被物候信息的遥感提取方法研究者们也开发了多种有效的途径，而关于对这些方法进行总结归纳方面，同样已经存在着一些观点。Reed 等（2009）将主要的植被生长季节遥感划分方法归结为3 类，即阈值法、拐点法和曲线斜率法；李明等（2011）、武永峰等（2005）认为利用遥感手段提取植被物候参数的方法包括阈值方法、滑动平均方法、求导方法和拟合方法 4 类；陈效逑和王林海（2009）认为基于遥感数据划分植被生长季节的方法主要有：阈值法、时间序列法、物候期频率分布型-遥感综合法、主成分分析法和曲线拟合法等 5 类；夏传福等（2012）总结植被物候信息的遥感提取方法为 6 类，包括阈值法、滑动平均法、拟合法、最大斜率法、累积频率法和主成分分析法。在上述几种分类中，拟合法被多次提到，这是一种通过函数模型拟合时序遥感数据，进而提取物候信息的方法。实际上该方法中物候参数的提取是利用拟合得到的曲线进行的，拟合法更多偏向于一种获取时序数据曲线的方法。从严格的意义上讲，拟合法应该属于时序数据预处理方法的范畴。

本书根据不同方法各自的特点并参考前述几种分类，将植被物候信息遥感提取方法大体上分为阈值法、曲线特征法和数学分析法 3 类（表 5-2）。阈值法的最大特点是用植被指数达到某一个阈值所对应的日期来确定植被的物候期，主要包括固定阈值法和动态阈值法，物候累积频率法因为涉及阈值，所以也被划分到阈值法中；曲线特征法主要是对经过函数拟合得到的数据曲线进行分析，根据其变化特征来获取植被物候参数，比较常用的有最大变化斜率法、曲率变化极值法和滑动平均法等；数学分析法则是通过数学模型或数学变换的手段来换提取包含在时序遥感数据中的植被物候信息，代表性方法有主成分分析法、傅里叶谐波分析法和经验公式法。下面对这些常见的植被物候信息遥感提取方法逐一进行简要介绍。

表 5-2　植被物候信息遥感提取方法分类

阈值法	曲线特征法	数学分析法
固定阈值法	最大变化斜率法	主成分分析法(包括奇异值分解(SVD)与模型结合法、经验正交函数分
动态阈值法	曲率变化极值法	析法(EOF))
物候累积频率法	滑动平均法	傅里叶谐波分析法(包括 HANTS 和 BFAST)
		经验公式法

　　固定阈值法顾名思义,是用预先设定的某一固定值作为阈值来确定植被生长季节的开始和结束日期。Justice 等(1985)将 0.099 认为是所有植被生长季开始的 NDVI 阈值,Fischer(1994)和 Markon 等(1995)在基于 NDVI 估计植物生长期开始时分别使用了 0.17和 0.09 的阈值。这几种预先设定的固定阈值都是针对 NDVI 的,特别是当研究区域内具有不同的土壤背景和植被类型时,难以确定一个统一的最佳阈值。为了克服传统固定阈值法的缺陷,White 等(1997)结合气象物候模型与遥感物候观测,基于特定的生物群落生态系统提出了 NDVI 比率阈值法。该方法通过 NDVI 比率模型利用原来的 NDVI 时序曲线生成一条 NDVI 比率时序曲线,然后针对 NDVI 比率设定多个阈值来确定植被的生长开始和结束日期并计算生长季长度,其中生长季长度变化最小时所对应的生长开始和结束日期即为所求。NDVI 比率模型的计算公式为

$$\text{NDVI}_{ratio} = \frac{\text{NDVI} - \text{NDVI}_{min}}{\text{NDVI}_{max} - \text{NDVI}_{min}} \tag{5-10}$$

式中,NDVI_{ratio} 为输出的 NDVI 比率;NDVI 为原时间序列中的值;NDVI_{max} 和 NDVI_{min} 分别为时间序列中的最大值和最小值。NDVI 比率阈值法虽然仍使用固定阈值,但通过计算NDVI 比率曲线考虑了不同像元土壤背景和植被类型的差异。White 等(1997)的研究结果表明,用 NDVI 比率阈值法对植物生长开始日期的计算值与实际观测值之间误差较小。

　　动态阈值法同样是为了克服传统固定阈值法的缺陷而提出的,区别于 NDVI 比率阈值法计算各个像元的 NDVI 比率曲线,动态阈值法是根据各个像元用一种动态变化的方法来确定植被指数阈值的。比例阈值法是动态阈值法中比较典型的方法,它是将 NDVI增大和减小达到当年 NDVI 振幅一定比例所对应的时刻定义为生长季开始和结束时间(Jönsson and Eklundh,2002;2004)。比例阈值 NDVI_{lim} 的计算公式如下:

$$\text{NDVI}_{lim} = (\text{NDVI}_{max} - \text{NDVI}_{min}) \times C \tag{5-11}$$

式中,NDVI_{max} 为整个生长季 NDVI 的最大值;NDVI_{min} 为 NDVI 曲线上升或下降阶段的最小值;C 为比例参数。比例阈值法虽然能够消除不同土壤背景和植被类型的影响,但在比例参数的选择上仍然具有一定的经验性。20% 是一个比较常用的比例参数,许多研究者在提取植被物候参数时使用了该比例阈值(Heumann et al.,2007;吴文斌等,2009a;吴文斌等,2009b;于信芳和庄大方,2006)。针对某些植被生长季 NDVI 曲线不对称的问题,可将生长季开始和结束时的比例参数分别设置(宋春桥等,2011)。除了比例阈值法之外,动态阈值法还包括植被指数中值/均值阈值法,即针对每个像元的植被指数时序数据,用全年的植被指数中值(Schwartz et al.,2002)或均值作为阈值来确定植被的生长

开始和结束日期(Hogda et al., 2001; Schwartz et al., 2002)。

物候累积频率法是一种基于物候频率分布型法并结合使用了空间外推的植被物候参数提取方法(陈效述和喻蓉, 2007)。物候频率分布型法的基本思路是: 将某一区域内多种代表性植被的各种物候现象发生日期观测资料组成混合样本, 以候为基本时段计算混合样本中物候现象出现的频率及其累积频率, 并绘制物候累积频率曲线, 根据曲线分布型所表现出来的波动性和阶段性来确定植被生长开始和结束日期(陈效述和曹志萍, 1999)。该方法利用地面物候观测数据, 首先通过拟合物候累积频率曲线确定样本区域的植被物候参数, 然后根据植被生长季节的开始和结束日期确定对应的 NDVI 值, 并将其作为阈值来计算与样本区域具有相似植被类型的区域的植被生长季节开始和结束日期, 从而实现植被物候参数的空间外推估计。其中与样本区域具有相似植被类型的区域是根据各像元逐年 NDVI 曲线的空间聚类分析来确定的。物候累积频率法为遥感与地面观测的有机结合提供了一种新途径, 但该方法需要大量的地面物候观测数据作为辅助, 在无法获取地面物候观测数据时的应用受到限制。

最大变化斜率法假设植被生长开始之后的一段时期内对应着 NDVI 的急剧升高, 而植被生长结束之前的一段时期内对应着 NDVI 的急剧减小, 因此认为时序 NDVI 曲线的显著变化点, 即曲线斜率变化最大的时刻为植被生长开始和结束日期(Yu et al., 2003)。最大变化斜率的计算公式为

$$\Delta y_t = y_t - y_{t-1}, \theta_t = \arctan(\Delta y_t)$$
$$\Delta y_{t+1} = y_{t+1} - y_t, \theta_{t+1} = \arctan(\Delta y_{i+1})$$
$$\Delta \theta_t = \theta_{t+1} - \theta_i \tag{5-12}$$

式中, y_{t-1}、y_t 和 y_{t+1} 分别为 $t-1$、t 和 $t+1$ 时刻的 NDVI 值; $\Delta\theta_t$ 为 t 时刻的斜率所对应的倾角变化值。计算曲线上升阶段所有时刻的 NDVI 斜率所对应的倾角变化值, 最大倾角变化值所对应的时间就是植被的生长季开始日期, 根据曲线下降阶段计算植被生长季结束日期的方法与此相同。在实际应用中还需要加入一些条件对最大变化斜率的范围进行限制, 以便更准确地获取植被的物候信息。这些限定条件包括: 植被开始生长之后的 NDVI 值至少应该在一段时期内保持连续增长, 生长开始时间必须在合理的植被生长期内等, 此外还可以根据具体的研究区域或植被类型给定一些其他的限制条件。

曲率变化极值法的基本思想是用时序数据拟合曲线上曲率变化率的极值点来反映植被不同生长阶段之间的转换。曲率是指曲线上某个点的切线方向角对弧长的转动率, 表明曲线偏离直线的程度, 在数学上则表示曲线在某一点处的弯曲程度。曲率变化率(通过对曲率求导计算)的极大值表示在该点处为其邻域内弯曲程度变化最大的所在。Zhang 等(2003)在提出分段 Logistic 函数(PL)拟合法的基础上, 根据拟合曲线曲率变化率的特点确定了植被指数时间序列曲线上植被不同生长阶段(返青期、成熟期、衰老期和休眠期)的转换时间, 从而反映植被物候的年内变化情况。以 PL 拟合曲线为例, 计算公式如下。

拟合曲线为

$$y(t) = \frac{c}{1+\exp(a+bt)} + d \tag{5-13}$$

曲线曲率为

$$K = \frac{\mathrm{d}\alpha}{\mathrm{d}s} = \frac{b^2 cz(1-z)(1+z)^3}{\left[(1+z)^4 + (bcz)^2 \right]^{\frac{3}{2}}} \tag{5-14}$$

曲率变化率为

$$K' = b^3 cz \left\{ \frac{3z(1-z)(1+z)^3 \left[2(1+z)^3 + b^2 c^2 z \right]}{\left[(1+z)^4 + (bcz)^2 \right]^{\frac{5}{2}}} - \frac{(1-z)^2 (1+2z-5z^2)}{\left[(1+z)^4 + (bcz)^2 \right]^{\frac{3}{2}}} \right\} \tag{5-15}$$

拟合曲线公式中 $y(t)$ 为 t 时刻的植被指数；a 和 b 为拟合参数；c 为预期的植被指数最大值；d 为开始或结束时的植被指数最小值。曲率及其变化率计算公式中 $\mathrm{d}\alpha$ 为沿时序曲线移动单位弧长时切线转过的角度，$\mathrm{d}s$ 为单位弧长，$z = \exp(a+bt)$。

滑动平均法是利用实际植被指数时序曲线与其滑动平均曲线的交叉点确定植物的关键物候期（Reed et al.，1994）。滑动平均法认为当原始的植被指数时序曲线首次超过滑动平均值曲线时，两个曲线交点处所对应的日期为生长季开始日期。相反，在下降的过程中当原始的植被指数时序曲线首次低于滑动平均值曲线时，两个曲线交点处所对应的日期为生长季结束日期。因此，滑动平均法分为后向滑动平均法和前向滑动平均法，分别用于计算植被的生长开始和结束日期。后向和前向滑动平均模型的计算公式为

$$Y_t = \frac{(X_t + X_{t-1} + X_{t-2} + \cdots + X_{t-(w-1)})}{w} \tag{5-16}$$

$$Y_t = \frac{(X_t + X_{t+1} + X_{t+2} + \cdots + X_{t+(w-1)})}{w} \tag{5-17}$$

式中，Y_t 为随时间 t 变化的滑动平均值；X_t 为随时间 t 变化的原始植被指数值；w 为滑动平均时间间隔。滑动平均时间间隔的选择（根据不同植被类型及其生长季长度确定）是准确确定植被生长开始和结束日期的关键。时间间隔太大将导致对曲线变化趋势不敏感，时间间隔太小则可能受到不明显的趋势变化干扰。

主成分分析法是指对时序遥感数据进行主成分变换计算，通过贡献率最大的第一主分量的变化特征来获取植被物候信息。主成分分析法包括奇异值分解（SVD）与模型结合法以及经验正交函数分析法（EOF）。奇异值分解（singular value decomposition，SVD）与模型结合法首先对影像求空间平均值，然后在给定大小的区域上用奇异值分解的方法确定生长季的时相图，再由植被指数时相图确定植被生长季开始、生长率、峰值和生长季结束（Tucker et al.，2001）。以 NDVI 为例，计算公式为

$$\log(\mathrm{NDVI}) = \log p_1 + p_3 (\log t - \log p_2) + p_4 (p_2^2 - t^2) \tag{5-18}$$

式中，p_1 为 NDVI 与时间的比率；p_2 为生长季开始与结束的近似值；p_3 与峰值有关；p_4 是植被的生长率。经验正交函数分析法（empirical othogonal function resolution，EOF）通过对年内植被指数数据进行经验正交函数分解，产生空间场和时间场数据，其中方差贡献较大的主分量可以反映区域年内的植被指数变化趋势，从该主分量的变化曲线上即可提取植被的物候特征（黄嘉佑，2000）。在植被物候的年内变化中植被指数 EOF 存在一些转折点，在排除了月尺度以下的短波干扰后，可以对此时间曲线进行速度变化分析，一阶导数反映了物候参数速率，二阶导数反映了物候参数速率的变化情况（温刚和符淙斌，2000）。

　　傅里叶谐波分析法包括 HANTS 和 BFAST。HANTS 用于植被物候参数提取时主要是利用谐波特征与植被动态变化之间的相关性来获取植被物候信息。与时序遥感数据预处理相类似，同样需要根据傅里叶变换把一个复杂的植被指数时间序列数据分解成多个不同频率的正弦函数叠加，每个正弦函数称为一个谐波，具有不同的振幅和相位。谐波分析的主要内容就是确定几个谐波的振幅和相位以及谐波余项，其中谐波振幅反映植被指数年内波动幅度的大小，谐波相位则表征了植被指数季节变化的时间特征，谐波余项表示植被指数时间序列的均值（王丹和姜小光，2006）。BFAST（breaks for additive seasonal and trend）是将时间序列分解成趋势项、季节项和残余项来从包含突变和噪声的时序数据中提取生育期变化信息。分析发现，生育期变化信息的提取与时序数据的信噪比有关，不同地表覆盖类型其信噪比也不同，因此能够在时间序列数据中将生育期变化与噪声区分开来。Verbesselt 等（2010）将 BFAST 方法应用于澳大利亚东南部森林地区 2000～2009 年的 MODIS16d NDVI 数据，结果也证实了上述分析。

　　经验公式法是通过计算时间序列数据上每个点对应的两个参数值并进行比较，将这两个参数的最小值对应的时间分别作为植被生长季节的开始和结束日期（Moulin et al.，1997）。这两个参数 b_i 和 e_i 由经验公式计算获得，计算公式为

$$b_i = |x_i - x_0| - \lambda \left[(x_{i+2} - x_i) - |x_{i-2} - x_i| \right] \tag{5-19}$$

$$e_i = |x_i - x_0| - \gamma \left[|x_{i+2} - x_i| - (x_{i-2} - x_i) \right] \tag{5-20}$$

式中，x_i 为第 i 个点对应的植被指数值；x_0 为土壤阈值；λ 和 γ 为斜率系数，均为经验参数；最小 b_i 值对应的时间表示生长季节开始；最小 e_i 值对应的时间则为生长季节结束。

　　除了上述常用的方法之外还有一些可以提取植被物候信息的方法，如曲线拟合模型法和时序曲线分析法等。曲线拟合模型法将植被指数时序数据分成逐渐增加和逐渐减小两部分，然后利用曲线基于每个像元拟合各部分的植被物候期，拟合模型中的系数代表着植被的生长开始或结束日期（Myneni et al.，1998）。时序曲线分析法通过分析植被指数曲线的变化特征确定植被物候期。以冬小麦 EVI 时间序列曲线为例，生长期内曲线上升过程中的两个拐点分别对应其生长季开始期和生殖生长转折期，下降过程中的两个拐点表示作物进入成熟期（闫峰等，2008）。

5.3　耕地物候期提取结果及时空变化分析

　　数据来源。研究所采用的遥感数据为 SPOT/VGT 逐旬 NDVI 最大值合成数据（VGT-S10），时间范围为 1998 年 4 月至 2010 年 4 月，空间分辨率为 1 km。该数据从比利时佛莱芒技术研究所（Flemish Institute for Technological Research，Vito）的 VEGETATION 影像处理中心网站下载（http://free.vgt.vito.be）。该数据已经完成了几何校正、辐射校正、地图投影、状态标识以及大气校正等处理，其中包含了各波段的多光谱数据，NDVI 数据以及太阳方位角等多个数据层。整个影像经过投影变换由经纬度转换为双标准纬线等积圆锥投影（ALBERS），通过与区域行政边界掩膜处理，得到研究区范围内 NDVI 时序数据。研究中使用的物候观测资料为国家气象局提供的中国农作物生长发育状况资料数据集，包括东北三省 79 个农业气象台站（包括黑龙江省 34 个，吉林省 21 个，辽宁省 24

个)1991~2009 年玉米、一季稻、大豆和春小麦 4 种主要作物生育期资料(图 5-1),数据项包括作物出苗期、抽穗期/抽雄期(其中大豆为结荚期),成熟期以及生育期天数(出苗期与成熟期之间的天数)。

时序 NDVI 数据预处理。利用多时相 NDVI 数据集提取物候期特征的重要基础是对数据序列进行平滑处理重构,以最大可能减弱噪声影响,减少数据序列的空值点,从而提升其年际间和区域间的可对比性。从各种数据处理方法的效果对比来看,基于谐函数或高斯函数的最小二乘拟合方法能很好地应用于具有明显植被生长与衰落等季节特征的数据序列,而对于季节特征不明显的序列则存在较大的不确定性;滤波方法实现较为简单,能较好地反映数据序列的局部变化特征,受局部误差影响,年际间差异较大。本研究采用的数据平滑方法是非对称性高斯函数拟合方法。该方法是一个从局部最优化拟合到全局拟合的方法,具有很多灵活性,使得重建的 NDVI 曲线可以较好描述 NDVI 时序数据中复杂和微小的变化。具体步骤如下:首先,提取原始 NDVI 时序曲线中的谷值和峰值,采用高斯函数分别拟合曲线的左右部分,局部拟合公式见式(5-4)和式(5-5)。

在假定数据误差皆为负向偏差的前提条件下,通过与 NDVI 数据的上包络曲线拟合,基于最小二乘法原理构建最优化拟合函数计算方程系数。具体操作上选用了隆德大学(Lund University)和马尔默大学(Malmö University)联合开发的时序遥感数据专业分析软件包(Timesat 3.0)。

耕地物候特征参数提取。经过平滑处理的 NDVI 时间序列曲线可以更好反映作物生长的年内动态变化特征,因此,可以根据 NDVI 时间序列曲线提取与作物出苗期、抽穗期和成熟期等相关的耕地物候特征(图 5-6)。目前,采用动态阈值提取植物物候信息的方法已经应用于全球很多区域,取得了较好的应用结果,如 Beck 等(2006)则利用 25%的阈值监测了北半球高纬度的芬诺斯坎底亚半岛的植被物候变化,Heumann 等(2007)利用 20%的阈值研究了非洲大陆撒哈拉和苏丹区域的植被物候变化特征。在国内,于信芳和庄大方(2006)利用了 20%的动态阈值监测了我国东北地区森林植被物候并进行了验证。吴文斌等(2009c)也选择 20%的动态阈值提取了我国耕地生长季起始期和华北地区耕地典型物候期。本研究依据作物生长过程曲线的变化特征,在耕地作物生长的 NDVI 曲线上升阶段,将耕地生长季开始期定义为 NDVI 拟合曲线增长到某一水平(整体增幅的 20%)所对应的日期;类似地,定义 NDVI 拟合曲线下降到某一水平(整体增幅的 20%)所对应日期为生长季结束期;生长季高峰期定义为拟合曲线上升的极限处所对应的日期;生长季长度则为生长季开始期至结束期之间的时间长度(图 5-6)。理论上,对于东北地区一年一熟农作物,上述的生长季开始期可对应作物出苗期,与之相关的农业热量资源特征为≥10℃初日,生长季高峰期可代表作物的抽穗期、抽雄期(玉米)和结荚期(大豆),生长季结束期可反映作物成熟期,对应的农业热量资源特征为初霜日,而生长季长度则和作物的生育期天数相对应,同时也与温度生长期天数相关。

耕地物候期特征空间分布及结果验证。为了获取东北地区作物物候特征的空间分布信息,本书提取了 1998~2009 年耕地范围内主要物候期特征均值的空间分布(图 5-6)。在此基础上,为了验证提取结果的精度,根据主要农业气象观测站点的分布位置,利用 ArcGIS 软件提供的泰森多边形生成方法(Thiessen Polygons),划分了相应的对照单元(图 5-1),通过求算各单元内的物候期特征均值,分别与各作物类型物候观测值进行相关分

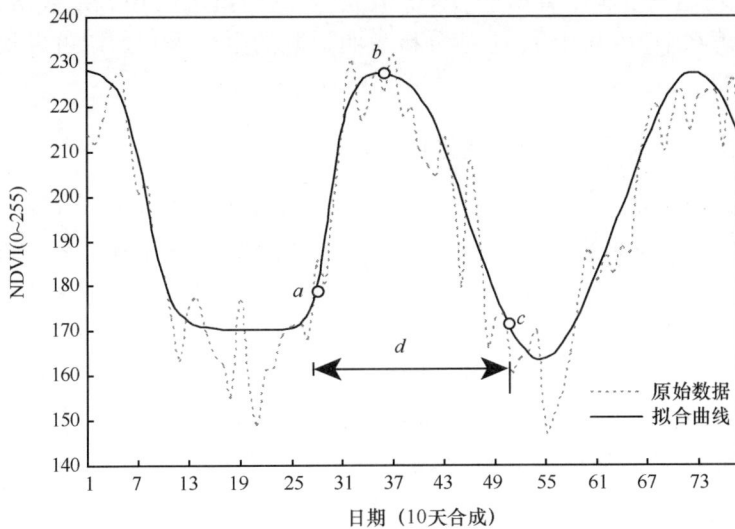

图 5-6　基于 NDVI 拟合序列提取耕地物候期示例
图中字母表示:*a*. 生长季开始期; *b*. 生长季高峰期;*c*. 生长季结束期;*d*. 生长季长度

析(表 5-3)。

表 5-3　基于 NDVI 拟合序列提取的耕地物候期特征与物候观测值的相关系数(1998~2009 年)

作物类型	生长季开始期与作物出苗期	生长季高峰期与作物抽穗期	生长季结束期与作物成熟期	生长季长度与作物生育期天数
春小麦	0.92*	0.91*	0.71	0.50
春玉米	0.82*	0.77*	0.85*	0.74*
大豆	0.69**	0.75**	0.74**	0.54
一季稻	0.83*	0.87*	0.77*	0.69*

*$P<0.01$; **$P<0.05$

(1) 耕地生长季开始期的时空变化趋势

从该地区耕地生长季开始期空间分布特征来看[彩图 6(a)],与≥10℃初日从南至北逐渐推迟的空间分布格局不同,生长季开始期空间分布的南北差异并不显著。其中三江平原东部与松嫩平原北部耕地生长季开始期相对较早,多分布在 4 月中上旬至 5 月上旬;黑龙江南部以及吉林和辽宁省大部地区生长季开始期均在 5 月中旬至 6 月上旬,该研究结果与吴文斌等利用 NOAA-AVHRR 序列提取的全国范围内的耕地生长季开始期基本一致。由于东北地区北部耕地区域大量种植生育期较长的一季稻,其出苗期相对较早,而其他区域的玉米、春小麦和大豆出苗期较晚,导致区域内生长季开始期与≥10℃初日在空间上的对应关系不明显。上述结果亦表明东北地区作物种植类型以出苗期较晚的品种为主。

从提取的生长季开始期与作物出苗期的相关分析结果可见,两者间具有明显线性关系。从不同作物类型来看,春小麦、春玉米和一季稻种植区域关系数较高,分别为 0.92、

0.82 和 0.83，均达到了极显著水平（$P<0.01$）；大豆种植区的相关系数略低，为 0.69，但也达到了显著水平（$P<0.05$）；上述分析表明提取的生长季开始期可以很好地表征不同作物的出苗期。

（2）耕地生长季高峰期的时空变化趋势

从该地区耕地生长季高峰期空间分布特征来看［彩图 5-6(b)］，主要集中出现在 8 月上旬。其中松嫩平原北部区域、辽宁省和吉林省东南部山区的生长季高峰期最早，多分布在 7 月中上旬，与该区域春小麦的抽穗期分布较为吻合；三江平原大部，松嫩平原中部以及辽河平原中部的生长季高峰期多发生于 8 月上旬，与春玉米的抽穗/抽雄期基本一致；而三江平原的局部，松嫩平原南部，辽河平原北部以及辽宁省东南沿海地带的生长季高峰期较晚，多为 8 月中下旬，与一季稻的抽穗期存在较大重叠。上述结果亦表明区内主要粮食作物的抽穗期相对比较集中，少量空间差异主要受作物种植类型的影响。

类似于生长季开始期与作物出苗期之间的关系，生长季高峰期与作物抽穗期具有较明显的线性关系，其中春小麦、春玉米和一季稻种植区域关系数较高，分别为 0.91，0.77 和 0.87，均达到了极显著水平（$P<0.01$）；大豆种植区的相关系数略低，为 0.75，亦达到了显著水平（$P<0.05$）；上述分析表明不同作物的抽穗期可以通过提取的生长季高峰期加以表征。

（3）耕地生长季结束期的时空变化趋势

从该地区耕地生长季结束期空间分布特征来看［彩图 5-6(c)］，相对于其他物候期特征较明显的空间差异化分布，区内大部分地区生长季结束期集中在 9 月下旬至 10 月中上旬，与该区域主要种植作物（春玉米、大豆和一季稻）的成熟期基本一致。生长季结束期的空间分布特征也充分反映了研究区域内秋收作物占据主导地位的种植格局。

从提取的生长季结束期与作物成熟期的相关分析结果可见，两者间的线性关系也较为显著，其中春玉米和一季稻种植区的相关系数最高，分别达 0.85 和 0.77，达到了极显著水平（$P<0.01$）；大豆种植区域两者相关系数次之，为 0.74，达到了显著水平（$P<0.05$）；春小麦种植区的相关系数较低，未达到显著水平。上述分析表明提取的生长季结束期亦可以表征不同作物的成熟期。

（4）耕地生长季长度的时空变化趋势

上文研究表明，区内耕地生长季长度在一定程度上可以反映主要种植作物的生育期长度，从其分布特征来看［彩图 5-6(d)］，区内耕地生长季长度主要可分为三个分布区间，其中在三江平原的东部，松嫩平原大部以及辽河平原东南部地区，生长季长度为 5 至 6 个月左右（约 150~180 天），与一季稻以及晚熟品种的春玉米生育期长度具有较好的对应关系；中部的松嫩平原东部、三江平原中西部以及辽河平原东部地区的耕地生长季长度为 4 个半月左右（约 130 天），与大豆以及中熟品种的春玉米生育期长度大致相当；而松嫩平原西北部，如吉林西部和黑龙江西部等，耕地生长季长度较短，一般为 4 个月左右（约 120 天），主要与夏收春小麦以及春玉米早熟品种的生育期长度相对应。生长季长度的空间分布特征亦反映了研究区作物种植类型以长生育期的作物占据主导。

　　从提取的生长季长度与观测的作物生育期天数相关分析结果可见,春玉米和一季稻种植区的相关系数较高,分别为 0.74 和 0.69,达到了极显著水平($P<0.01$);春小麦和大豆种植区的相关系数较低,均在 0.50 左右;上述分析表明提取的生长季长度在不同程度上可表征作物的生育期天数,其中在春玉米和一季稻种植区域内的表达效果较好。

　　讨论与结论:基于拟合数据提取的耕地物候期特征与观测物候期均存在相关关系,并能更好地反映作物物候期特征的宏观时空分异。提取的耕地典型物候期特征具有显著的时空分布差异,不仅体现了与外界环境条件(诸如区域温度、降水和光照等)的匹配程度,同时也反映了作物类型自身的生长过程特征。研究提供的空间网格化的耕地物候特征提取结果将可应用于区域到国家尺度农田生产力估算、生物地球化学循环模拟和农业生态系统监测,此外,耕地物候期对农业热量资源的响应机制研究结果可应用于未来气候条件下农业适应策略拟定。

参 考 文 献

蔡天净,唐瀚.2011.Savitzky-Golay 平滑滤波器的最小二乘拟合原理综述.数字通信,(1):63-68.

陈效逑,曹志萍.1999.植物物候期的频率分布型及其在季节划分中的应用.地理科学,(1):21-27.

陈效逑,王林海.2009.遥感物候学研究进展.地理科学进展,(1):33-40.

陈效逑,喻蓉.2007.1982~1999 年我国东部暖温带植被生长季节的时空变化.地理学报,62(1):41-51.

丁登,陈效逑.2007.我国遥感植被生长季节的地面检验研究——以温带草原和暖温带落叶阔叶林区为例.遥感技术与应用,(3):382-388.

顾娟,李新,黄春林.2006.NDVI 时间序列数据集重建方法述评.遥感技术与应用,(4):391-395.

何月,樊高峰,张小伟,等.2012.近 10 年浙江植被物候的遥感监测及时空动态.中国农学通报,(16):117-124.

侯东,潘耀忠,张锦水,等.2010.农区 MODIS 植被指数时间序列数据重建.农业工程学报,(S1):206-212.

黄嘉佑.2000.气象统计分析与预报方法.北京:气象出版社.

李杭燕,颉耀文,马明国.2009.时序 NDVI 数据集重建方法评价与实例研究.遥感技术与应用,24(5):596-602.

李明,吴正方,杜海波,等.2011.基于遥感方法的长白山地区植被物候期变化趋势研究.地理科学,(10):1242-1248.

李儒,张霞,刘波,等.2009.遥感时间序列数据滤波重建算法发展综述.遥感学报,(2):335-341.

林忠辉,莫兴国.2006.NDVI 时间序列谐波分析与地表物候信息获取.农业工程学报,(12):138-144.

宋春桥,游松财,柯灵红,等.2011.藏北高原植被物候时空动态变化的遥感监测研究.植物生态学报,(8):853-863.

孙华生,徐爱功,林卉,等.2012.基于不同算法的时间序列植被指数去噪效果分析.江苏农业科学,40(5):375-379.

王丹,姜小光,唐伶俐,等.2005.利用时间序列傅立叶分析重构无云 NDVI 图像.国土资源遥感,(2):29-32.

王丹,姜小光.2006.利用 NOAA 数据分析中国地区植被覆盖变化周期.中国图象图形学报,(4):516-520.

王宏,李晓兵,李霞,等.2007.基于 NOAA NDVI 和 MSAVI 研究中国北方植被生长季变化.生态学报,(2):504-515.

王宏,李晓兵,余弘婧.2006.基于 NOAA/AVHRR NDVI 监测中国北方典型草原的生长季及变化.植物生态学报,(3):365-374.

王正兴,刘闯,Alfredo Huete.2003.植被指数研究进展:从 AVHRR-NDVI 到 MODIS-EVI.生态学报,(5):979-987.

温刚,符淙斌.2000.中国东部季风区植被物候季节变化对气候响应的大尺度特征:多年平均结果.大气科学,24(5):676-682.

吴文斌,杨鹏,唐华俊,等.2009a.两种 NDVI 时间序列数据拟合方法比较.农业工程学报,25(1):183-188.

吴文斌,杨鹏,唐华俊,等.2009b.基于 NDVI 数据的华北地区耕地物候空间格局.中国农业科学,(2):552-560.

吴文斌, 杨鹏, 唐华俊, 等. 2009c. 过去 20 年中国耕地生长季起始期的时空变化. 生态学报, (4): 1777-1786.

武永峰, 何春阳, 马瑛, 等. 2005. 基于计算机模拟的植物返青期遥感监测方法比较研究. 地球科学进展, (7): 724-731.

夏传福, 李静, 柳钦火. 2012. 基于 MODIS 叶面积指数的遥感物候产品反演方法. 农业工程学报, (19): 103-109.

闫峰, 史培军, 武建军, 等. 2008. 基于 MODIS-EVI 数据的河北省冬小麦生育期特征. 生态学报, (9): 4381-4387.

杨永民, 冯兆东, 龙爱华, 等. 2010. 基于 MODIS 时序植被指数的植被物候空间格局. 兰州大学学报(自然科学版), (3): 14-19.

杨永民, 田静, 荣媛, 等. 2012. 基于遥感的黑河流域植被物候空间格局提取分析. 遥感技术与应用, (2): 282-288.

于信芳, 庄大方. 2006. 基于 MODIS NDVI 数据的东北森林物候期监测. 资源科学, (4): 111-117.

张明伟. 2006. 基于 MODIS 数据的作物物候期监测及作物类型识别模式研究. 武汉: 华中农业大学博士学位论文

张霞, 李儒, 岳跃民, 等. 2010. 谐波改进的植被指数时间序列重建算法. 遥感学报, 14(3): 437-447.

Beck Pieter S A, Atzberger Clement, Høgda Kjell Arild, et al. 2006. Improved monitoring of vegetation dynamics at very high latitudes: A new method using MODIS NDVI. Remote Sensing of Environment, 100(3): 321-334.

Chen Jin, Jönsson Per. , Tamura Masayuki, et al. 2004. A simple method for reconstructing a high-quality NDVI time-series data set based on the Savitzky-Golay filter. Remote Sensing of Environment, 91(3-4): 332-344.

Davis J C. 2002. Statistics and Data Analysis in Geology, 3rd Edition. New York: John Wiley & Sons.

Fischer Alberte. 1994. A model for the seasonal variations of vegetation indices in coarse resolution data and its inversion to extract crop parameters. Remote Sensing of Environment, 48(2): 220-230.

Heumann B W, Seaquist J W, Eklundh L, et al. 2007. AVHRR derived phenological change in the Sahel and Soudan, Africa, 1982-2005. Remote Sensing of Environment, 108(4): 385-392.

Hogda K A, Karlsen S R, Solheim I. 2001. Climatic change impact on growing season in Fennoscandia studied by a time series of NOAA AVHRR NDVI data. 3: 1338-1340.

Holben B N. 1986. Characteristics of maximum-value composite images from temporal AVHRR data. International Journal of Remote Sensing, 7(11): 1417-1434.

Julien Yves, Sobrino José A. 2010. Comparison of cloud-reconstruction methods for time series of composite NDVI data. Remote Sensing of Environment, 114(3): 618-625.

Justice C O, Townshend J R G, Holben B N, et al. 1985. Analysis of the phenology of global vegetation using meteorological satellite data. International Journal of Remote Sensing, 6(8): 1271-1318.

Jönsson P, Eklundh L. 2002. Seasonality extraction by function fitting to time-series of satellite sensor data. Geoscience and Remote Sensing, IEEE Transactions on, 40(8): 1824-1832.

Jönsson Per, Eklundh Lars. 2004. TIMESAT—a program for analyzing time-series of satellite sensor data. Computers & Geosciences, 30(8): 833-845.

Jönsson Per, Eklundh Lars. 2012. timesat3_1_1_SoftwareManual. TIMESAT.

Kogan F, Sullivan J. 1993. Development of global drought-watch system using NOAA/AVHRR data. Advances in Space Research, 13(5): 219-222.

Lovell J L, Graetz R D. 2001. Filtering Pathfinder AVHRR Land NDVI data for Australia. International Journal of Remote Sensing, 22(13): 2649-2654.

Lu X L, Liu R G, Liu J Y, et al. 2007. Removal of noise by wavelet method to generate high quality temporal data of terrestrial MODIS products. Photogrammetric engineering and remote sensing, 73(10): 1129-1139, 11.

Ma Mingguo, Veroustraete Frank. 2006. Reconstructing pathfinder AVHRR land NDVI time-series data for the Northwest of China. Advances in Space Research, 37(4): 835-840.

Markon Carl J, Fleming Michael D, Binnian Emily F. 1995. Characteristics of vegetation phenology over the Alaskan landscape using AVHRR time-series data. Polar Record, 31(177): 179-190.

Moulin S, Kergoat L, Viovy N. 1997. Global-scale assessment of vegetation phenology using NOAA/AVHRR satellite measurements. Journal of Climate, 10(6): 1154-1170.

Myneni R B, Tucker C J, Asrar G, et al. 1998. Interannual variations in satellite-sensed vegetation index data from 1981 to

1991. Journal of Geophysical Research: Atmospheres, 103(D6): 6145-6160.

Park J, Tateishi R. 1998. Correction of Time Series NDVI by the Method of Temporal Window Operation (TWO). The 1998 Asian Conference on Remote Sensing.

Reed B C, Brown J F, Vander Zee Darrel, et al. 1994. Measuring phenological variability from satellite imagery. Journal of Vegetation Science, 5(5): 703-714.

Reed B C, Schwartz Mark D, Xiao X M. 2009. Remote Sensing Phenology. 231-246.

Roerink G J, Menenti M, Verhoef W. 2000. Reconstructing cloudfree NDVI composites using Fourier analysis of time series. International Journal of Remote Sensing, 21(9): 1911-1917.

Sakamoto Toshihiro, Yokozawa Masayuki, Toritani Hitoshi, et al. 2005. A crop phenology detection method using time-series MODIS data. Remote Sensing of Environment, 96(3-4): 366-374.

Savitzky Abraham, Golay M J E. 1964. Smoothing and Differentiation of Data by Simplified Least Squares Procedures. Analytical Chemistry, 36(8): 1627-1639.

Schwartz M D, Reed B C, White M A. 2002. Assessing satellite-derived start-of-season measures in the conterminous USA. International Journal of Climatology, 22(14): 1793-1805.

Sellers P J, Randall D A, Collatz G J, et al. 1996. A Revised Land Surface Parameterization (SiB2) for Atmospheric GCMS. Part I: Model Formulation. Journal of Climate, 9(4): 676-705.

Sellers P J, Tucker C J, Collatz G J, et al. 1994. A global 1° by 1° NDVI data set for climate studies. Part 2: The generation of global fields of terrestrial biophysical parameters from the NDVI. International Journal of Remote Sensing, 15(17): 3519-3545.

Taddei R. 1997. Maximum Value Interpolated (MVI): A Maximum Value Composite method improvement in vegetation index profiles analysis. International Journal of Remote Sensing, 18(11): 2365-2370.

Tucker C J, Slayback D A, Pinzon J E, et al. 2001. Higher northern latitude normalized difference vegetation index and growing season trends from 1982 to 1999. International Journal of Biometeorology, 45(4): 184-190.

Velleman P. 1980. Definition and comparison of robust nonlinear data smoothing algorithms. Jouranl of the American Statistical Association, 75: 609-615.

Verbesselt Jan, Hyndman Rob, Zeileis Achim, et al. 2010. Phenological change detection while accounting for abrupt and gradual trends in satellite image time series. Remote Sensing of Environment, 114(12): 2970-2980.

Viovy N, Arino O, Belward A S. 1992. The Best Index Slope Extraction (BISE): A method for reducing noise in NDVI timeseries. International Journal of Remote Sensing, 13(8): 1585-1590.

White M A, Thornton P E, Running S W. 1997. A continental phenology model for monitoring vegetation responses to interannual climatic variabifity. Global Biogeochemical Cycles, 11(2): 217-234.

Yu F F, Price K P, Ellis J, et al. 2003. Response of seasonal vegetation development to climatic variations in eastern central Asia. Remote Sensing of Environment, 87(1): 42-54.

Zhang X Y, Friedl M A, Schaaf C B, et al. 2003. Monitoring vegetation phenology using MODIS. Remote Sensing of Environment, 84(3): 471-475.

第6章　东北地区农作物空间格局动态变化对全球变化的响应机理

　　农作物空间格局动态变化机理研究就是详细剖析农作物空间格局的演变过程，明晰其自然—社会经济驱动机制，它既是获取农作物空间格局动态变化特征后的必然选择，也是实现农作物空间格局动态变化建模模拟的基础。通过农作物空间格局动态变化机理研究，了解农作物空间格局从一个状态变化到另一个状态的动态过程，清楚其变化原因，确定不同驱动因子对格局演变的作用机制，为建立空间格局演变驱动机制模拟模型提供定量规则。因此，被认为是土地变化科学在农业领域的核心研究内容（Rindfuss et al.，2004；Turner et al.，2007）。

　　农作物空间格局的形成和变化是自然因素和人类活动共同作用的产物。自然驱动力作为一个子系统，可以分成不同的组成部分，如气候、土壤、水文等。各部分还可以继续划分，如气候因素可以细分出平均温度、极端温度、积温、降水、无霜期等（唐华俊等，2004）。不少国内外学者围绕自然驱动力与农作物的空间格局变化开展了一系列研究。云雅如等（2005）研究指出黑龙江省过去20年水稻播种范围向北和向东扩展，种植面积比重显著增加，小麦种植范围大幅向北退缩，与气候变暖带来的积温增加及积温带北移东扩密切相关。苏桂武和方修琦（2000）研究指出，京津地区近50年来水稻播种面积的变化较降水变化滞后，其结果导致年降水量变化与当年水稻种植面积变化之间存在显著负相关。Rounsevell等（2003）则在英国的西北部分析研究了土壤和气候因素变化，对小麦、玉米、大豆和甜菜等作物空间分布动态变化的影响。而刘纪远等（2005）研究显示我国水田与旱地分布与900mm等降水线的空间分布吻合，水田主要分布在降水量为1 000~1 600mm的地区，水田分布的最北界又与年均温大于1℃的地区相对一致，全球气候变化所带来的温度与降水变化显然将影响我国农业耕作空间分布的变化，也将直接导致相应农作物空间格局的变化。同样，人文驱动力作为一个子系统，可以分为人口、技术、贫富状况、政治经济状况和文化等因子（谢花林和李波，2008）。每一部分又可以继续往下分，如人口可以分为农业人口数量、密度、增长速度、年龄结构等（Matthias et al.，2004；唐华俊等，2004）。与自然驱动力的作用机制相比，人类活动所产生的驱动机制更加复杂（陈佑启和杨鹏，2001）。Xie等（2005）应用多元回归分析方法在江苏吴县研究1990~2000年间基本农田保护政策对水稻空间格局影响机制时，发现该政策因素能够显著减缓水稻空间分布缩减趋势，但这种正面效应在很大程度上受到区域经济发展和城市扩展等诸多社会经济因子的综合影响。Long等（2007）在江苏昆山的研究则表明，工业化趋势、城镇化进程、人口增长和中国经济改革政策是共同影响该区域1987~2000年水稻空间格局演变的四个主要人文驱动力。He等（2005）通过分析区域景观指数1983~2001年的动态变化，则认为中国北部13个省区农田空间格局演变的主要驱动因子是经济的发展和生活水平的显著提高。Mottet等（2006）分析各种自然-社会经济驱动因子后，认为海拔高度和坡度，以及社会经济因素中的交通通达度和土地使用期限等，是综合影响欧洲西南部比利牛斯山脉地区玉米等饲料作物空间格局变化的关键驱动力。而 Wood 等（2004）的研究更是详细比较分析了气候因素、人口增长、农业发展项目、农田休闲耕作制度、土地使用期限等多种自然影响因子和人类活动，研究了非洲国家塞内加尔中南部地区玉米、水稻、棉花和花生等农作物近 20 年空间格局演变的作用机理机制。

　　作为我国重要的商品粮生产基地，东北地区是玉米、水稻等农作物的主产区，在我国粮食安全保障体系和农业生产中占有重要地位。在我国面临气候变暖问题的区域中，该地区也是增温最显著的地区之一。本章以东北地区为研究区域，选择玉米与水稻为研究对象，综合运用遥感、地理信息系统、空间统计和计算机模拟等技术，在研究全球变化背景下主要农作物空间格局、物候期、种植体系等动态变化过程基础上，分析主要农作物的空间格局、典型物候期特征和种植体系对气候变化以及社会经济的响应机理。研究结果有助于该区域农业生产结构与布局的优化决策，提高该区域主动适应全球变化和应对极端气候事件的能力。

6.1　农作物物候对热量变化的时空响应

　　作物物候期作为重要的农业生态系统特征，不仅是农业生产、田间管理、计划决策等的重要依据（辛景峰等，2001），也是全球气候变化研究和生态系统分析的重要内容（肖国举等，2007）。不同类型作物物候对气候变化存在着不同的效应机制。总体上，气候变化下作物春季物候的提前可归结于春季气温的升高。作物物候对升温的反应方式可能有两种：其一是形成了年际间升温的累加效应；其二则消除了累加效应（Estrella et al.，2007）。因此，理解和弄清作物物候期对气候变化的响应机制有助于农业生产与农事活动的科学调整和有效管理、制定和完善应对气候变化的人类响应和适应对策，从而减小农业生产的脆弱性和不稳定性。

　　耕地物候期对农业热量资源特征响应的分析方法。根据不同耕地物候期选取相应的农业热量资源特征，分析其对农业热量资源特征变化的响应。对于生长季开始期，主要选择逐年的 ≥10℃初日，生长季结束期则选择了逐年的初霜日，生长季长度则主要选择温度生长期天数和 ≥10℃积温。具体操作中首先利用 ArcGIS 软件提供的空间相关分析功能对不同物候期和农业热量资源特征进行逐年整体相关分析，在此基础上，利用该软件平台提供的二次开发工具制作了像元尺度相关系数计算插件，选取 1998~2009 年不同物候期和相应农业热量资源特征的序列数据，计算得到了两者相关系数的空间分布特征，并对显著性进行了空间评价。

6.1.1　作物典型物候期对热量资源变化的时空响应

1. 生长季开始期对 ≥10℃初日变化的响应

　　从 1998~2009 年生长季开始期与 ≥10℃初日的相关系数变化来看，两者之间相关关系不明显，相关系数均低于 0.4，均未达到显著水平。该结果表明，区内生长季开始期整体上并没有对 ≥10℃初日的提前发生明显响应。像元尺度的相关分析表明［彩图 7（a）］，生长季开始期与 ≥10℃初日的相关系数具有明显区域差异。其中黑龙江省的松嫩平原北部、三江平原东部和吉林省中东部，两者之间的正相关系数多在0.80以上，达到了极显著水平（$P<0.01$），反映了该区域生长季开始期对$\geqslant 10℃$初日的变化相当敏感。松嫩平原中部和三江平原大部，相关系数也达到0.55以上，达到了显著水平（$P<0.05$），说明该区域生长季开始期提前与$\geqslant 10℃$初日的变化也具有相关关系。黑龙江省南部、吉林省西部和辽宁省大部，两者相关系数基本在$-0.2 \sim 0.2$波动，相关系数均未达到显著水平（$P<0.05$），表明该区域生长季开始期由于其他环境要素的制约，对$\geqslant 10℃$初日的变化并不敏感。

2. 生长季结束期对初霜日变化的响应

从1998~2009年生长季结束期与初霜日的相关系数变化来看，两者之间基本呈现弱正相关关系，相关系数一般在$0.2 \sim 0.6$波动，个别年份达到0.55左右，具有一定显著性（$P<0.05$）。该结果表明，面对初霜日的推迟趋势，区内生长季结束期整体上出现一定程度的延迟。像元尺度的相关分析表明［彩图7(b)］，生长季结束期与初霜日的相关系数整体上不显著。除辽宁省辽河平原区域相关系数为0.55以上，达到显著水平（$P<0.05$），其他区域，包括黑龙江省和吉林省大部，两者之间的相关系数均在$-0.2 \sim 0.4$，均未达到显著水平，表明上述区域作物生长季结束期由于受其他环境要素的制约，对于初霜日的变化并不敏感。

3. 生长季长度对温度生长期天数变化的响应

从1998~2009年生长季长度与温度生长期天数的相关系数变化来看，两者之间基本呈现弱正相关关系，相关系数一般在$0.2 \sim 0.4$波动，均未达到显著水平。该结果表明，区内生长季长度整体上并没有对温度生长期天数的增加发生明显的响应。像元尺度的相关分析表明［彩图7(c)］，类似于生长季开始期与$\geqslant 10℃$初日的相关关系，生长季长度与温度生长期天数的相关系数也具有明显的南北差异。其中黑龙江省的松嫩平原西北部、三江平原东部和吉林省中东部，正相关系数多在0.55以上，达到了显著水平（$P<0.05$），反映了该区域生长季长度对于温度生长期天数的变化比较敏感。黑龙江省南部、吉林省西部和辽宁省大部，两者相关系数基本在$-0.2 \sim 0.2$波动，相关系数均未达到显著水平，表明该区域生长季长度对于温度生长期天数变化并没有明显响应。

4. 生长季长度对$\geqslant 10℃$积温变化的响应

从1998~2009年生长季长度与$\geqslant 10℃$积温的相关系数变化来看，两者之间基本呈现明显负相关关系，相关系数除个别年份在$-0.6 \sim -0.4$波动，大部分年份都低于-0.8，达到了极显著水平（$P<0.01$）。该结果表明，对于$\geqslant 10℃$积温的增加，研究区内生长季长度出现了不同程度的缩短。像元尺度的相关分析表明［彩图7(d)］，生长季长度与$\geqslant 10℃$积温的相关系数在区域内整体呈负相关关系，但少数区域也存在正相关关系。其中黑龙江省的松嫩平原西北部、三江平原、吉林省中东部和辽宁省中部，两者之间的负相关系数多在-0.55以上，达到了显著水平（$P<0.05$），反映了该区域生长季长度在$\geqslant 10℃$积温的增加背景下出现缩短的趋势，也反映了在增温背景下，作物生长发育周期缩短的态势。而黑龙江省中南部和三江平原部分区域，两者相关系数可以达到0.55左右，达到显著水平（$P<0.05$），表明该区域生长季长度出现增长趋势，反映了在增温背景下，较短生育周期

的中早熟作物被长生育周期的中晚熟作物替代的趋势。

讨论与结论:从物候期特征对农业热量资源特征变化的响应来看,物候期特征与部分农业热量资源特征(如初霜日、温度生长期天数等)的变化趋势并不完全吻合,但两者的响应关系存在显著空间差异。首先,在黑龙江省的松嫩平原北部、三江平原东部和吉林省中东部地区,生长季开始期对≥10℃初日的变化相当敏感;生长季结束期与初霜日的相关关系整体上较不明显;生长季长度与温度生长期天数在黑龙江省的松嫩平原西北部、三江平原东部和吉林省中东部的正相关关系显著;在黑龙江省的松嫩平原西北部、三江平原、吉林省中东部和辽宁省中部,生长季长度与≥10℃积温的负相关关系显著,反映了在增温背景下,作物生长发育周期缩短的态势。而黑龙江省中南部和三江平原部分区域,两者正相关关系显著,反映了在增温背景下,较短生育周期的中早熟作物被长生育周期的中晚熟作物替代的趋势,在空间上亦与东北地区中晚熟玉米和水稻种植面积扩大的趋势吻合。

6.1.2　作物生育期长度对热量资源变化的时空响应

1. 玉米生长季长度的时空变化

研究分析了中国东北地区玉米生育期(GP)、营养生育期(VGP)和繁殖生育期(RGP)长度的空间格局及其变化趋势(图 6-1)。结果表明,北部地区的玉米生育期平均长度相对较短,生育期平均长度为 115~130 天,其中营养生育期为 58~70 天,繁殖生育期约为 65 天,生育期的长度与早中熟型春玉米品种的热量需求存在较好的一致性;向南移动到中部地区的吉林省,玉米的生育期平均长度大致为 126~130 天,其中营养生育期为 66~70 天,繁殖生育期约为 60 天,生育期的长度与中熟型春玉米品种的生育期长度较为相似;在气温相对较高的南部地区的玉米生育期长度也相对较长,生育期平均长度为 126~135 天,能够满足中晚熟型春玉米品种的热量需求。玉米生育期长度在大多数观测站中都表现为正向变化趋势。其中 18 个观测站(33.9%)的生育期长度呈显著的延长趋势($P<0.05$)。相反,研究期间仅有 3 个观测站(5.0%)的生育期长度呈显著的缩短趋势($P<0.05$)[图 6-1(b)]。进一步分析表明,营养生育期长度缩短的 23 个观测站(43.4%)中,

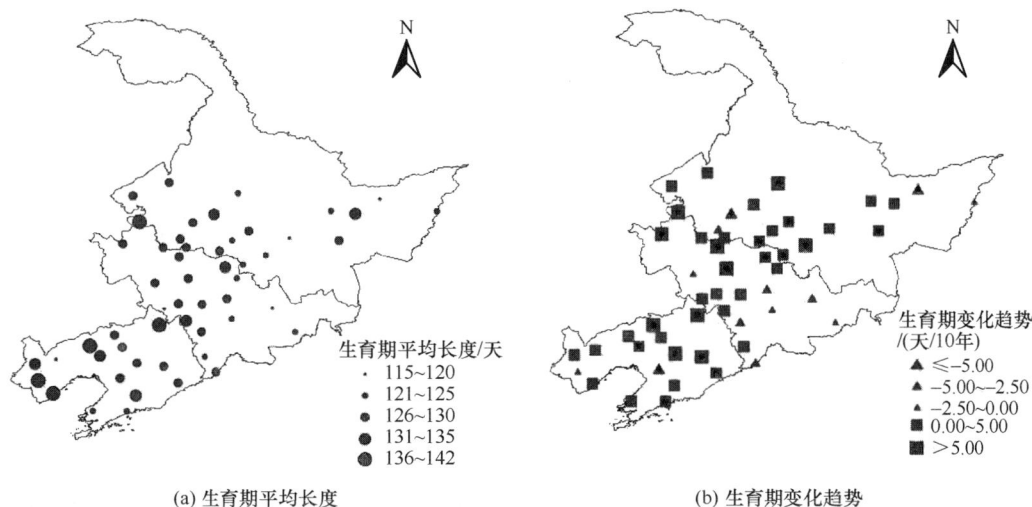

生育期平均长度/天
- · 115~120
- · 121~125
- ● 126~130
- ● 131~135
- ● 136~142

(a) 生育期平均长度

生育期变化趋势
/(天/10年)
- ▲ ≤-5.00
- ▲ -5.00~-2.50
- ▲ -2.50~0.00
- ■ 0.00~5.00
- ■ >5.00

(b) 生育期变化趋势

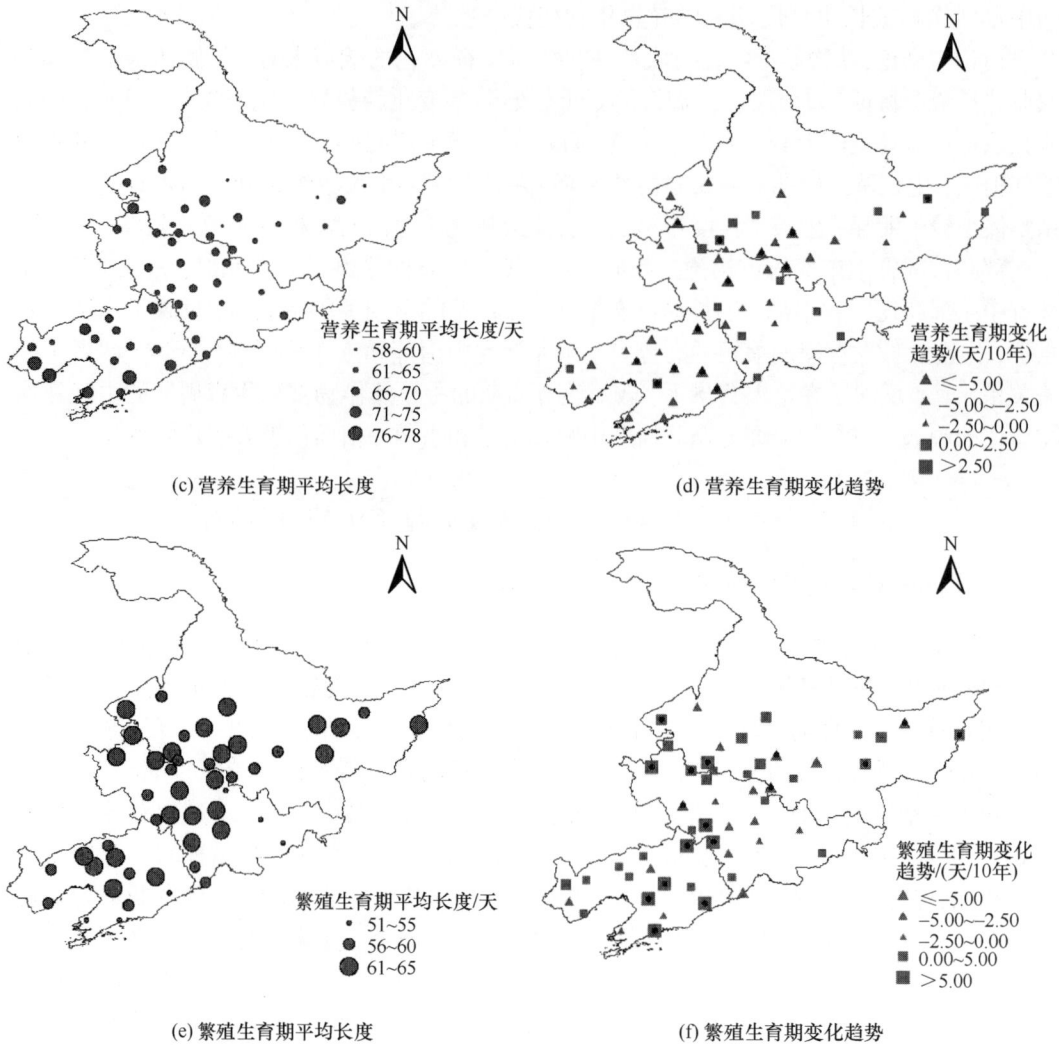

(c) 营养生育期平均长度　　　　　　　　(d) 营养生育期变化趋势

(e) 繁殖生育期平均长度　　　　　　　　(f) 繁殖生育期变化趋势

图 6-1　　1990~2012 年中国东北地区玉米各生长阶段平均长度及变化趋势

其中 3 个观测站(5.0%)呈显著的缩短趋势($P<0.05$);其余 30 个观测站(56.6%)则表现为延长趋势,其中有 11 个观测站(20.8%)的营养生育期长度呈显著的延长趋势[图 6-1(d)]。繁殖生育期长度呈延长趋势的观测站有 41 个(77.4%),而呈显著延长趋势的观测站为 16 个(30.2%),延长天数为每 10 年增加 6.3 天($P<0.05$);繁殖生育期长度缩短的有 12 个观测站(22.6%),其中 4 个观测站(7.5%)的繁殖生育期长度呈显著缩短趋势[图 6-1(f)]。

2. 玉米生长季对平均气温的空间响应

总体上,春玉米整个生长季中呈变暖趋势,玉米生育期、营养生育期和繁殖生育期气温的增长率分别为每 10 年增加 2.24℃、1.73℃、2.74℃[图 6-2(a)]。

(1) 生育期长度

在 40 个观测站(75.5%)中,生育期长度与期间平均气温呈正相关,其中 10 个观测

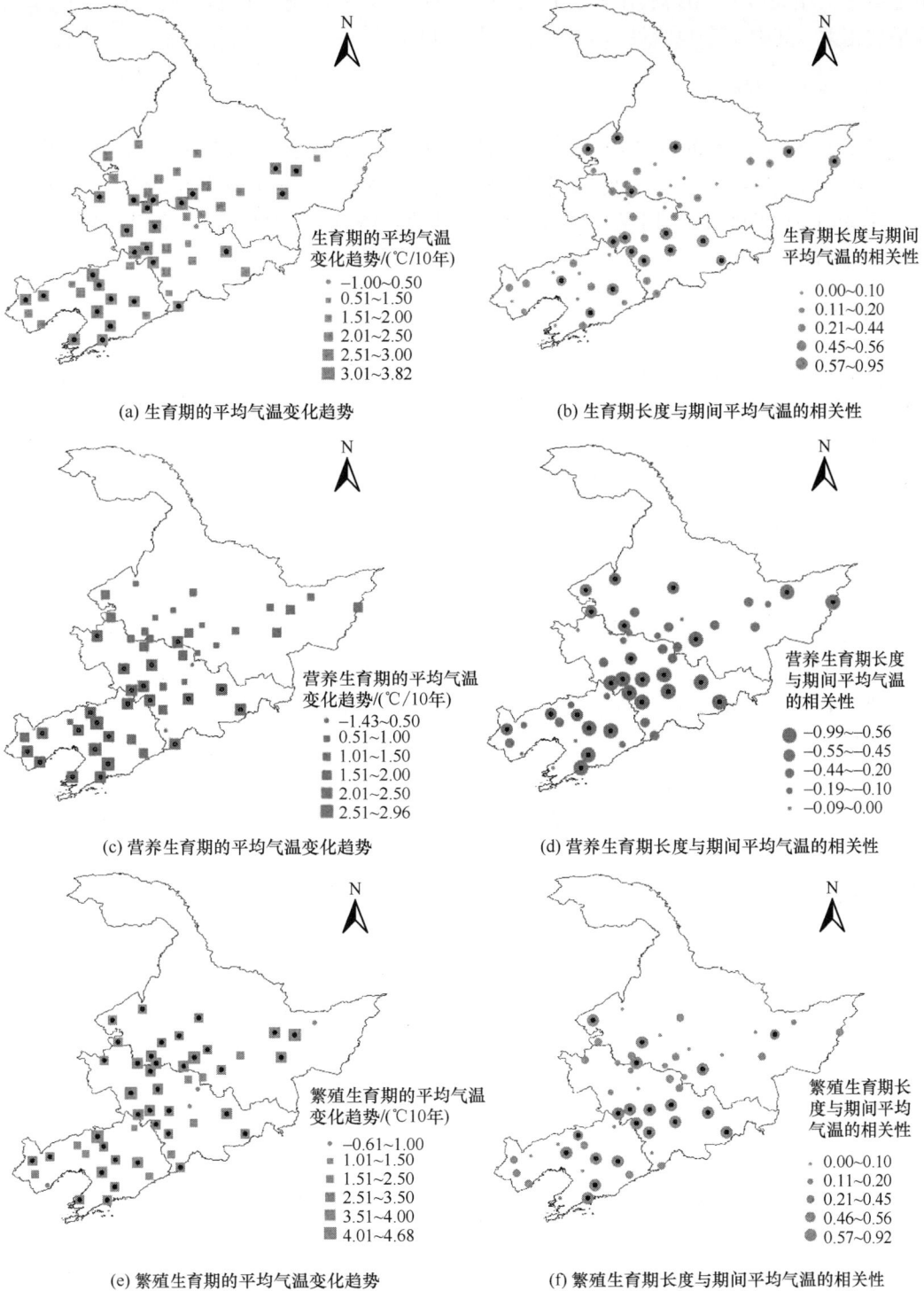

(a) 生育期的平均气温变化趋势

(b) 生育期长度与期间平均气温的相关性

(c) 营养生育期的平均气温变化趋势

(d) 营养生育期长度与期间平均气温的相关性

(e) 繁殖生育期的平均气温变化趋势

(f) 繁殖生育期长度与期间平均气温的相关性

图 6-2　1990~2012 年中国东北地区玉米各个生长阶段的平均气温变化趋势
及相应生长阶段长度与期间平均气温的相关性
显著性水平在 0.05 的站点标注黑点

站呈显著正相关($P<0.01$)；在其余的 13 个观测站(24.5%)中生育期长度与期间平均气温呈负相关，其中 7 个观测站($P<0.05$)[图 6-2(b)]。

（2）营养生育期

玉米营养生育期间的平均气温呈正向变化，23 个观测站(43.4%)呈显著性变化($P<0.01$)[图 6-2(c)]。在 11 个观测站(20.8%)中，玉米营养生育期长度与期间的平均气温呈显著负相关；在 14 个观测站(26.4%)中则呈显著正相关($P<0.05$)[图 6-2(d)]。

（3）繁殖生育期

在东北地区的 38 个观测站(71.7%)中，繁殖生育期间的平均气温呈显著升高趋势($P<0.01$)[图 6-2(e)]。此外，繁殖生育期长度与期间的平均气温在 16 个观测站(37.7%)中呈显著正相关，而呈负相关的仅有 4 个观测站(7.5%)($P<0.05$)[图 6-2(f)]，则表示除去在繁殖生育期间升温的负面影响，玉米品种的调整对繁殖生育期的变化具有一定贡献。

3. 玉米物候变化的机制

气候变暖可能加速作物生长，进而缩短作物的生育期长度(Olesen and Bindi，2002)。因此，若缺乏农事活动的调整与改进，玉米生育期在一定程度上将会缩短。通过研究显示，仅有 3 个观测站的玉米生育期长度呈显著缩短趋势[图 6-1(b)]以及 34% 的观测站显示在过去 20 年中玉米的生育期长度呈显著延长趋势[图 6-1(f)]。在我国东北地区的中部和南部地区，这种变化主要归因于播种期和抽穗期的提前以及成熟期的推迟(图 6-3)。这些发现表明该地区的农民可能已经通过调整玉米播种期来适应气候变化，而玉米播种期的调整对玉米早期的物候阶段有较强影响。由于玉米物候期的变化受气温主导，在其他一些观测站中的玉米物候期变化却有所差异，即在 13 个观测站中的玉米生育期长度均缩短，其中 7 个观测站的及与平均气温呈显著负相关[图 6-1(b)、图 6-2(b)]。更深入的相关分析显示，玉米物候期对气温变化的响应存在差异。玉米营养生育期间与繁殖生育期间的平均气温升高大体一致[图 6-2(c)，图 6-2(e)]，但两者的长度与期间平均气温的相关性在空间分布上有所差异[图 6-2(d)，图 6-2(f)]。上述结果表明，气候变化对整个区域玉米物候期的影响不同，需要在玉米营养生育期间和繁殖生育期间对该地区的气候变化做定点评价。通常抽穗期较早的玉米品种具有更长的灌浆期，而灌浆期与谷粒质量存在正相关关系(Jia and Guo，2010)。我们的研究结果亦显示，过去 20 年中玉米种植倾向于采用生育期更长的玉米品种以减轻气候变暖造成的副效应，如气候变暖将加速发育进而导致生育期长度的缩短(Liu et al.，2012)。

理论上，气温持续升高将意味着在受温度胁迫的地区种植具有更长生育期的作物品种(Liu et al.，2012)，我们的研究结果证明了玉米生育期长度在研究区域内的延长[图 6-1(b)]。此外，玉米播种期和收获期的调整也可充分利用气温升高带来的正向效应以增加玉米产量。研究亦显示，在热量资源较少的黑龙江省北部地区可种植早熟型玉米品

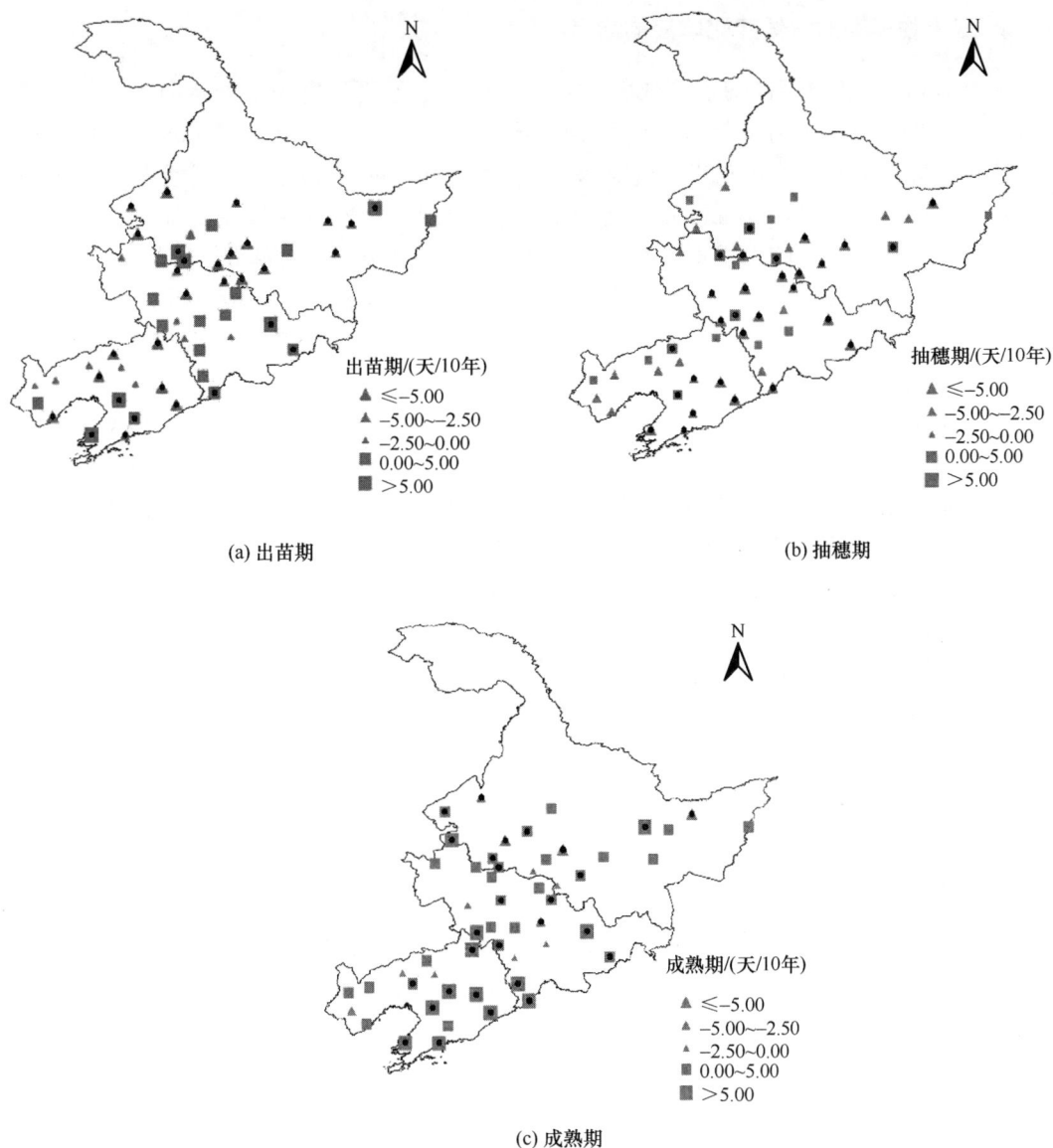

(a) 出苗期

(b) 抽穗期

(c) 成熟期

图 6-3　1990~2012 年中国东北地区玉米物候期变化趋势

显著性水平在 0.05 的站点标注黑点

种（110<玉米生育期长度≤125 天）；在黑龙江省南部和吉林省东部地区，具有更长生育
期的中熟型玉米品种将代替早熟型玉米品种（125<玉米生育期长度≤135 天）；在辽宁省
北部地区则可将玉米品种更换为晚熟型（135<玉米生育期长度≤150 天）。研究结果表
明，玉米物候期的实际空间响应与前人利用观测气象数据（Liu et al.，2012）、物候期数
据（Chen et al.，2012）、模型模拟（Xiong et al.，2008）以及卫星观测数据（Li et al.，
2012）等研究均有较好一致性，但我们仍需要更多研究，即已采用何种玉米品种以及应
用于何时、何地。

4. 玉米物候期对气候变化响应的启示

研究分析了气温升高与玉米物候期之间的相关性,然而研究中未涉及灌溉、施肥以及极端天气事件对玉米物候期的影响。一些研究认为,尽管研究区域内 400~1 000 mm的年降水量能够满足玉米生长发育的需求,但降水量的增加不能补偿该区域内由于气温升高而造成的较强蒸散(Tao and Zhang,2011)。结果表明,在缺乏灌溉的地区,玉米物播种期受春季干旱的影响而推迟(Chen et al.,2011)。此外,极端低温(5 月)以及早期霜冻(9 月)将可能发生在玉米种植的北界区域,这意味着播种期的提前将导致极端天气事件灾害发生的可能性增加(Zhang et al.,2012)。因此,评估玉米生育期内灌溉、施肥以及极端天气事件的影响将是下一步的研究重点。

由于玉米生育期变长使得在繁殖生育期阶段有更多时间的累积生物量,玉米产量因此而增加(Estrella et al.,2007;IPCC,2007;Tao et al.;2008b)。Liu 等(2012)认为,如果将中国东北地区早熟型玉米品种替换为中熟型玉米品种,那么玉米产量将增加 9.8%;在相同的气候和土壤条件下,将晚熟型玉米品种代替中熟型玉米品种,那么玉米产量将增加 7.1%。我们的研究提供了过去 20 年玉米品种的物候特性信息。但是,由于作物的各种特性,如收获指数(Liu et al.,2012)和结实率(De Vires et al.,2011)等均对玉米实际产量有决定性影响,无法将玉米生育期变化对玉米产量的影响定量化。因此,在未来研究中将重点分析气候变化和我国玉米物候变化对产量的影响。

6.2　农作物种植体系对气候变化的时空响应

自 1900 年以来,中国的平均气温大约以 0.09±0.017℃/10a 上升,而在卫星纪元内(the satellite era,1979~2006),平均气温以 0.45±0.13℃/10a 上升(Li et al.,2010)。IPCC 认为随着全球气候变化,在中高纬地区局地平均温度增加 1~3℃,不同物理属性农作物生产力会略有提高(IPCC,2007)。Lobell 等(2011)的研究表明,全球尺度上一些国家的气候趋势变化足以抵消技术、CO_2 增肥及其他因素导致的产量增长,存在负效应。然而迄今为止,有关中高纬地区农作物产量受气候变化影响的研究尚存在很大不确定性。气候变暖趋势如何影响作物产量备受关注,特别是中高纬地区如东北地区的水稻、玉米单产变化受气候变化的影响程度还不清晰。

6.2.1　一季稻对气候变化的时空响应

理解气候-单产关系和近期气候趋势对大尺度上作物生产力的影响是预测区域农业产量的至关重要的步骤(Tao et al.,2008a;2008b)。通过收集长期作物和气候数据,研究历史上农作物与气候的相互关系可以有助于了解如何更加准确地评估气候对农作物产量的影响。气候变化对作物产量的影响评价方法有两种,即统计模型和作物过程模型(史文娇等,2012)。作物过程模型认为作物生长是一个动态过程,由气候、土壤、水资源及营养之间一系列的生理和管理的非线性动态过程组成(Hansen et al.,2006),其优势在于通过模拟作物生理生态过程,获得气候因子变化下的作物产量,其优势在于能够反映作物生长机理,充分考虑气候因子变化的影响,然而模拟作物产量对土壤条件、气象和管理等参数比较敏感,容易产生模拟误差且在大尺度上尚未有成熟的模型(Iizumi et al.,2009)。Yu 等(2012)运用作物过程模型(agro-C model)评估了中国 1980~2008 年的作物产量受气候变化的影响,并建立不同情景比较了气候、农田管理和品种更替对作物产量的影响,结果表明气候变化对水稻单产提高贡献约为4.4%,其他 74% 则可归功于品种基因技术。统计模型则不需考虑作物的生长过程,通过建立气候因子与历史作物单产之间的统计关系,即可评估气候变化对作物产量的影响,模型简单易用且适用于从站点到全球的尺度研究,但统计模型通常会难以完全包含农业适应措施,技术进步、品种更替和农田管理等对作物产量的影响(Lobell and Burke,2010)。当前统计模型有 3 种:时序回归、截面回归和面板回归模型(Lobell and Burke,2010)。在上述气候因子与作物单产的统计模型中,应用一阶差分方法用于消除技术变化等对评估气候变化因子的影响,已在多项研究包括澳大利亚、美国、墨西哥、非洲、中国及全球尺度的模型中广泛应用(Noclons,1997;Lobell and Asner,2003;Tao et al.,2008a,2008b;Zhang et al.,2010;Sechleker,2009)。因此,本研究拟选择基于一阶差分的气候-单产回归模型用于分析县级站点尺度的影响程度、选择截面回归和面板回归评价区域尺度上的影响程度。

气候-产量关系统计模型存在尺度依赖问题。在县级、省级及区域尺度上,季节性的气候因子空间格局及其对作物单产的影响是理解区域作物产量适应气候变化的脆弱性和适应措施的重要因素(Tao et al.,2008a,2008b)。Lobell 和 Field(2007)运用一阶差分线性回归模型评估了全球气候变化对水稻单产的影响约为-0.6%,但他们认为全球统计模型因存在尺度依赖效应不能可靠地预测较低尺度的影响。Tao 等(2008a,2008b)的研究表明,黑龙江省、吉林省和辽宁省的去趋势化水稻单产与生长季平均温度呈现正向线性关系,说明当前生长季变暖趋势能够提升水稻单产,吉林省的水稻单产提升约为4.6%~14.6%,黑龙江省则介于 4.5%~10.7%。

此外,当前应用统计模型评价全球尺度、区域尺度的气候变化对产量影响的研究中,都忽略了地理因素的影响(Lobell and Field,2007)。部分研究已经注意到地理因素的影响,如 Peng 等(2004)的研究表明,温度对单产的影响主要表现为负效应,而其采用的站点数据来自于热带和亚热带地区,而类似的研究则指出在热带和亚热带之间存在显著差异(Welch et al.,PNAS,2010)。例如,夜间温度升高被认为是温带地区水稻单产上升的影响因素(Tao et al.,2008a,2008b),而在热带地区则成了水稻单产减少的因素(Peng et al.,2004;Sun and Huang,2011)。因此,在区域或全球尺度上的综合评估,是否需要考虑地理因素的影响是一个值得探讨的问题。

在选择气候因子方面,相关研究并未完全统一,多种气候因子应用统计分析中,包括温度、降水量、有效积温、太阳辐射、气温日较差(DTR)等(Lobell and Burke,2008)。相关研究报道生长季的最低温度每增加 1℃ 会导致灌溉水稻的产量减少 10%(Peng et al.,2004)。但一项重新分析该数据得到的结论则认为最低温度的实际影响要小得多,是因为最低温度与太阳辐射呈负相关,从而忽略了太阳辐射的影响,进而夸大了最低温度的影响(Welch,2010)。然而事实上,尽管持续几十年的农艺研究,温度和太阳辐射对水稻单产的影响程度尚不完全清晰;当前的方法主要依靠农田试验和温室实验,控制试验的结果表明在水稻三个生长阶段内温度升高和降低辐射会减少水稻单产且程度不一(Welch,2010)。

在国家尺度，Lobell 和 Field(2007)的研究结果表明，1961~2002 年中国水稻单产的提升受益于生长季的日温差(DTR)的升高。而 Tao 等(2008a，2008b)的研究表明，DTR 与水稻在省级尺度上具有显著性负效应；而中国南方省份生长季降水量与水稻单产存在显著负效应，是因为南方地区湿度大，年均降水量>1000 mm，降雨大量发生在水稻的抽穗期导致水稻单产受到病虫害和不足的太阳辐射而降低。总结来说，气候趋势和极端气候因子是当前选择最多的气候因子，包括生长季平均温度、生长季降水量和生长季内有效积温(Lobell et al.，2011a，b)，因此本研究选择这 3 种因子分析东北地区气候变化对水稻单产的影响。

本节研究的目标包含以下 4 项：评估东北地区县级尺度的气候趋势对水稻单产的影响；评估东北区域尺度上气候趋势对水稻单产的影响；评价气候趋势-水稻单产统计关系中是否存在地理效应，影响程度有多大；比较不同尺度上，气候趋势对东北水稻单产的影响程度。

1. 数据来源

本节中应用到了县级尺度水稻单产统计数据，将东北地区区县按时序整理，共计 178 个水稻种植县，数据来源于中国农业部，时序长度 1980~2008 年(MOA，2011；http：//zzys. agri. gov. cn)，在有些县市水稻单产表现出高度不规则的变化，包含了一些突变数据，有些是病虫害和极端天气的影响，有些则是数据错误，为了对结果不产生影响，采用了线性趋势内插方法消除极端值。

气象数据源自于中国气象数据共享网(China meteorological data sharing service system，CMDSSS；http：//cdc. cma. gov. cn/)。共计包含东北及其周边 105 个站点的逐日、逐月的气温和降水量数据，在此基础上计算了生长期内平均数据，并运用反距离权重插值方法(IDW)，逐年进行插值至 1km 像元尺度；再以 2005 年土地利用/覆被数据集(NLCD-China)中东三省的水田为水稻基础数据进行空间掩膜，获得 1 km 像元尺度上的气象要素空间分布数据。以县级行政边界进行统计，获得了逐县逐年平均水稻生长期内的平均气温(GST)、降水量(GSP)及有效积温(GDD)的 1980~2008 年的县级时序数据。

其中，生长季有效积温计算为

$$\text{GDD}_{\text{base,opt}} = \sum_{t=1}^{N} \text{DD}_t \qquad \text{DD} = \begin{cases} 0 & \text{if} & T_t < T_{\text{base}} \\ T - T_{\text{base}} & \text{if} & T_{\text{base}} \leq T_t < T_{\text{opt}} \\ T_{\text{opt}} - T_{\text{base}} & \text{if} & T_t > T_{\text{opt}} \end{cases} \qquad (6\text{-}1)$$

式中，t 是生长季内的单独时间步长(h)；T_t 是在时间步长里的平均温度；N 是播种至成熟期间的小时数(h)。目前，只有小部分数据报道了作物的成熟时间，为使研究方便，我们将东北水稻生长季单季稻长度定 5~9 月，整个生育期长度为 153 天。

2. 统计分析方法

本研究中采用了站点时序统计模型、区域截面统计模型以及区域面板统计模型 3 种统计方法分析水稻单产响应气候变化，所有计算过程在 Matlab 软件 2010 版本中实现。

(1) 站点时序统计模型

在县级站点尺度，我们采用普通基于一阶差分的时序单产($\triangle Y_{\text{rice}}$)和生长期气候数据包括平均温度、降水量和积温(△GDD,△GST 和△GSP)的最小二乘回归方法(Nichols,1997;Lobell and Asner,2003;Lobell and Field,2007)分析气候-单产关系。该方法避免了长期变化(如作物管理)的影响,回归系数可视作水稻单产对气候变化的响应程度。

(2)区域截面统计模型

在区域尺度上,为获取区域尺度的水稻单产响应气候趋势,截面回归方程被用于分析两者关系(Lobell and Burke,2010)。根据区域内所有县级数据在生长期内的平均单产量、温度、积温和降水量建立截面回归方程。

(3)区域面板统计模型

在区域尺度上,为获取区域尺度的水稻单产响应气候趋势,将所有县级的单产和气候因子联合起来建立面板回归方程。

3. 结果分析

(1)近 30 年东北气候及水稻单产变化趋势

温度趋势:基于县级行政单元统计温度的变化趋势。如图表所示[彩图 8(a),表 6-1],生长期内温度趋势表明,全区 173 个县域(97.2%)的水稻种植区的生长季平均温度呈上升趋势。平均而言,变暖趋势表现为 0.42℃/10a(介于-0.84~1.43℃/10a),正向增长显著($P<0.05$)占 94.8%,大部分的增温趋势介于 0.25~0.65℃/10a。

有效积温趋势:如图表所示[彩图 8(b),表 6-1],生长期内水稻有效积温表现为增加趋势,全区 177 个(99.4%)县域的水稻种植区生长期内有效积温显著($P<0.05$,98.9%)增加,平均增长趋势为 13.17℃·d/a(介于-6.23~13.17℃·d/a)。

降水量趋势:如图表所示[彩图 8(c),表 6-1],生长期内降雨量趋势表明,全区 164 个县域(92.1%)的水稻种植区的生长季降雨量呈减少趋势,但 89%的地区不显著($P<0.05$),而 14 个县域(7.9%)的水稻种植区生长期内降雨量呈显著性(71.4%)增加趋势($P<0.05$)。生长期内降雨量减少趋势表现为-2.79 mm/a(介于-6.88~3.54 mm/a)。

水稻单产趋势:如图表[彩图 8(d),表 6-1]所示,1980~2008 年,全区域的水稻单产平均值为 5665.44 kg/hm²(介于 3496.79~9093.34 kg/hm²)。全区有 99.1%的县市水稻单产呈现增加趋势,显著性($P<0.05$)增加区域占 89.3%,增产趋势表现为 134.4 kg/(hm²·a)[介于-7.48~322.74 kg/(hm²·a)]。

表 6-1 东北地区县级站点水稻单产及气候变化趋势

项目	n	Neg_All	Neg_Sig	Pos_All	Pos_Sig	Trend$_{min}$	Trend$_{max}$	Trend$_{mean}$
Y_{rice}	178	1	0	177	158	-7.48	322.74	134.4
GST	178	5	4	173	164	-0.84	1.43	0.42
GSP	178	164	18	14	10	-6.88	3.54	-2.79
GDD	178	1	1	177	175	-6.23	18.38	13.17

n: numbers of counties in Northeast. Neg_All/ Pos_All: numbers of time series showing negative and positive linear regression slope. Neg_Sig/ Pos_Sig: Proportions of series showing significantly negative and positive slope coefficients($P<0.05$).Trend$_{min/max/mean}$: min/max/mean of time trends in county. Units: Y_{rice}: kg·hm²; GST: 10℃·a^{-1}; GSP: mm·a^{-1}; GDD:℃·day·a^{-1}.

（2）生长季内气候变化对水稻单产的影响

时序县级站点尺度：基于去趋势化后的县级水平的气候-单产统计/经验关系的回归系数空间分布表明，气象要素影响水稻单产的时间变化（图6-4、图6-5、表6-2），64%的县域水稻种植区内生长期内平均积温趋势对水稻单产的影响表现为正效应，显著性的县域比例（$P<0.05$）有29.8%，平均影响程度为生长期内积温每增加1℃·d，则水稻单产增加1.18 kg/hm^2（介于-17.52~14.57 kg/hm^2），若整个生育期内逐日增加1℃，则对单产的影响约为3.2%（介于-47.3%~39.3%）。生长期内水稻单产与降雨量的关系表明，68%的县域水稻种植区内生长期内降雨量趋势对水稻单产的影响表现为负效应，显著性占19%（$P<0.05$），平均影响程度为生长期内降雨量每减少1 mm，则水稻单产降低0.85 kg/hm^2（介于-6.96~12.71 kg/hm^2），即整个生育期内总量增加153 mm降雨量，对水稻单产的影响约为-2.3%（介于-18.8%~34.3%）。64.6%的县域稻种植区内生长期内平均温度趋势对水稻单产的影响表现为正效应，但显著性（$P<0.05$）只有16.5%，平均影响程度为生长期内积温每增加1℃，则水稻单产增加206.63 kg/hm^2（介于-3 061.5~2 453.8 kg/hm^2），则对单产的影响约为3.65%（介于-54%~43.3%）。

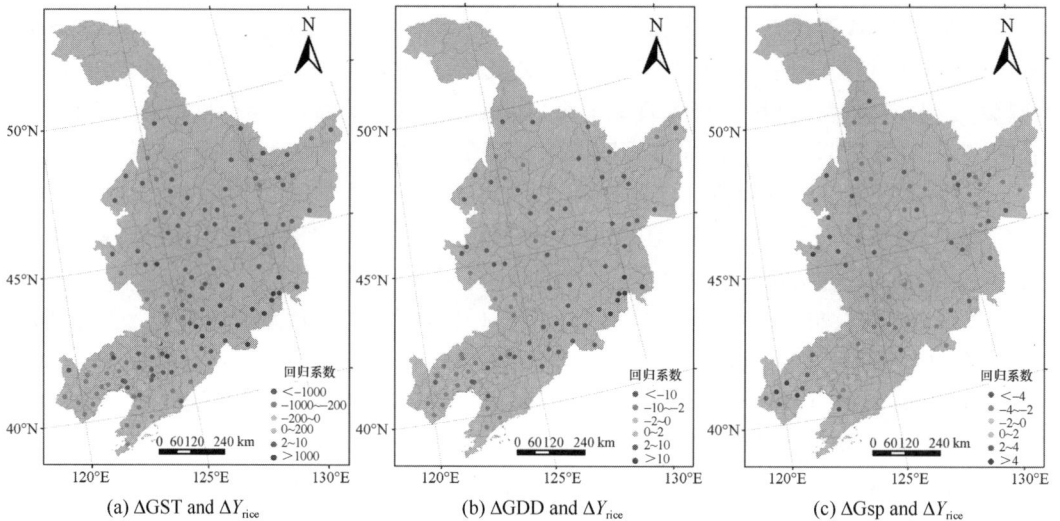

图6-4　去趋势化后的县级站点回归系数空间分布图

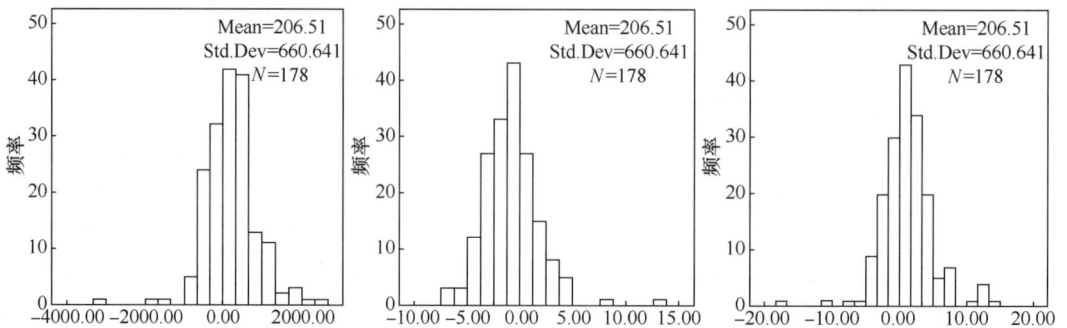

图6-5　去趋势化后的县级站点回归系数频率分布图

表 6-2　去趋势化后的水稻单产与气候趋势回归关系

气候变量	n	Neg_All	Neg_Sig	Pos_All	Pos_Sig	Trend$_{min}$	Trend$_{max}$	Trend$_{mean}$
ΔGST	178	63	3	115	19	−3061.5	2453.8	206.63
ΔGSP	178	121	23	57	5	−6.96	12.71	−0.85
ΔGDD	178	64	6	114	34	−17.52	14.57	1.18

n: numbers of counties in Northeast;Neg_All/Pos_All: numbers of time series showing negative and positive linear regression slope;Neg_Sig/Pos_Sig: Proportions of series showing significantly negative and positive slope coefficients ($P<0.05$); Trend$_{min/max/mean}$: min/max/mean of time trends in county. Units:Rice yield:kg/hm^2;GST:℃/a;GSP:mm/a;GDD:℃·day/a.

　　区域截面尺度。区域水稻单产增加 36.25～37.96 kg/hm^2。生长季有效积温有正向影响但不显著，影响为生长季有效积温每升高 1℃·d，则水稻单产增加 0.03 kg/hm^2，若整个生育期内逐日增加 1℃，则对单产的影响约为 4.59 kg/hm^2。生长季降水量对水稻单产有显著的正向影响（$P<0.001$），生长季降水量每增加 1 mm 影响程约为 0.008%，单产增加 0.45 kg/hm^2，若整个生育期内逐日增加 1 mm，则对单产的影响约为 68.85 kg/hm^2（表 6-3）。

　　区域面板尺度。运用面板统计模型分析了区域尺度气候-水稻单产关系，3 个不同的气候-单产模型（表 6-4）评估结果表明，决定系数为 15%，以温度、降水量和积温三因子的对数组合模型决定系数最佳。生长季平均温度趋势对水稻的单产有显著性正向影响（$P<0.001$），影响程度为温度每升高 1℃，对水稻单产的影响程度约为 1.17%，即水稻单产增加 65.15 kg/hm^2。生长季有效积温有显著性负向影响（$P<0.001$），影响为生长季有效积温每升高 1℃·d，则水稻单产减少 0.017%，若整个生育期内逐日增加 1℃，则对单产的影响约为 147.36 kg/hm^2。生长季降水量对水稻单产有显著的正向影响（$P<0.001$），生长季降水量每增加 1 mm 影响程约为 0.0007%，单产增加 0.039 kg/hm^2；若整个生育期内逐日增加 1 mm，则对单产的影响约为 6.07 kg/hm^2。

　　截面和面板两种统计模型应用于区域尺度上的气候-单产关系研究中。结果表明（表 6-3、表 6-4），面板模型中 T、P、GDD-Yrice model 是当前最能解释气候变化趋势的模型，对水稻单产的影响表现为正向效应，解释率为 15%。其中，生长期内温度变化对水稻单产影响较大，达 1.17%。与截面模型接近，但比站点统计均值低 1.48%。

　　（3）气候变化对单产影响的地理效应

　　时序站点尺度的地理效应。通过考察回归系数与地理因素之间的线性/非线性趋势及 5 次滑动平均趋势，发现气候-单产统计/经验关系中存在明显的地理效应（图 6-6、图 6-7、图 6-8），即地理因素决定了气候变化对中高纬地区水稻单产的影响程度，其中纬度上，温度的正效应集中体现在 41.2°～45.9°N；降雨的影响正效应则集中于 39.1°～41.9°N；经度上，温度影响水稻单产的正效应集中于 125.4°～129.9°E；降雨的正效应介于 119.3°～122.4°E；高程方面，县域平均高程小于 100 m 或大于 205 m 时，温度对水稻单产的影响呈正效应；降雨的正效应在县域平均海拔高于 500 m 后开始显现。近 30 年东北地区水稻受气候变化的增产区位于吉林东南部山区、三江平原等地；减产区位于辽宁的环渤海湾地区。

表 6-3　气候–水稻单产关系的截面模型及其地理因子影响

截面模型	气候和地理变量	回归系数	ΔY	STD	5% CI	95% CI	t stat.	R^2	Adjust R^2	dw
T, P and ln(Y) model	T_{avg}	0.623***	0.623%	0.028	0.569	0.678	22.59	0.39	0.38	1.22
	T^2	-0.015***		0.0008	-0.017	-0.013	-18.96			
	P_{avg}	0.008***	0.008%	0.001	0.006	0.010	8.49			
	P^2	-7.3E-06***		9.24E-07	-9.1E-06	-5.5E-06	-7.91			
T, P, geographic and ln(Y) model	T_{avg}	0.647***	0.647%	0.116	0.417	0.877	5.55	0.42	0.40	1.23
	T^2	-0.016***		0.004	-0.023	-0.009	-4.55			
	P_{avg}	0.008***	0.008%	0.001	0.006	0.010	7.69			
	P^2	-7.2E-06***		9.87E-07	-9.1E-06	-5.2E-06	-7.27			
	Lat.	0.009		0.006	-0.003	0.021	1.43			
	Long.	-0.022*	-0.022%	0.010	-0.043	-0.002	-2.15			
	DEM	-1.4E-04		9.78E-05	-3.3E-04	5.72E-05	-1.39			
GDD, P and ln(Y) model	GDD_{avg}	0.007***	0.007%	0.0003	0.006	0.007	20.32	0.22	0.20	1.39
	GDD^2	-2.1E-06***		1.14E-07	-2.3E-06	-1.9E-06	-18.67			
	P_{avg}	0.014***	0.014%	0.0009	0.012	0.016	15.64			
	P^2	-1.2E-05***	0.003%	8.48E-07	-1.4E-05	-1.1E-05	-14.68			
	GDD_{avg}	0.003**		6.01E-04	0.002	0.004	5.40			
	GDD^2	-8.8E-07**		2.27E-07	-1.3E-06	-4.3E-07	-3.87			
GDD, P, geographic and ln(Y) model	P_{avg}	0.009***	0.009%	0.001	0.007	0.01	7.84	0.39	0.37	1.28
	P^2	-7.6E-06***	0.027%	1.06E-06	-9.7E-06	-5.5E-06	-7.20			
	Lat.	0.027***		0.004	0.018	0.036	6.04			
	Long.	2.17E-04		0.009	-0.017	0.017	0.02			
	DEM	9.02E-05		8.75E-05	-8.3E-05	0.000263	1.03			

续表

截面模型	气候和地理变量	回归系数	ΔY	STD	5% CI	95% CI	t stat.	R^2	Adjust R^2	dw
T, GDD, P and ln(Y) model	T_{avg}	0.666***	0.666%	0.099	0.470	0.861	6.73			
	T^2	−0.02**		0.005	−0.03	−0.01	−4.05			
	GDD$_{avg}$	5.3E-04		9.5E-04	−0.0014	0.0024	0.56	0.40	0.38	1.20
	GDD^2	1.98E-07	0.008%	3.76E-07	−5.4E-07	9.41E-07	0.53			
	P_{avg}	0.008***		0.001	0.006	0.01	7.22			
	P^2	−7.1E-06***		1.06E-06	−9.2E-06	−5E-06	−6.69			
T, GDD, P, geographic and ln(Y) model	T_{avg}	0.735***	0.735%	0.208	0.324	1.146	3.53			
	T^2	−0.024**		0.008	−0.039	−0.009	−3.14			
	GDD$_{avg}$	0.0005		0.001	−0.002	0.003	0.48			
	GDD^2	3.19E-07		4.24E-07	−5.2E-07	1.15E-06	0.75	0.43	0.40	1.21
	P_{avg}	0.008***	0.008%	0.001	0.005	0.010	6.75			
	P^2	−6.9E-06***		1.06E-06	−8.9E-06	−4.8E-06	−6.47			
	Lat.	0.009		0.007	−0.005	0.02	1.30			
	Long.	−0.025*	−0.025%	0.011	−0.047	−0.003	−2.26			
	DEM	−1.3E-04		1.06E-04	−3.4E-04	7.6E-05	−1.26			

注：* 显著性水平：0.05；** 显著性水平：0.01；*** 显著性水平：0.001；下同。

表 6-4 气候-水稻单产关系的面板模型

截面模型	气候和地理变量	回归系数	ΔY	STD	5% CI	95% CI	t stat.	R^2	Adjust R^2	dw
	T_{ij}	78.48***	1.39%	30.65	18.36	138.5	2.56			
T, P and	T_{ij}^2	8.20***		1.16	5.93	10.47	7.08			
Y_{rice} model	P_{ij}	4.69***	12.67%	0.81	3.11	6.27	5.81	0.09	0.09	0.85
	P_{ij}^2	-0.004***		0.0007	-0.0057	-0.0028	-6.04			
	T_{ij}	-251.89**	-4.45%	86.0	-420.51	-2.93	-2.93			
	T_{ij}^2	-4.93**		2.40	-9.62	-0.23	-2.06			
	GDD_{ij}	5.16***	13.94%	0.78	3.64	6.69	6.63			
T, GDD, P and	GDD_{ij}^2	-0.004***		0.0007	-0.006	-0.003	-6.60			
Y_{rice} model	P_{ij}	9.65***	26.06%	1.15	7.41	11.9	8.43	0.16	0.16	0.87
	P_{ij}^2	-0.001***		0.0004	-0.0021	-0.0007	-3.90			
	T_{ij}	1.12***	1.12%	0.010	1.10	1.14	112.37			
	T_{ij}^2	-0.026***		0.0004	-0.027	-0.025	-68.90			
T, P and	P_{ij}	0.0017***	0.0017%	0.0003	0.0012	0.0022	6.46			
$\ln(Y_{rice})$ model	P_{ij}^2	-1.42E-06***		2.31E-07	-1.88E-06	-9.7E-07	-6.16	0.10	0.10	1.00
	T_{ij}	1.17***	1.17%	0.028	1.15	1.20	41.43			
	T_{ij}^2	-0.033***		0.0008	-0.034	-0.032	-41.84			
T, GDD, P and	GDD_{ij}	0.0017***	-0.017%	0.0003	0.0015	0.002	6.67			
$\ln(Y_{rice})$ model	GDD_{ij}^2	-1.38E-06***		2.25E-07	-1.61E-06	-1.16E-06	-6.13	0.15	0.14	1.03
	P_{ij}	0.0007	0.0007%	0.0004	0.0003	0.001	1.91			
	P_{ij}^2	2.47 E-07**		1.17E-07	1.29E-07	3.64 E-07	2.10			

1）纬向效应

东北县级水平的纬度介于 39.1°~50.2°N（图6-6）。39.1°~41.2°N 的温度对水稻单产随纬度增高而趋向正向影响，但总体影响呈负效应，均值–4.87%（介于–13.43%~8.22%）。41.2°~42.8°N 的温度对水稻单产随纬度增高而趋向增加正向影响，总体影响呈正效应，均值6.71%（介于–28.51%~45.62%）。42.9°~45.9°N 的温度对水稻单产随纬度增高而趋向减少正向影响，总体影响呈正效应，均值5.15%（介于–44.36%~43.20%）。介于 46°~47.8°N 的温度对水稻单产影响随纬度增高而趋向于小幅增高正向影响，均值 3.85%（介于–10.17%~19.68%）。47.9°~50.2°N，水稻对单产影响随纬度增高而趋向于小幅减少正效应，均值3.85%（介于–7.16%~16.76%）。积温与温度趋势类似，但在 47.9°N 以后，趋向于增强正效应。

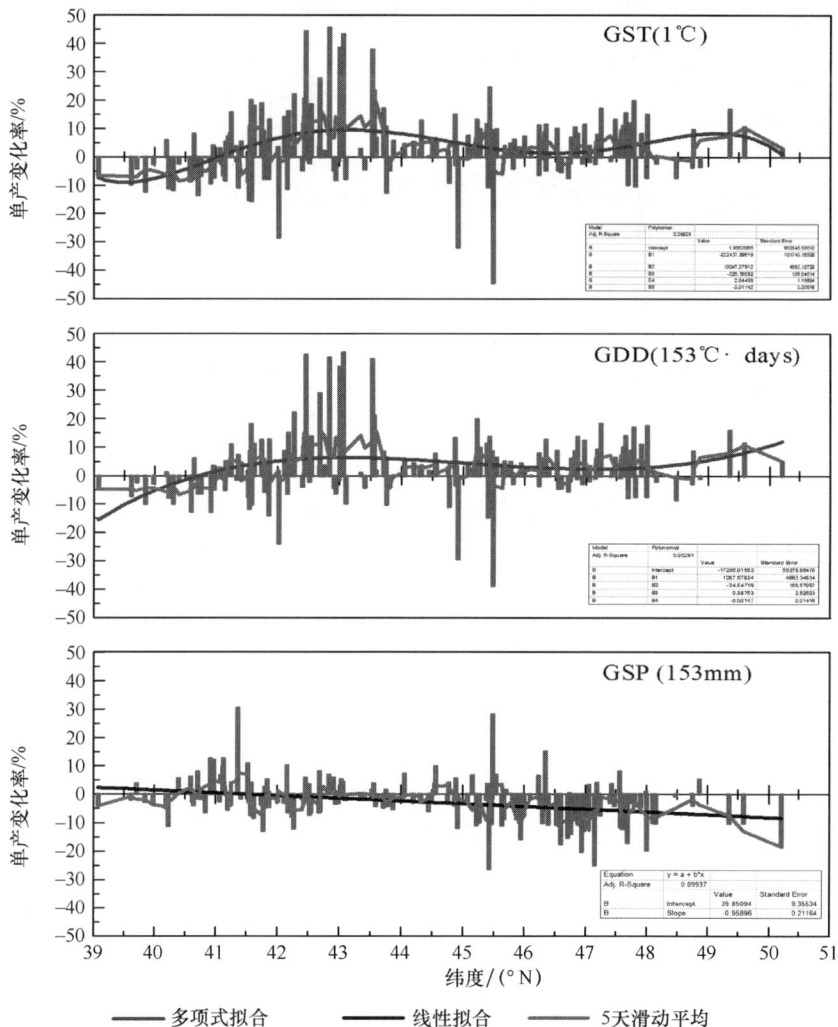

图6-6　县级站点尺度的气候-水稻单产关系回归系数的纬向效应趋势图

降雨对水稻单产随纬度增高而趋向增强负效应，且总体呈现负效应。39.1°~41.9°N 的降雨对水稻单产随纬度增高而趋向正向影响，均值0.24%（介于–12.95%~30.52%）。纬

度高于 42°N 的降雨对水稻单产随纬度增高而趋向负向影响, 总体为负效应, 均值−3.5%
(介于−26.32%~28.17%)。

2) 经向效应

东北县级水平的经度介于 119.3°~134.3°E。如图 6-7 所示, 温度对单产的影响随经度
的变化呈现增长趋势。经度介于 119.3°~122.7°E 时, 温度对单产的影响呈现负效应, 均值
为−8.44%(介于−44.36%~8.22%); 经度介于 122.8°~125.3°E 时, 温度对单产的影响呈现
正效应, 均值 1.69%(介于−31.92%~24.60%); 经度介于 125.4°~129.9°E 时, 温度对单产
的影响呈现随经度增加而升高的正效应, 均值为 9.5%(介于−10.58%~45.62%); 经度介
于 130°~134.3°E 时, 温度对单产的影响呈现随经度增加而降低的正效应, 均值为 6.94%
(介于−10.17%~43.2%)。积温趋势与温度有类似的趋势。

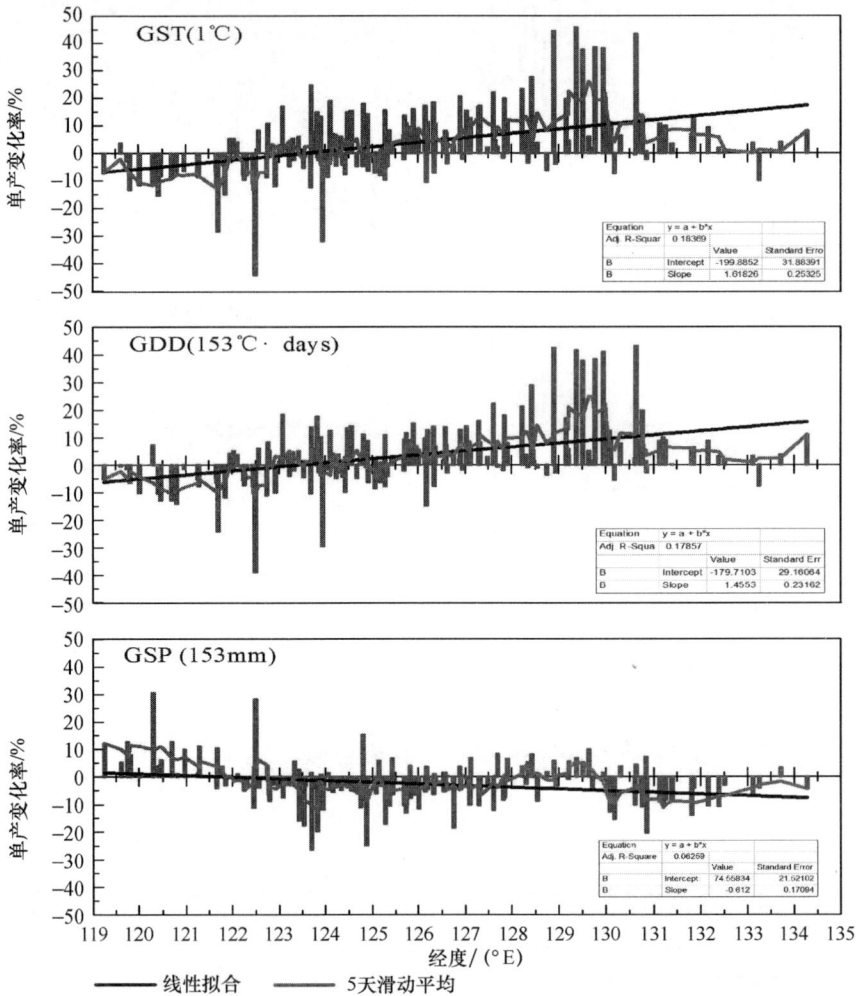

图 6-7　县级站点尺度的气候-水稻单产关系回归系数的经向效应趋势图

如图 6-7 所示, 降雨对水稻单产的影响随经度增加呈现降低趋势。经度介于 119.3°~
122.4°E 时, 降雨对单产的影响随经度增加显著降低, 但为正效应, 均值 3.93%(介于

-11.17% ~ 30.52%)；经度介于 122.5° ~ 129.6°E 时，降雨对单产的影响随经度增加降低呈负效应，均值-2.96%(介于-26.32% ~ 28.17%)。经度介于 129.7° ~ 134.3°E 时，温度对单产的影响呈现随经度增加而降低的负效应，均值-6.09%(介于-20.29% ~ 7.16%)。

　　3) 高程效应

　　东北县级的平均海拔介于 2 ~ 1 093 m。如图 6-8 所示，温度对水稻单产影响的程度随高程影响呈现"U"形曲线，即 100 m 以内温度对水稻单产的影响呈下降趋势，平均影响程度约为-1.24%；高程在 100 ~ 200 m，温度对单产的影响总体呈负效应，平均影响程度约为-0.06%；高程大于 200 m，则温度对单产的影响总体呈现正效应，且高程越大，单产受温度影响的程度越大，显著($P<0.05$)增强了气候-温度效应，平均影响程度约为 7.46%。积温趋势与温度有类似的趋势，但受高程影响在 205 m 后比温度显著，平均影响程度为 6.76%(介于-14.13% ~ 43.18%)。降雨对水稻单产影响的程度则随高程影响呈线性增加趋势，即随着高程的增加，降雨对产量的影响趋于降低，县域平均海拔高于 500 m 后，降雨的正效应开始显现，平均影响为 0.08%(介于-12.95% ~ 12.15%)。

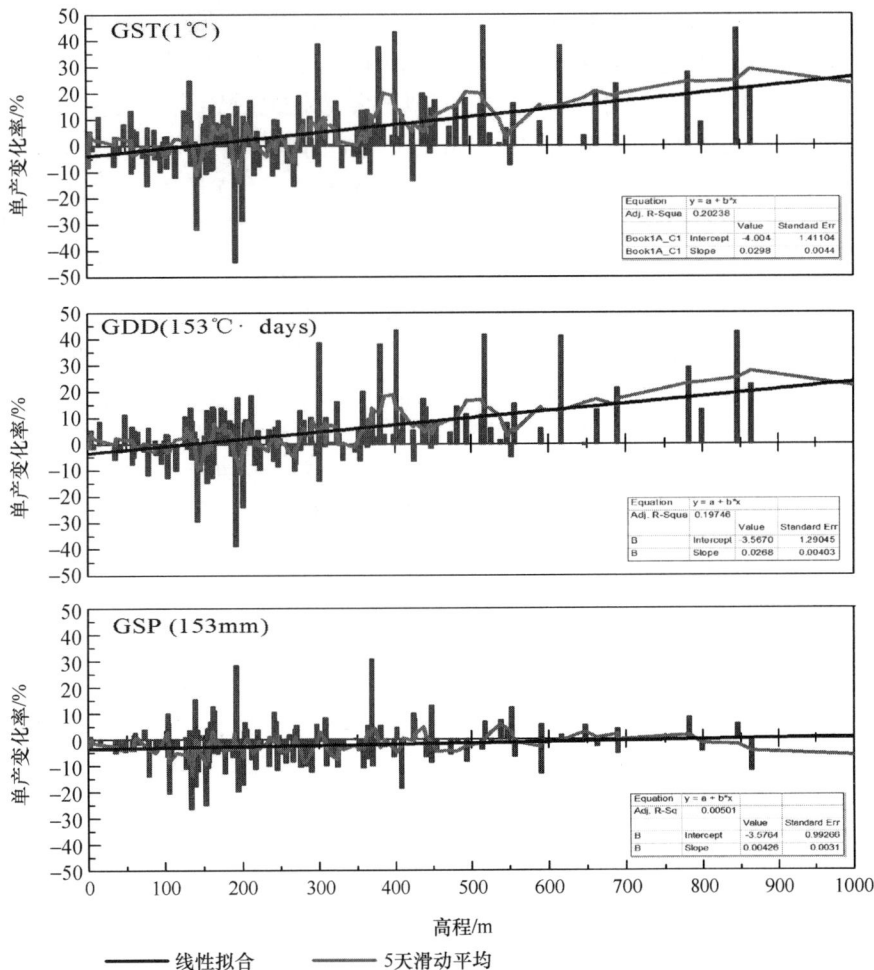

图 6-8　县级站点尺度的气候-水稻单产关系回归系数的高程效应趋势图

区域截面尺度的地理效应。表 6-3 中，截面模型在加入地理因子后，模型的整体决定系数提高了 4%，提高了温度的影响程度 0.07%，约为 4 kg/hm²；其中经度因子对气候-水稻单产有显著性影响，经度每向东变化 1°，水稻单产将降低 0.025%，约为 1.42 kg/hm²。高程和纬度上的影响则不显著。从区域尺度的评估可以看出，纬度及纬度上气候变暖对水稻单产提升有正向效应。从单产变化趋势也可看出，近 30 年随着纬度的增加，单产的增加更为显著。

总体上，地理效应对于区域尺度的综合评估比站点评估要小，特别是在站点尺度上，气候影响程度分布存在显著的经度，纬度和高程上的空间分异特征。因此可认为，在东北区域评估气候变化对单产的影响需要考虑经向效应。

4. 问题讨论

（1）气候-单产关系中的不确定性

我们的研究表明县级站点尺度的气候要素空间变异性非常大，尽管我们采用了耕地数据进行空间范围确定处理，但是依然存在气候要素的代表性降低而带来研究结果的不确定性。特别是将县级结果分析到区域尺度上，容易给整个区域的整体评估带来不确定因素。事实上，统计模型结果的可靠性特别依赖于空间数据的准确性，例如气象要素的插值精度和作物单产量的统计准确度，产量或气象数据的噪声会模糊两者之间的关系（Lobell and Burke，2008）。研究表明，在站点尺度上的评估影响程度的波动较大，温度影响均值为 3.65%（介于-54% ~ 43.3%），能解释的程度（R^2）介于 0 ~ 49.05%；区域截面数据的评估则为 0.74%（介于 0.32% ~ 1.15%），解释的程度为 43%；面板数据的评估则为 1.17%（1.15% ~ 1.20%），能解释的程度为 15%。

与实验站点的比较表明，区域气候变化与水稻单产的统计分析不确定性可能非常大（Tao et al.，2008），尽管如此，大量的研究还是表明，在大尺度上分析气候-单产关系还是可以降低地理因素和尺度的影响度（Lobell and Field，2007），研究也认为，地理因素在站点尺度的评估和比较时需要考虑，而区域尺度的评估考虑地理因素也可提高气候-单产统计关系的决定关系。客观定量地评估气候变化对水稻单产的贡献程度，可以为采取适应气候变化的措施，增加水稻产量，缩小产量差，最大限度地提高粮食供给能力提供帮助（Foley et al.，2011）。

（2）气候-单产关系中的地理效应

当前的气候-单产关系统计分析中，地理因素通常是被忽略的，但气候因子通常具有显著的地理分异特征。我们的研究表明，在县级站点尺度上，气候-水稻单产关系统计分析需要充分考虑地理因素的影响，因为气候因子本身分布具有地理分异特征，而水稻单产变化趋势的空间分布及提升则往往在不同的地理空间上表现出相反的趋势。在县级站点尺度的气候-单产趋势中，有一部分的不确定性就来自地理因素的影响，如将县级结果分析到区域尺度上，容易给整个区域的整体评估带来不确定因素。

5. 主要结论

本研究基于东北地区 178 个县市的水稻单产统计数据和气候统计数据，运用去趋势化的时序回归，截面回归和面板回归分析，获得了不考虑和考虑地理因素的气候变化对水稻单产影响程度。研究有以下三个主要结论。

（1）近 30 年东北地区生长季平均温度以 0.42℃/10a 变暖；有效积温每年增加 13.17℃·d；降水量以 2.79 mm/a 减少但不显著；全区域的水稻单产平均值为 5665.44 kg/hm²，增产趋势表现为 134.4 kg/(hm²·a)。

（2）东北地区的水稻单产增长受益于气候变暖。县级站点尺度去趋势化后气候-水稻单产关系表明，64% 的县域水稻种植区内生长期内平均积温趋势对水稻单产的影响表现为正效应，生长期内积温每增加 1℃·d，则水稻单产增加 1.18 kg/hm²，对单产的影响约为 3.2%；68% 的县域水稻种植区内生长期内降水量趋势对水稻单产的影响表现为负效应，降水量每减少 1 mm，则水稻单产降低 0.85 kg/hm²，对水稻单产的影响约为 -2.3%。64.6% 的县域稻种植区内生长期内平均温度趋势对水稻单产的影响表现为正效应，每增加 1℃，则水稻单产增加 206.63 kg/hm²，则对单产的影响约为 3.65%。区域尺度气候-水稻单产截面回归关系表明，生长季平均温度趋势对水稻单产有显著性正向影响（$P<0.001$），影响程度为温度每升高 1℃，对水稻单产的影响程度约为 0.62%~0.67%，水稻单产增加 36.25~37.96 kg/hm²。生长季降水量对水稻单产有显著的正向影响（$P<0.001$），生长季降水量每增加 1 mm 影响程约为 0.008%，单产增加 0.45 kg/hm²。面板统计模型则表明，生长季平均温度趋势对水稻的单产有显著性正向影响（$P<0.001$），影响程度为温度每升高 1℃，对水稻单产的影响程度约为 1.17%，水稻单产增加 65.15 kg/hm²。生长季有效积温有显著性负向影响（$P<0.001$），影响为生长季有效积温每天升高 1℃·d，则水稻单产减少 0.017%，对单产的影响约为 147.36 kg/hm²。生长季降水量对水稻单产有显著的正向影响（$P<0.001$），生长季降水量每天增加 1 mm 影响程度约为 0.0007%，对单产的影响约为 6.07 kg/hm²。气候变化在县级站点的影响变异最大，也容易高估气候因子特别是降水量的影响。

（3）气候-水稻单产统计关系分析中，在站点时序分析和区域截面分析中需要考虑地理因素的影响，在现有站点和区域尺度的统计关系分析中，地理因素的忽略增加了影响程度评估的不确定性。研究结果表明，站点尺度上纬度方面，温度的正效应显现在 41.2°~50.2°N，温度影响水稻单产的集中于 41.2°~45.9°N；降雨对水稻单产随纬度增高而趋向增强负效应，且总体呈现负效应，降雨的影响正效应则集中于 39.1°~41.9°N；经度上，温度影响水稻单产的正效应集中于 125.4°~129.9°E；降雨的正效应介于 119.3°~122.4°E；高程方面，县域平均高程小于 100 m 或大于 205 m 时，温度对水稻单产的影响呈正效应；降雨的正效应在县域平均海拔高于 500 m 后开始显现。区域尺度上，截面模型在加入地理因子后，模型的整体决定系数提高了 4%，提高了温度的影响程度 0.07%，约为 4 kg/hm²；其中经度因子对气候-水稻单产有显著性影响，经度每向东变化一度水稻单产将降低 0.025%，约为 1.42 kg/hm²。高程和纬度上的影响则不显著。

6.2.2　春玉米对热量资源变化的时空响应

了解过去作物种植制度演变及其对气候变暖的响应对中国的粮食安全是必不可少

的。利用过去30年的气象数据，玉米物候观测数据和玉米统计数据，我们从玉米品种熟型、种植面积及产量等方面研究了中国东北地区玉米主要种植区域内（39°~48°N）种植制度对气候变化的响应及适应。

1. 数据来源

研究选择中国国家气象局提供的1980~2010年期间的气象观测数据和农业物候记录数据作为输入数据集。其中气象观测数据，包括日最高温、最低温及均温，均来自中国东北地区的90个气象站点；作物物候观测数据集来自研究区内79个农业物候监测站（黑龙江省34个，吉林省21个，辽宁省24个；图5-1），数据集提供了1990~2010年期间中国作物生长发育信息，即包括作物出苗期、抽穗/抽雄期和成熟期以及生育期长度（出苗期到抽穗期的天数）。以上观测数据用以分析1990~1999年与2000~2010年两者间玉米实际生长期的差异。1980年以来中国东北地区玉米种植面积和产量数据来自中国种植信息网（PINC，2010）。此外，1980~1989年、1990~1999年和2000~2010年的中国东北地区土地利用覆被数据集由中国科学院提供，该数据集以Landsat TM数据为基础的人工目视解译得到。

2. 方法

（1）作物数据和气象数据预处理

通常中国东北地区玉米适宜播种的起始时间是日均温首次达到7℃的日期，该地区玉米开始生长的最低温度为10℃。因此，研究将日均温首次超过10℃的日期设定为生长开始期，将日均温首次低于2℃设定为生长结束期（Jia and Guo，2010），并选择五日滑动平均法计算每个站点的记录数据。首先，理论上的玉米播种期和成熟期分别由5月初和9月末稳定通过10℃和2℃决定的；其次，从气象学角度看，将播种期与成熟期之间的天数设定为温度允许生长期，即在一个给定区域内适宜玉米生长温度的时期；再者，年积温（AAT）的计算方法为计算在1980~2010年期间稳定通过10℃的生长季开始与结束之间的累积温度。利用GIS反距离权插值方法对AAT和温度允许生长期分别进行插值，以得到两者的空间分布信息。

研究根据大于10℃的AAT和温度允许生长期指标将玉米的品种熟型划分为不适宜型（UST）、极早熟型（EEM）、早熟型（EM）、早中熟型（EMM）、中熟型（MM）、中晚熟型（MLM）及晚熟型（LM）（表6-5）。

表6-5　玉米品种熟型的分类标准

玉米品种熟型	AAT of≥10℃/（℃·d）	生长期/d	玉米品种熟型	AAT of≥10℃/（℃·d）	生长期/d
极早熟型	[2100, 2200)	110~115	中熟型	[2550, 2700)	120~140
早熟型	[2200, 2400)	115~125	中晚熟型	[2700, 2800)	135~145
早中熟型	[2400, 2550)	120~128	晚熟型	[2800, 3100]	145~150

（2）玉米分布的空间分配

近年来，基于多源数据融合的农作物空间分布模拟方法日益得到关注（Monfreda et al.，2008；Ramankutty et al.，2008；Portmann et al.，2010），但模拟得到空间分辨率为 5′×5′ 的作物空间分布数据仅使用了 2000 年的省级统计数据，无法再现作物的较长时间尺度的时空动态变化过程。针对以上不足，研究利用由国际食物政策研究所（International Food Policy Research Institute，IFPRI）开发的作物空间分配模型（SPAM）模拟了 1980~2010 年玉米种植面积和产量的空间分布特征（You et al.，2009b）。模型输入数据来自农业部发布的农业统计数据，主要为东北三省 1980~2010 年县级农业调查卡片数据，选用数据项包括玉米单产、面积和总产等；行政区划边界为 2010 年全国县级行政区划图；灌溉数据来源于联合国粮农组织（FAO）和德国卡塞尔大学（Kassel University）联合开发的全球农业土地灌溉分布图（Siebert et al.，2005；2007）；土地利用数据来自中国科学院全国土地利用遥感调查结果（1985、1995、2000 和 2005），本节使用了东北三省范围内的耕地图层。农业气候适宜性数据采用了 FAO 的农业生态分区结果（global agro-ecological zones，GAEZ）（Fischer et al.，2000），该数据提供了潜在作物适宜种植区分布。人口密度数据来自世界人口栅格分布图（global population of world，GPW Version 2）（CIESIN et al.，2000），该数据集提供了全球尺度上每平方公里内的人口数量，用于表示作物空间分配过程中的市场通达性。所有数据通过建立交叉信息熵获得各像元内各种作物的分布概率，进行空间优化配置，获得作物最大分布概率，模型输出结果包括 1980 年、1990 年、2000 年和 2010 年玉米种植面积和产量的空间分布。

（3）玉米品种熟型动态变化分区

在 1980~2010 年的玉米动态变化复杂性是以玉米品种熟型的潜在分布为基础。将分区配置设定为稳定区和过渡区两种典型类别。稳定区主要指 AAT 值和温度允许生长期两种指标均保持不变的区域，如主要区域仍然是分别以 EM、MM、MLM 和 LM 熟型为主；过渡区主要指最初的品种熟型由于显著的气候变化而被其他熟型所替代，如玉米种植由不适宜种植区转变为极早熟区（UST→EEM），极早熟区转变为早熟区（EEM→EM），早熟区转变为中熟区（EM→MM），中熟区转变为中晚熟区（MM→MLM）以及中晚熟区转变为晚熟区（MLM→LM）等。

3. 结果分析

（1）东北地区玉米品种熟型动态变化及分区

本研究以玉米熟型的分类标准来评估东北地区不同玉米熟型的潜在分布区域（图 6-9）。在 1980~1989 年，大小兴安岭地区的玉米生长季长度整体上增长了 10~20 天，大于 10℃ 的 AAT 值增加了 100~200℃·d。因此，东北地区晚熟型玉米的潜在分布区域的比例由 50% 增加到 60%；中晚熟型和中熟型玉米的潜在分布区域整体上向东移动，比例保持在 20% 左右。在 1990~1999 年，小兴安岭、松嫩平原以及辽河平原地区的玉米生长季长度平均增长了近 10 天，黑龙江省大于 10℃ 的 AAT 值平均增加了 100~200℃·d；吉林省西部地区大于10℃的AAT值增加了近100℃·d;辽宁省南部地区则增加了100~200℃·d。长白山东部地区早熟型玉米的潜在分布区几乎全部转变为中熟型玉米种植区,早熟型玉米种植区比例由1980~1989年间的20%下降到2010年的10%以下。晚熟型玉米品种已能够在松嫩平原南部和三江平原东部地区种植,黑龙江省内晚熟型玉米潜在种植区比例已从1980~1989年的10%上升至1990~1999年间的20%。中晚熟型和晚熟型玉米潜在种植区域整体上向北移动了近150 km,其所占比例分别达到了35%和25%。早熟性玉米的潜在种植区域在向北缩减,其比例由1980~1989年的20%减少至低于10%。在20世纪80年代以前,小兴安岭地区无法满足玉米生长的热量需求,而在1990年后,该地区已变为极早熟玉米潜在种植区域。2000年以来,潜在种植区域的变化与1990~1999年基本相似。但除大兴安岭地区外大于10℃的AAT值有显著变化外(增加了200~400℃·d),其他地区的变化并不显著。

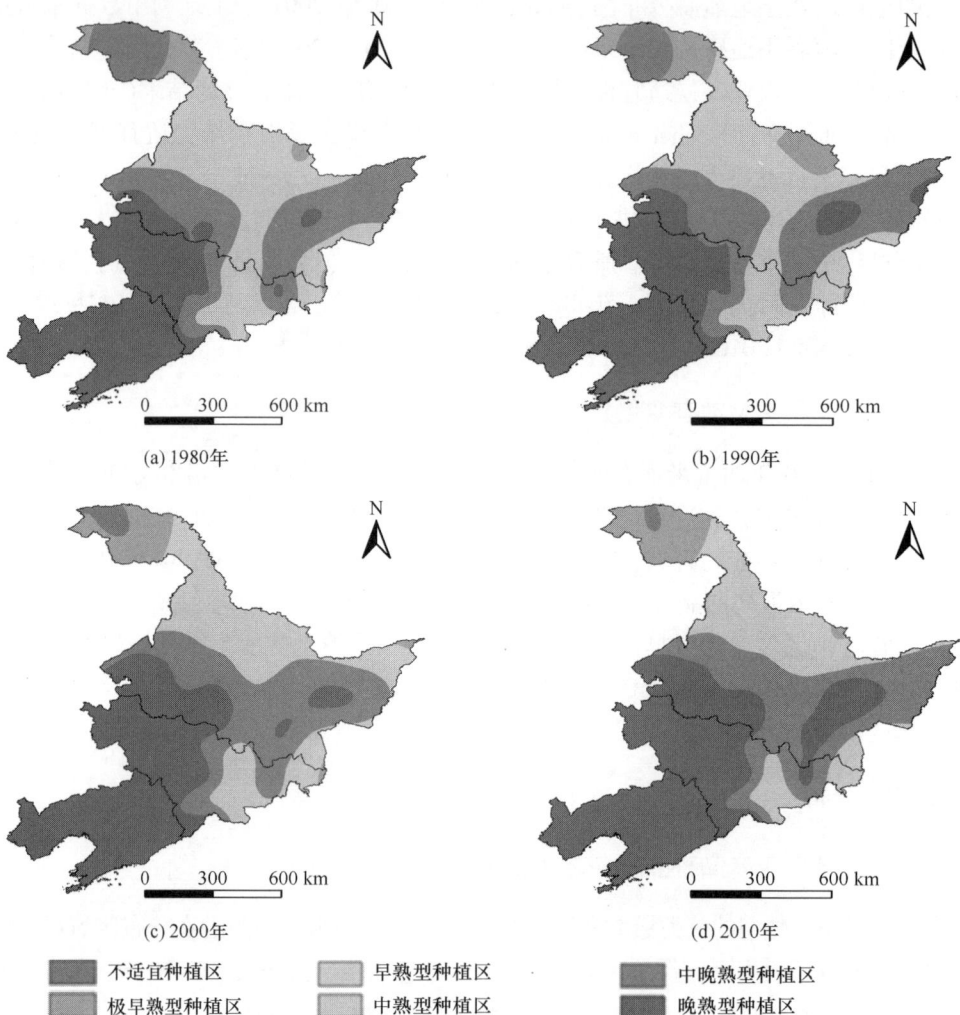

(a) 1980年　　(b) 1990年

(c) 2000年　　(d) 2010年

■ 不适宜种植区	□ 早熟型种植区	■ 中晚熟型种植区
■ 极早熟型种植区	□ 中熟型种植区	■ 晚熟型种植区

图6-9　1980~2010年东北地区不同玉米品种熟型的潜在空间分布

1980(a),1990(b),2000(c),2010(d)

　　1980~2010 年期间玉米品种熟型的分区显示(图 6-10)，过渡区主要位于吉林省东部和黑龙江省大部地区，稳定区主要位于东北地区的南部和东北部。在所有区域类型中，分布在辽宁省和吉林省西南部地区保持不变的晚熟型地区面积最大(257 000 km²)；第二大区域为中晚熟型转为晚熟型的玉米种植区(136 000 km²)，该区域主要位于松嫩平原南部和三江平原中部；第三大区域为为早熟型转为中熟型的玉米种植区(75 000 km²)，该种植区主要分布在小兴安岭和长白山地区。此外，在黑龙江省西北部地区的部分不适应种植区和极早熟型地区分别转为极早熟型和早熟型的玉米种植区，面积达到近 69 000 km²。

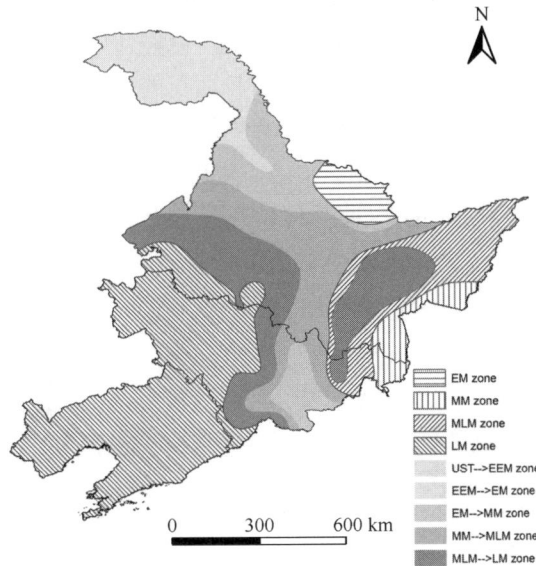

图 6-10　1980~2010 年东北地区玉米品种熟型的分区
稳定熟型区为阴影部分区域；过渡熟型区为单一色部分区域

（2）不同区域内玉米种植面积的变化

　　研究利用 SPAM 模型模拟了玉米种植面积和产量的空间分布，并通过分区统计功能对过去 30 年的东北地区各玉米种植过渡区内玉米种植面积的变化进行分析。在 1980~1989年，温度升高在很大程度上增加了中晚熟型转为晚熟型玉米种植区的面积。玉米种植面积的扩展区主要位于吉林省中部和黑龙江省南部地区[图 6-11(a)]。东北地区玉米种植面积增加了近 130 万 hm²，其中稳定区内玉米种植面积的增加低于 10%[138 000 hm²，图 6-12(a)]，玉米种植面积增加总量 90% 的贡献则是由于过渡区内中晚熟型转为晚熟型的玉米种植区的拓展带来的，该过渡区的玉米种植面积增长超过 110 万 hm²[图 6-12(b)]。

　　在 1990~1999 年，玉米种植面积的增加区域主要分布在黑龙江省中南部地区内的中晚熟型转为晚熟型的过渡区，以及东北北部地区内的中熟型转为中晚熟型的过渡区[图6-11(b)]。在此期间，东北地区玉米种植面积增加了近 84 万 hm²，其中稳定区内玉米种植面积增加了 13.5 万 hm²[图 6-12(a)]，增加的区域主要来自晚熟型和中晚熟型的玉米种植区。在过渡区内，其中由中晚熟型转为晚熟型的玉米种植过渡区面积增加了 53 万hm²，由中熟型转为中晚熟型的玉米种植过渡区面积增加了 14 万 hm²[图 6-12(b)]，两者对玉米种植面积增加的贡献达到近 80%。

2000 年以来，玉米种植面积持续迅速扩展，面积增加区域主要集中在辽宁省中西部、吉林省中部和黑龙江省东部地区的晚熟型玉米种植区[图 6-11(c)]。期间玉米种植总面积增加了 280 万 hm²，其中稳定区内的晚熟型玉米种植面积增加了 210 万 hm²[图 6-12(a)]，占总增加面积的 65%。在过渡区内，由中熟型转为中晚熟型和中晚熟型转为晚熟型的玉米种植过渡区面积分别增加了 31 万 hm² 和 37 万 hm²[图 6-12(b)]，两者对玉米种植面积增加的贡献大于 20%。由此可知，近 10 年来，稳定区内玉米种植面积增加变快，而过渡区的玉米种植面积增加则放缓。

研究表明，近几十年来东北地区玉米的种植制度已经适应了气候变暖，玉米种植面积也增加了近 500 万 hm²，其中在 2000 年以前玉米种植面积的增加占 55%（图 6-12）。此前，超过 80%增加的面积主要来自吉林省中部和黑龙江省东部南部地区内的中晚熟型转为晚熟型的玉米种植过渡区面积的增加。但在近 10 年来，玉米种植面积主要变化区域为辽宁省中西部和吉林省中部地区内晚熟型玉米面积的增加[图 6-11(a)、图 6-11(b)、图 6-11(c)]。

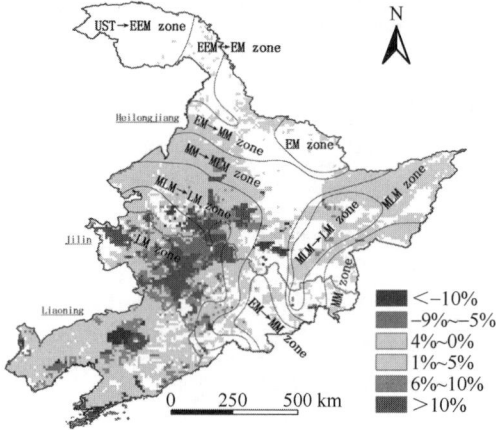

(a) 20世纪80年代

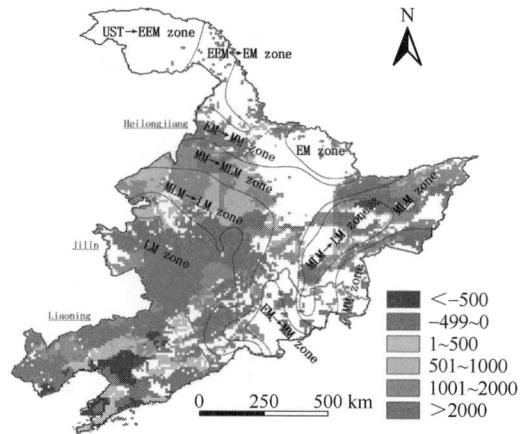

(d) 20世纪80年代

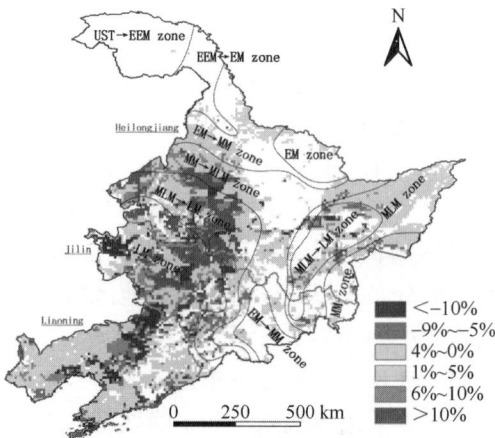

(b) 20世纪90年代

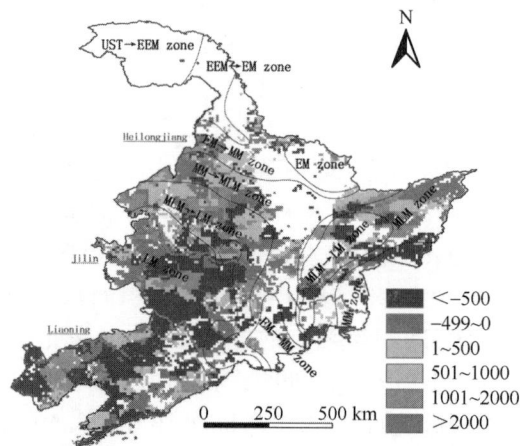

(e) 20世纪80年代

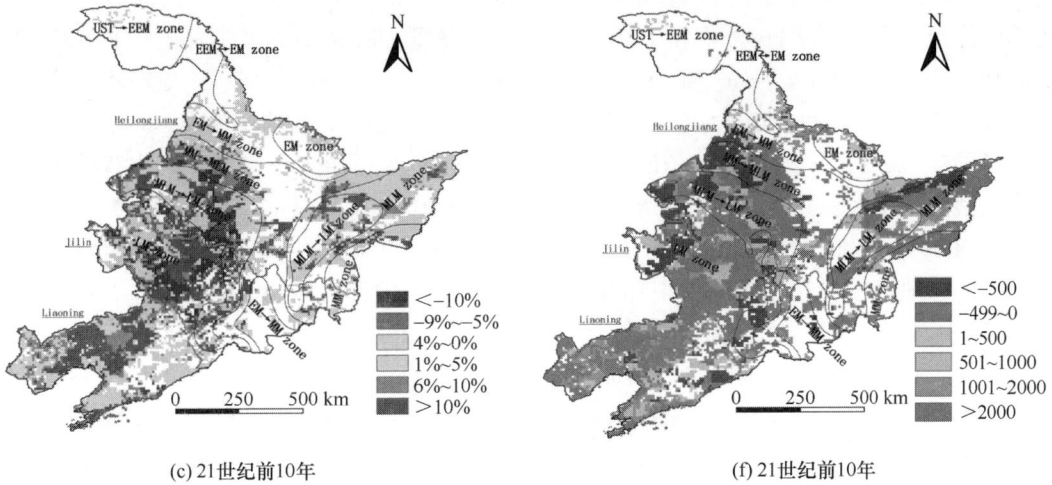

图 6-11 1980~2010 年东北地区玉米种植面积比例的空间变化(a)、(b)、(c)和
1980~2010 年东北地区玉米单产的空间变化(d)、(e)、(f)

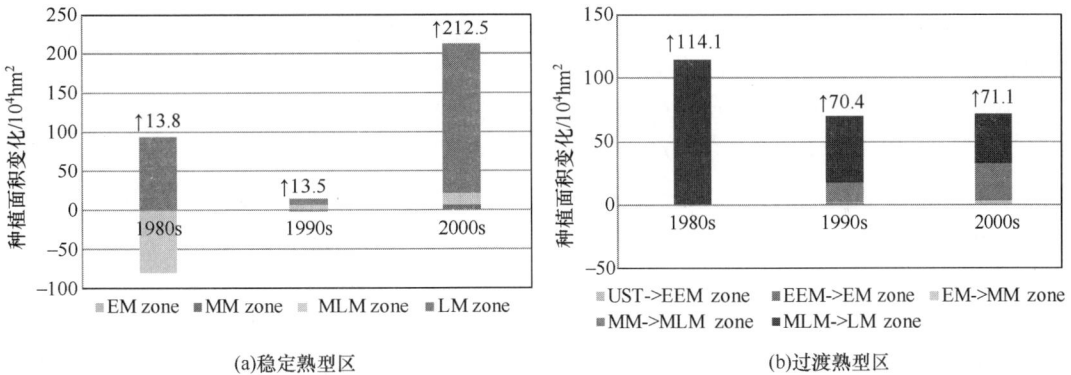

图 6-12 1980~2010 年东北地区不同气候类型玉米种植面积变化

(3) 不同区域内玉米单产的变化

同样，SPAM 模型也可对过去 30 年东北地区玉米单产的空间分布进行模拟，并通过分区统计功能再现了过去 30 年的东北地区各玉米种植区内玉米单产的变化。1980~1989 年，玉米单产的提升主要位于吉林省中西部和黑龙江省南部地区[图 6-11(d)]。此段时期玉米产量的总体变化趋势显示玉米单产平均提升了 1 800 kg/hm²，其中早熟型、中熟型、中晚熟型和晚熟型的玉米种植稳定区内的单产分别增长了 1 792 kg/hm²、2 372 kg/hm²、2 124 kg/hm² 和 1 876 kg/hm²[图 6-12(a)]。在过渡区内，如不适宜区转为极早熟型、极早熟型转为早熟型、早熟型转为中熟型、中熟型转为中晚熟型和中晚熟型转为晚熟型的玉米种植过渡区内，玉米单产分别提升了 669 kg/hm²、2 075 kg/hm²、2 272 kg/hm²、1 713 kg/hm² 和 1 627 kg/hm²[图 6-12(b)]。

在 1990~1999 年，玉米单产增加区域位于黑龙江省中部地区，而减产区域主要位于黑龙江省北部和中部、辽宁省中部及吉林省中西部地区[图 6-11(e)]。总体上，此段时期玉米的单产水平保持在 4500 kg/hm² 左右，其中早熟型和中熟型的玉米种植稳定区内的单产分别稍提升 192 kg/hm² 和 77 kg/hm²，中晚熟型和晚熟型的玉米种植稳定区内的单产则分别下降了 93 kg/hm² 和 263 kg/hm²[图 6-12(a)]。在过渡区内，如在不适宜区转为极早熟型、极早熟型转为早熟型和早熟型转为中熟型的玉米种植过渡区内，玉米单产下降了 26 kg/hm²、533 kg/hm² 和 271 kg/hm²；而中熟型转为中晚熟型和中晚熟型转为晚熟型的玉米种植过渡区内，玉米单产则提升了 600~700 kg/hm²[图 6-12(b)]。

　　自 2000 年以来，东北地区玉米单产持续增加，单产平均增产超过 1600 kg/hm²，其中显著增加地区主要位于吉林省中部和黑龙江省南部及中部地区[图 6-11(f)]。在稳定区内(如中熟型、中晚熟型和晚熟型玉米种植区内)的玉米单产增加了 1000 kg/hm²[图 6-12(a)]。在过渡区内，玉米单产增加亦超过了 1 500 kg/hm²[图 6-12(b)]。

　　上述结果表明无论是在玉米品种熟型的稳定区或是过渡区，玉米种植制度能够适应气候变暖。在 1980~1989 年和 2000 年以后的时段内，玉米单产呈显著增加，其中前一时段的稳定区内玉米单产增加幅度比过渡区内的单产稍高。

4. 问题讨论

　　近年来有研究表明，我国东北地区的气候变暖可能有利于玉米生产(Tao et al.，2008a；Jia and Guo，2010；Chen et al.，2011)，但仍需更进一步了解玉米种植制度对气候变化的空间响应。基于气象数据的研究显示，东北地区玉米的适宜生长期与种植区域将延长 10 天以及向北推移 80km(Chen et al.，2012)。研究结果显示，在黑龙江省北部低热量资源的部分地区已经能够种植早熟型玉米品种；在辽宁省北部地区的玉米品种熟型将由中熟型转为中晚熟型以增加玉米产量。因此，热量的增加将使这些地区能够种植生长季更长的玉米新品种。同时，这些地区内的中熟型、中晚熟型及晚熟型玉米品种种植界线也向北推移超过 150 km，相应地，玉米种植比例由 20% 提升至 30%；而潜在的早熟型品种种植区将向北缩减，种植比例则下降至低于 10%(图 6-9)。由于晚熟型品种的产量要高于早熟型及中熟型玉米品种的产量，因此，在同样的气候及土壤条件下的过渡区内改变种植品种能够提高玉米产量。在此基础上，我们制定了分区配置，以比较种植面积和单产的在玉米品种熟型之间的空间差异。结果显示，实际玉米种植制度的空间响应与已有的气候评估结果之间具有一致性(Tao et al.，2008a；2008b)，而比较显示，不同区域对气候变暖存在不同的响应过程。如玉米单产在 1990~1999 年基本保持稳定状态，而自 2000 年以来，过渡区内玉米单产的增加则明显高于其他地区。由此可见，种植制度的适应是一个渐进过程，当前的种植制度已在积极地适应气候变暖(Chen et al.，2011)。在受热量限制的区域内，随着气温升高，玉米品种经过被不断地选择，而新品种将具有更长的生育期，如由不适宜区转为极早熟型区。此外，农民通过调整玉米播种期和收获期以及拓展种植面积，充分利用气候变暖所带来的正效应，进而达到玉米增产的目的。玉米生育期的延长以及种植区的拓展表明东北地区农事活动的调整。结果显示，东北地区的玉米种植制度适应气候变暖具有很大潜力，同时将使未来玉米产量增加，尤其在北部区域。

　　在研究时段内，东北地区的玉米品种熟型变化受到了气候变化的极大影响。研究中我们仅考虑温度上升对玉米品种熟型的影响，尽管东北地区 400~1 000 mm 的年降水量能够满足玉米生长发育，但相关研究表明，东北地区降水量的增加仍不能补偿由于变暖而导致升高的蒸散量(Tao and Zhang，2011)。东北地区的玉米生育期内仍表现为水资源缺乏状态，而在缺少灌溉设施的地区，农业生产也将受到一定程度影响。此外，也有研究发现东北地区年际间的降水量变化较大(Chen et al.，2011)，意味着这些地区发生极端天气(如低温冻害)的概率有可能升高。因此，降水量的变化也是影响玉米种植面积变化的因素之一(Liu et al.，2012)，也需要更深入的能够区分玉米品种熟型变化原因的研究，即降水量的变化对玉米种植面积和产量的影响(Zhang et al.，2012)。

本研究尽管提供了作物种植制度变化的空间信息，但作物观测数据也无法完全及时反映玉米生长对环境条件(包括气温、降水以及日照时数)的空间响应。近年来，NDVI时序数据被广泛用于植被长势监测、作物种植面积提取、作物类型识别以及作物种植制度确定等研究领域(Jönsson and Eklundh，2002；Piao et al.，2006)。因此，通过遥感手段能够及时全面地反映区域尺度上的时空动态变化信息，包括作物的空间分布、作物生长发育过程对环境条件(包括气温，降水以及日照时数)变化的时空响应。

5. 主要结论

研究阐述了过去 30 年我国东北地区玉米对气候变暖的空间响应。农业气候特征的变化使得具有更长生育期的玉米品种能够生长。研究结果表明，近几十年来东北地区玉米种植制度已适应气候变暖。但是，在过渡区内玉米熟型品种的实际种植面积的扩展并不是完全如预期发生。玉米产量的提升主要在于播种期和收获期的调整，玉米生长季长度的延长，以及种植面积的空间优化。在当前及今后，我国东北地区在确保国家粮食安全方面仍扮演着重要角色，而面对未来气温的升高，可在玉米生产过程中采取品种改良、农事活动调整等差异化的适应措施以充分利用气候变暖带来的正效应。

6.3 农作物种植结构对社会经济的响应

作为土地利用变化研究领域焦点之一的驱动力机制研究一直备受关注；一些专家学者认为土地利用变化机制研究是土地利用变化模拟的基础，是土地变化科学基本规律的研究，是土地利用变化问题核心的研究部分(Turner et al.，1995；李秀彬，1996；史培军等，2000)。目前，随着土地利用类型及其空间结构的精细化(精细到农作物层面，而非停留在耕地、草地层面)，带动了在此基础上衍生的空间结构变化机制的探讨，驱动力机制研究由土地利用大类型向土地利用精细化类型转变(何英彬等，2013)。农作物空间格局动态变化对全球变化的响应机理影响因子一般分为自然因子和社会经济因子两大体系，两大体系的因子相互交织作用，致使农作物空间格局发生变化(何英彬和陈佑启，2004；ORourke，2005)；然而经研究，社会经济因子在中短时间尺度的影响效果较为明显，中短期内土地利用变化主要是人类行为主导(邵景安等，2007)。因此，基于多因子多尺度的空间统计分析研究方法比较研究农作物空间格局动态变化对全球变化的响应机理，真正认识导致其动态变化的原因，对于农作物空间格局变化研究具有重要意义(唐华俊等，2004)。

6.3.1　东北地区农作物种植结构变化
对社会经济因素变化的响应机理

响应机理研究方法大致分为三类：定性分析、统计方法和数量模型。定性分析是指通过对研究客体的概念、特点及其相关因素的分析，从而对土地利用/覆盖变化的驱动力进行定性描述（谭少华和倪绍祥，2005）。统计方法是从土地利用/覆盖变化与所确定的影响因子数值间的统计关系来确定驱动力机制，如多元回归模型对土地利用/覆盖变化进行线性和非线性模拟就属于这一类。土地利用变化驱动力机制目前的研究仍然是以多元统计（多元回归及逐步回归）研究为主，此类研究方法比较成熟（张勃等，2006；汪小钦等，2007；谢花林和李波，2008；高啸峰等，2009）。在数量统计学之外，一些学者提出了数量模型如系统动力学方法和人工神经网络方法，这些方法为土地利用驱动力机制研究提供了新的思路，但这些方法模型的建立较为困难，机理相对较难，不便于方法在该领域的普及，应用于土地利用驱动力机制解释时，由于内部机制无法清楚解释，因此存在一定的缺陷（Pijanowsk et al.，2002；Dai et al.，2005；李月臣和刘春霞，2009）。因此，本研究应用定性分析和统计分析两种方法对于东北地区农作物种植结构变化对社会经济因素变化的响应机理开展研究。

1. 专家调查与农户调查定性分析

（1）专家调查及分析

为了应用专家调查法进行东北地区农作物种植结构变化对社会经济因素变化的响应机理研究，特邀请了与研究领域相关的 20 位专家对东北地区农作物种植结构变化对社会经济因素变化的影响因素进行排序，选择重要的影响因子（表 6-6）。

表 6-6　东北地区稻谷面积变化社会经济驱动力因素专家问询结果样例表

编号	因素 1	因素 2	因素 3	因素 4	因素 5
1	价格上涨	粮食直补政策	机械化	—	—
2	价格上涨	政策支持	—	—	—
3	比较效益高	水利设施建设	资源开发	科技进步	—
4	品质提高	单产提高	价格上涨	政策支持	—
5	政策支持	农业投入	科技进步	—	—
6	市场需求	—	—	—	—
7	市场需求	比较效益高	品质提高	—	—
8	品质提高	比较效益高	单产提高	价格上涨	农业结构调整
9	比较效益高	科技进步	水利设施建设	—	—
10	政策支持	价格上涨	种植偏好	—	—
11	价格上涨	政策支持	—	—	—

续表

编号	因素 1	因素 2	因素 3	因素 4	因素 5
12	经营规模优势	政策支持	科技进步	市场需求	—
13	大量湿地被开垦	农业结构调整	机械化	—	—
14	市场需求	农业投入增加	单产提高	—	—
15	价格上涨	水利设施建设			
16	价格上涨	科技进步	机械化	加工业发展	—
17	品质提高	科技进步	品种		
18	市场需求	科技进步	水利设施建设	农业机械化	—
19	科技进步	农业结构调整	价格上涨	林草地转化为农田	
20	品质提高	大豆面积锐减	栽培技术与病虫害防止技术好	育种技术过硬，品种优良	政策支持

为了量化专家调查结果，充分说明各方面社会经济影响因子对于农作物空间格局的影响，特应用影响指数确定不同影响因素及影响因子的排名先后：

$$IF = \sum_{i=1}^{n} S_i / n \qquad (6\text{-}2)$$

式中，i 代表影响因素或影响因子；n 代表影响因素或影响因子出现的频率（次）；S_i 代表影响因素或影响因子在各专家打分过程中的排位，如第一位为 1，第二位为 2，…在影响因素或影响因子出现频率大体相当的情况下，可根据影响指数判断其重要性。

东北地区水稻面积变化社会经济因素影响指数分析结果见表 6-7。

表 6-7　东北地区水稻面积变化社会经济驱动力因素影响指数分析表

影响因素	频率	影响指数	影响因素	频率	影响指数
市场需求	14	1.79	政策补贴（农机和直补）	11	2.64
政策支持	17	2.52	农业产业结构调整	10	2.60
科技进步	13	2.307	作物品质（质量）	12	2.00
经营方式	1	—	单产（数量）	12	2.50
第二产业发展带动	1	—	规模经营		
农户意愿	1	—	加工业发展		
价格上涨	14	1.79	种植偏好		
农业投入（基础设施）	12	2.42			

根据表 6-7 可知，东北地区水稻面积变化社会驱动力因素可以归结为三大影响因素：市场需求、政策支持、科技进步。具体到影响因子其排序为：粮食收购价格上涨、由于科技进步导致水稻品质提高、政府农业直接间接投入与促进农村水利基础设施建设、由于科技进步使得单产提高、农业产业结构调整、农机与直补类的政策补贴。另外，东北地区大量湿地的开发，使得水稻面积剧增，尤其是黑龙江省三江平原地区，水稻种植得到普及，政策导向的痕迹较为明显。

根据表 6-8 可知，东北地区玉米面积变化社会驱动力因素可以归结为三大影响因素：市场需求、政策支持、科技进步，与水稻情况相同。具体到影响因子其排序为：粮食收购价格上涨、粮食直补、由于科技进步导致玉米单产提高、田间管理较为容易、由于科技进步促进玉米品质提高、农机的政策补贴。市场价格上涨因素主要是由于畜牧业的发展带动饲料业的发展，玉米作为家禽家畜最重要的饲料原料之一，需求量大幅攀升；另外，玉米制乙醇工业的发展，也使玉米的需求量大幅增加；玉米用途较多且需求量较大，是玉米市场价格上涨的重要原因，在收购价格节节攀升的情况下，由于其单产高的特点，较为得到农民青睐，往往成为东北三省，尤其是吉林省农民种植农作物的首选。另外科技进步，尤其是玉米单产量的大幅增加及抗倒伏品种的培育，使得玉米种植无论从成活率方面，抗风灾方面还是增加单产方面都得到了极大的提高，这使得玉米在比较效益方面远远超过其他作物，玉米的种植面积得到大幅攀升。玉米种植田间管理较易，农民可以利用种植间歇外出打工获得更多的收益，这也是玉米种植面积扩大的重要原因。

表 6-8　东北地区玉米面积变化社会经济驱动力因素影响指数分析表

影响因素	频率	影响指数	影响因素	频率	影响指数
市场需求	20	1.3	农机补贴	5	2.4
政策扶持	6	1.83	直补	5	1.6
科技进步	11	1.91	作物品质(质量)	9	2.33
农民意愿因素	3	2.33	单产(数量)	11	1.91
耕地增加因素	1	—	田间管理较易	3	2.33
大豆种植面积	1	—	草地转化为农田	1	—
价格上涨	20	1.3	大豆种植面积	1	—

　　根据表 6-9 可知，东北地区大豆面积变化社会驱动力因素可以归结为三大影响因素：市场需求、政策支持、科技进步，与水稻、玉米的情况相同。具体到影响因子其排序为：粮食收购价格上涨、一系列惠农政策支持、由于科技进步促进大豆单产与品质提高、耕地大幅增加、田间管理较为容易与农民的传统种植习惯、种植制度的改变及集约化经营都是促使大豆总产量(黑龙江省)迅速上升的社会经济驱动力。

表 6-9　东北地区大豆面积变化社会经济驱动力因素影响指数分析表

影响因素	频率	影响指数	影响因素	频率	影响指数
市场需求	15	1.27	作物品质(质量)	6	1.83
政策扶持	8	1.5	单产(数量)	1	—
科技进步	7	1.85	田间管理较易、种植习惯	2	—
农民意愿因素	2	—	大量耕地开垦，草地转化为农田	4	2.25
耕地增加因素	4	2.25	轮作	1	—
种植制度因素	1	—	粮食安全	1	—
其他	3	—	加入 WTO 促进贸易	1	—
价格上涨	15	1.27	集约化经营	1	—
农机补贴、直补	8	1.5			

但是近几年，东北地区大豆种植面积锐减，2012 年我国大豆进口量占国内消费量的80%，大量进口大豆对于国内大豆种植冲击较大。由于国外转基因大豆大规模机械种植成本较低，其转基因品种单产较高，因此到岸价格比国内野生种植大豆成本低，本地大豆没有市场，豆农种植积极性较低，一般选择其他作物如玉米或水稻进行种植。未来大豆种植面积的恢复，主要取决于大豆种植政策，如果大豆种植政策向豆农倾斜，东北地区大豆种植面积仍有机会反弹。

根据专家咨询结果可知东北地区农作物种植结构变化的社会经济因素可以归结为三大类：市场价格因素、政策支持、科技进步。

（2）农户调查及研究

为对专家调查问卷结果进行分析与补充，项目组在东北开展了农户专向调查，黑龙江省五常市、吉林省吉林市、梨树县、公主岭市及辽宁省开原市部分地区作为调查的样点地区(图 6-13)，这些地区被称作是东北主要的粮食作物种植地带，粮食作物种植非常具有代表性，过去几十年农作物空间格局变化具有典型性。农户调查前，依据样点土壤类型、作物种类及地形地势条件与特点进行了空间选点，选点的原则是争取空间上均匀分布、各种土地类型、作物类型及地势地形都能得以覆盖。

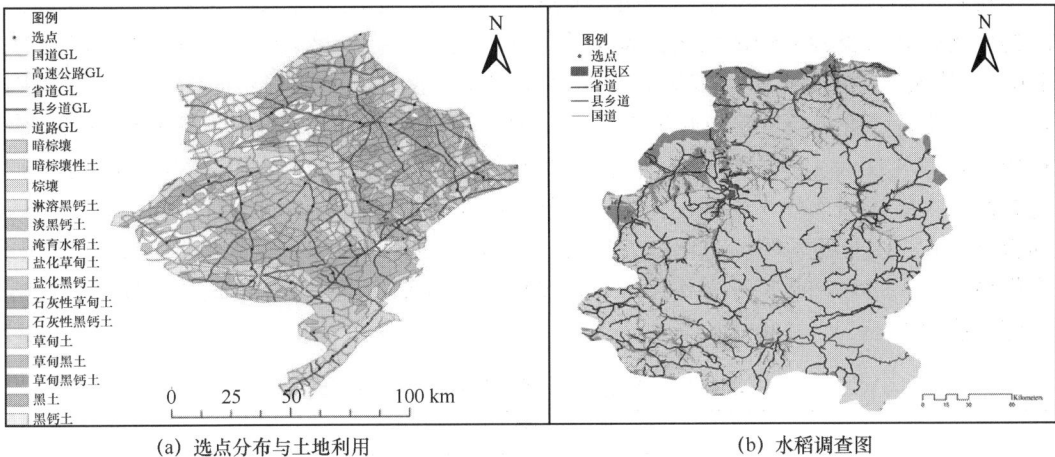

(a) 选点分布与土地利用　　　　　　　　(b) 水稻调查图

图 6-13　农户调查选点示意图

从农户调查结果可以发现，粮食作物呈现出的空间格局状况，直接取决于农户的种植意愿，即收益计算。农户种植作物的收益计算取决于毛收益与成本两方面因素。从成本与收入角度分析，粮食收购价及单产是影响农民纯收益的两个最重要因子。一定时期内，粮食收购价格相对上涨较快且趋势较为稳定将左右农户的种植选择：如在过去 10 年中，玉米的用途较多、畜牧业的发展而产生大量的饲料需求及生物燃料的发展(玉米制乙醇)对玉米产生大量需求，进而拉动玉米收购价格大幅上涨，种植玉米的农户纯收益大幅增加，促成东北地区大范围选择种植玉米的局面。水稻种植情况类似。科技进步因素是影响农户种植选择的第二因素，种植技术的进步使得粮食作物的品种更加优质、高产、抗病、抗倒伏、耐寒，如由于科技的进步每公顷玉米产量可达 10 000～15 000 kg，培育出的矮小玉米可以有效避免风灾的侵害；而高产水稻每公顷可达 10 000～12 500 kg，黑龙江部分地区的新品种可有效抵抗低温冷害和稻瘟病。田间管理较易是粮食作物种植的重要因素之一，播玉米种后就可撂荒，农民可以外出几个月打工，增加收入，省时、省力，同样时间内将获得更多的收益，因此田间管理较易是决定农民种植选择的第三因素。与此相反，大豆在 2008 年前后达到种植峰值后，面积逐渐萎缩，单产较低，科技含量体现不足，收购价格没有比较优势及国外到岸转基因大豆价格较低是主要的几个因素。

化肥使用量是成本因素中最重要的因素，不同的农作物使用的化肥数量不同，种植成本也不同，但化肥成本一般是总成本的 1/2 左右，如玉米的化肥使用量较多，相对其他作物较高，是选择其进行种植的不利因素。雇工是成本核算中的第二成本，且近年来有逐步快速上升趋势，东北三省农户机械化水平参差不齐，行政区(自然村、行政村、乡镇)的规模化生产程度在一定程度上决定了人工成本的高低。水稻人工费用较高，生长过程中涉及的人工环节较多，人工成本是水稻种植的不利因素。

综上所述，市场及政策共同影响的价格因素、科技进步因素、田间管理因素、化肥价格因素及机械化水平、规模化水平是影响农民作物种植选择的几大因素，决定着农作物的空间格局。

2. 以省级数据为基础的定量统计分析

在专家调查与农户调查定性分析的基础上，根据总结出的导致东北地区农作物种植结构变化的几大类社会经济因素，选取了定量社会经济指标体系进行多元回归分析(表 6-10)。总人口、农业人口是市场因素的具体体现，各种作物单产对应的是科技进步因素，三个政策因素对应着政府政策因素的影响，化肥使用量是化肥成本的具体体现，农村居民人均纯收入、农机总动力、农林牧渔业总产值体现机械化水平，农村用电量、投资总额和有效灌溉面积体现规模化水平，第二产业因素体现建设用地对于作物生长用地的影响，第三产业的发展拉动农民外出打工的积极性，侧面体现田间管理因素的作用，农作物面积是市场和政策综合作用的体现指标。而政策指标量化参考谢宜春在相关文献中的方法(Xie et al. , 2005)。

表 6-10　省级数据多元回归统计所用指标

指标名称	
总人口	农村居民人均纯收入
农业人口	农机总动力
玉米单产	农林牧渔业总产值
水稻单产	农村用电量
大豆单产	投资总额
生产总值	有效灌溉面积
退耕还林还湖还草政策(0 和 1 变化，0 代表没有政策变化，1 代表政策发生了变化)	第二产业产值
基本农田保护政策变化(0 和 1 变化，0 代表没有政策变化，1 代表政策发生了变化)	第三产业产值
取消农业税及相应补贴政策变化(0 和 1 变化，0 代表没有政策变化，1 代表政策发生了变化)	农作物面积
化肥施用量	

为了更好地应用逐步回归统计方法量化各种粮食作物面积变化与各种社会经济因子之间的关系，应用各种社会经济指标的年变化率作为统计量，即

$$X_i = (x_{i+1} - x_i)/x_i \qquad (6\text{-}3)$$

式中，X_i 为 i 年变化率统计量；x_{i+1} 为 $i+1$ 年社会经济因子量；x_i 为 i 年社会经济因子量。用于作省级数据统计分析的数据来源于《黑龙江省统计年鉴》《辽宁省统计年鉴》《吉林省统计年鉴》《中国统计年鉴》以及《中国农业统计年鉴》。

提取影响农作物空间格局变化的社会经济指标及明确其统计数量关系遵循人机交互方式，应用 SPSS 软件完成：第一步，将所有的统计量输入 SPSS，应用逐步方法提取关键影响指标，判断符合要求后，即完成操作，若不符合要求，统计方程采用去除常量的选择。第二步，将所有的统计量再次输入 SPSS 软件，应用进入方法，输出每个统计量的 Sig 值，挑选出 Sig 值小于 0.05 的指标，和主观认为比较重要的指标（即使其 Sig 值大于 0.05），将挑选的指标，再次用进入方法计算出其参数值，判断其是否符合实际情况，最终判定统计方程及相关参数，相关技术流程图如图 6-14 所示。

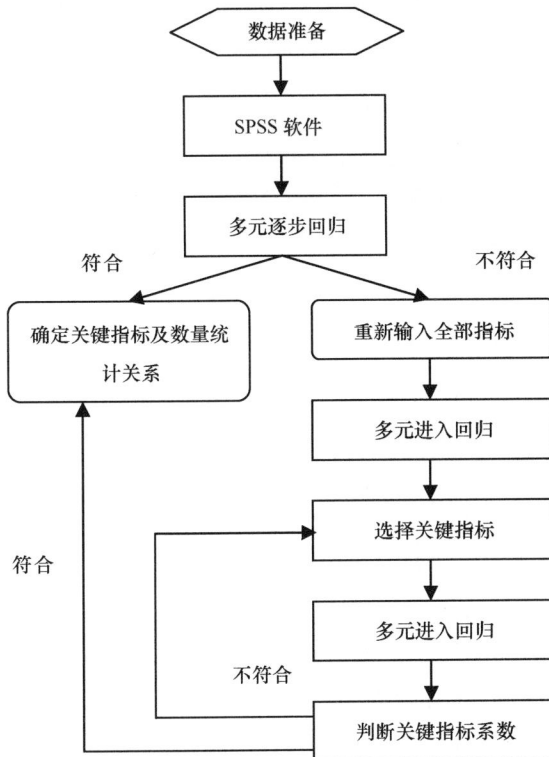

图 6-14　技术流程图

从表 6-11 中可以看出，水稻、玉米和大豆三种作物面积变化与社会经济统计量之间有很明显的数量统计关系，回归模型的 Sig 值都在 0.05 以下。水稻影响因素最多，玉米次之，大豆最少。不同作物其影响影子、影响因子的相关关系和影响力的大小都存在巨大差别。对于水稻而言，影响其面积变化最显著的因子是有效灌溉面积、农作物面积，东北地区开荒整地对于水稻面积的增加起到了很大的促进作用，规模化灌溉设施无疑是

水稻面积增长的先决条件；退耕还林还湖还草政策、农机总动力也显现了很强的相关性，而化肥使用量、取消农业税及相应补贴政策、第三产业相关性稍弱，第二产业的相关性不是很强，这一指标是在人机交互过程中筛选出得以保留体现建设用地对于水稻面积增加的反面影响。从影响力（B值）来看，农作物面积影响力最大，其次农机总动力和有效灌溉面积，第三产业意味着外出打工对于农民的吸引力和化肥使用量也体现其对水稻面积变化的影响，而两个政策对第二产业的影响力较为微弱。水稻的B值与Sig值的趋势基本相同，即相关性强影响力大。

表 6-11　省级数据多元回归方程及统计量系数表

水稻			玉米			大豆		
回归模型 Sig.			回归模型 Sig.			回归模型 Sig.		
0.000			0.000			0.001		
关键指标	B	Sig.	关键指标	B	Sig.	关键指标	B	Sig.
第二产业	-0.052	0.606	第一产业	0.152	0.010	化肥施用量	0.186	0.170
第三产业	-0.126	0.150	农机总动力	0.089	0.600	农作物面积	1.890	0.003
取消农业税及相应补贴政策	0.040	0.190	退耕还林还湖还草政策	-0.026	0.215	取消农业税及相应补贴政策	-0.159	0.005
退耕还林还湖还草政策	-0.060	0.022	农作物面积	1.821	0.000	退耕还林还湖还草政策	-0.093	0.050
化肥施用量	0.129	0.104	化肥施用量	0.121	0.174	—	—	—
农机总动力	0.386	0.028	—	—	—	—	—	—
有效灌溉面积	0.321	0.004	—	—	—	—	—	—
农作物面积	-0.924	0.007	—	—	—	—	—	—

玉米的面积变化同样与农作物面积的变化息息相关，第一产业的发展，玉米做出了巨大贡献，无论是畜牧业养殖还是工业乙醇等再加工产业，玉米面积的变化与第一产业产值关系密切；化肥使用量对于玉米单产增长具有很重要的作用，这与实际的农户调研结果非常吻合。退耕还林还湖还草政策，对于玉米面积的变化相对还是很显著，而农机总动力这个体现机械化水平的因子与玉米面积变化相关性稍弱。从B值看，玉米面积变化对于农作物面积变化非常敏感，可见玉米面积变化对于农作物面积变化起到了很大作用，突出了其在农作物种植结构中的重要地位，化肥使用量与第一产业对于玉米面积增长起到了一定的促进作用。

大豆情况相对简单，农作物面积和取消农业税及相应补贴政策对于大豆面积的影响较为显著，尤其是农作物面积因子与玉米的分量相同，在几种主要的作物中，大豆对于政策的敏感性也是最强的，这与调研结果相符。化肥的使用虽然对于大豆单产增加有一定的作用，但是并不特别显著，而退耕还林还湖还草政策对于大豆面积的影响也很小。

3. 以县级数据为基础的定量统计分析

以县级数据为基础的多元统计分析来源于农业部东北三省卡片数据，根据数据质量和情况选取121县为研究目标，原油期货、作物期货是新采用的指标。由于新采用指标数据获取所限，将研究分成1980~2010年、2000~2010年两个时段进行；1980~2010年

时段使用传统指标,即排除农作物期货价格、原油期货价格等新采用的指标进行分析,
共 3320 个数据样本;在分析过程中由于省级数据有较好的研究结果,且为保持与省级数
据研究结果有较好的连续性,在县级数据研究中直接选取了省级数据研究中确定的关键
指标,直接完成多元进入回归操作。2000~2010 年时段,研究方法相同,但剔除退耕还
林政策(因退耕还林政策发布是在 1999 年前后),加上原油期货价格和作物期货价格等
新指标,共 894 个数据样本。

从表 6-12 中可以看出,除了玉米外,水稻和大豆面积变化与社会经济统计量之间没
有明显的数量统计关系,回归模型的 Sig 值都在 0.05 以上。水稻多元回归方程模型 Sig
值为 0.587,远高于 0.05 的阈值,因此县级数据在体现水稻受社会经济因素影响方面不
明显,或者说不存在数量统计关系,或数量统计关系为非线性,导致这一结果的原因是
样本在用到各县的时间序列数据时,同时也体现东北地区空间上的差异,即水稻空间差
异性非常敏感,因此,对于水稻而言,大空间尺度研究应用大数据(big data)的效果要好
于大空间尺度研究应用小数据。从影响因素看,除了农作物面积,其他因素都显著不相
关。大豆情况与水稻非常相近。

表 6-12　县级数据多元回归方程及统计量系数表

水稻			玉米			大豆		
回归模型 Sig			回归模型 Sig			回归模型 Sig		
0.587			0.000			0.163		
关键指标	B	Sig	关键指标	B	Sig	关键指标	B	Sig
第二产业	−0.010	0.960	第一产业	0.001	0.981	化肥施用量	−6.443E-5	0.992
第三产业	0.139	0.783	农机总动力	0.002	0.163	农作物面积	1.734	0.013
取消农业税及相应补贴政策	0.212	0.864	退耕还林还湖还草政策	0.073	0.381	取消农业税及相应补贴政策	0.659	0.821
退耕还林还湖还草政策	0.102	0.919	农作物面积	0.650	0.000	退耕还林还湖还草政策用量	0.259	0.913
化肥施用量	7.035E-5	0.981	化肥施用量	0.000	0.467	—	—	—
农机总动力	−0.001	0.948	—	—	—	—	—	—
有效灌溉面积	−5.654E-5	0.984	—	—	—	—	—	—
农作物面积	0.727	0.013	—	—	—	—	—	—

玉米多元回归方程模型 Sig 值为 0,方程完全成立,说明玉米无论是省级数据还是县
级数据都呈现出非常显著的相关性,从而从侧面体现出东北地区玉米在这三种主要粮食
作物种的面积变化中,其受社会经济因子影响最为显著,与自然生态因素相比较,社会
经济因子占有主导地位。与县级数据分析结果相同,玉米面积变化与农作物面积的变化
紧密相关,但第一产业的发展基本不相关;化肥使用量 B 值为 0,显示不相关,退耕还林
还湖还草政策和农机总动力作用也被削弱,从而体现出县级数据分析类似残差未标准化
分析,突出了与作物面积紧密相关的因子,而削弱了其他关系不明显的因子。

在加了原油期货价格、黄大豆一号农作物期货价格等新指标后,三种农作物面积变
化与社会经济指标统计量的多元回归方程系数见表 6-13。从表 6-13 中可以得出这样的

结论：水稻和大豆与不加新指标的情况相同，无论是方程拟合程度，还是单个因子的相关系数都不显著。而玉米在主观排除第一产业因为是负相关这一非合理因素后，多元统计方程拟合度依旧良好，而且新指标黄大豆一号和原油期货价格也显示了较好的相关性。从 B 值看，除了农作物面积这一影响因素外，作物期货和原油期货这一正一反两个因子在影响玉米面积变化的社会经济因素里非常突出，这与实际调查情况相符合，因为作物期货价格高企，将直接带动作物价格上涨，而价格上涨将导致作物种植面积的增加；相反，原油期货价格与化肥价格呈正比，原油期货价格上涨将导致玉米种植成本的大幅上升，不利于玉米种植。由此证明，引入新指标对于揭示社会经济因子、对于农作物尤其是玉米种植面积的变化规律具有一定的重要性和必要性。

表 6-13　县级数据多元回归方程及统计量系数表（加入新指标）

水稻			玉米			大豆		
回归模型 Sig.			回归模型 Sig.			回归模型 Sig.		
786			0.000			0.728		
关键指标	B	Sig.	关键指标	B	Sig.	关键指标	B	Sig.
第二产业	0.007	0.957	第一产业	—	—	化肥施用量	0.000	0.959
第三产业	−0.050	0.855	农机总动力	0.002	0.000	农作物面积	1.687	0.347
取消农业税及相应补贴政策	0.172	0.584	退耕还林还湖还草政策	—	—	取消农业税及相应补贴政策	0.454	0.855
退耕还林还湖还草政策	—	—	农作物面积	0.942	0.000	退耕还林还湖还草政策用量	—	—
化肥施用量	3.889E-5	0.938	化肥施用量	0.000	0.001	黄大豆一号	5.791	0.524
农机总动力	0.000	0.816	黄大豆一号	0.295	0.041	原油期货	−1.744	0.699
有效灌溉面积	0.000	0.869	原油期货	−0.179	0.091	—		
农作物面积	0.112	0.607	—					
黄大豆一号	0.154	0.890						
原油期货	0.414	0.462						

6.3.2　东北地区多空间尺度农作物种植结构对社会经济响应机理对比分析

通常而言，影响农作物种植结构变化的社会经济因子会受到空间尺度上的影响，不同地区农作物种植结构变化因子及同一地区不同时间的影响因子都有很大差别，因子的选取具有空间性，因此分析农作物种植结构与社会经济因素多空间尺度上的多元回归关系非常有意义。本节以东北地区县级数据为基础，选择传统指标，分别在东北地区、省级（黑龙江省）、县级（宾县）三级空间尺度分析水稻、玉米和大豆三种作物结构变化与社会经济因子之间的统计关系，研究面积变化对于社会经济因子变化的响应机理。

从表 6-14 可以看出，对于水稻而言，三个尺度的方程拟合度经检验后都不显著，但随着尺度的增加，显著性越来越差，再次验证小尺度数据不适合大尺度直接研究。不同的社会经济影响因子在不同尺度上对于水稻面积变化影响的显著性和影响力也有差别：

有效灌溉面积、化肥施用量、退耕还林还湖还草政策尺度规模是最强的三个因子，随着尺度的增大，其显著性显著降低；而第二产业产值、第三产业产值、农机总动力随着尺度的增大，显著性有起伏，先涨后降；农作物面积呈现出相反的规律，随着尺度的增大，其变化量与水稻面积变化量呈现显著相关关系；而取消农业税及实施相应补贴政策在各个尺度波动不大。对于县级尺度而言，显著性较强的是化肥使用量，而省级和区域级尺度农作物面积的影响力较强。

表 6-14　水稻多尺度多元回归方程及统计量系数表

项目	宾县 回归模型 Sig. 0.156		黑龙江省 回归模型 Sig. 0.511[a]		东北地区 回归模型 Sig. 0.587[a]	
系数	B	Sig.	B	Sig.	B	Sig.
有效灌溉面积	-1.205	0.554	-0.002	0.974	-5.654E-5	0.984
第二产业产值	-0.123	0.654	-0.007	0.983	-0.010	0.960
农作物面积	-7.108	0.744	2.060	0.008	0.727	0.013
化肥施用量	12.324	0.002	-0.058	0.927	7.035E-5	0.981
第三产业产值	-0.466	0.532	0.169	0.871	0.139	0.783
退耕还林还湖还草政策	-1.048	0.480	0.275	0.905	0.102	0.919
取消农业税及相应补贴政策	0.137	0.944	-0.004	0.999	0.212	0.864
农机总动力	-6.908	0.257	0.000	0.998	-0.001	0.948

从表 6-15 可以看出，对于玉米而言，三个尺度的方程拟合度经检验后都显著（虽然县级 Sig. 值稍大）。说明玉米面积的变化受社会经济因素影响较为明显，并能呈现出不同尺度的数量统计关系。应用县级数据第一产业产值因素不显著，且随着尺度的增加，不显著程度越来越高。农作物面积在区域尺度与玉米面积变化非常显著，但在省级尺度不显著，县级尺度其显著度介于区域与省级之间，从影响力角度看，农作物面积在县级尺度上的影响力最大，在省级尺度影响最小。化肥施用量尺度规律率比较明显，在小尺度其显著性较强，而省级和区域级尺度其显著性不强，甚至没有影响。退耕还林还湖还草政策是尺度规模率最强的因子，县级尺度几乎无作用，省级尺度显著度极高，影响力较高，而区域级尺度其显著性降低。农机总动力与退耕还林还湖还草政策较为相似，归纳起来为政策因素、机械化水平因素在大尺度影响力较为明显；而成本因素在小尺度层面体现较为明显。

表 6-15　玉米多尺度多元回归方程及统计量系数表

项目	宾县 回归模型 Sig. 0.066		黑龙江省 回归模型 Sig. 0		东北地区 回归模型 Sig. 0	
系数	B	Sig.	B	Sig.	B	Sig.
第一产业产值	-0.022	0.746	0.003	0.949	0.001	0.981
农作物面积	1.621	0.096	0.033	0.161	0.650	0.000
化肥施用量	0.365	0.031	0.005	0.790	0.000	0.467
退耕还林还湖还草政策	0.000	0.993	-0.141	0.000	-0.073	0.381
农机总动力	-0.204	0.406	0.027	0.000	0.002	0.163

从表 6-16 可以看出，对于大豆而言，县级数据三个尺度的方程拟合度经检验后都不显著，但随着尺度的增加，显著性趋向增强，在区域尺度接近显著水平。其中，取消农业税及增加相应的补贴政策在三个尺度上没有明显变化，农作物面积随着尺度变大而显著性越发明显，而化肥使用量相反，随着尺度的增加显著性变弱。

表 6-16　大豆多尺度多元回归方程及统计量系数表

项目	宾县 回归模型 Sig. 0.967		黑龙江省 回归模型 Sig. 1		东北地区 回归模型 Sig. 0.163	
系数	B	Sig.	B	Sig.	B	Sig.
取消农业税及相应补贴政策	0.233	0.874	0.195	0.976	0.659	0.821
农作物面积	−5.650	0.731	0.003	0.999	1.734	0.013
化肥施用量	1.531	0.503	0.074	0.960	−6.443E-5	0.992
退耕还林还湖还草政策	−0.165	0.881	0.006	0.999	0.259	0.913

参 考 文 献

陈佑启, 杨鹏. 2001. 国际上土地利用/土地覆盖变化研究的新进展. 经济地理, 21(1): 95-100.

方修琦, 王媛, 徐锬, 等. 2004. 近20年气候变暖对黑龙江省水稻增产的贡献. 地理学报, 59(6): 820-828.

高啸峰, 王树德, 宫阿都, 等. 2009. 基于主成分分析法的土地利用/覆被变化驱动力研究. 地理与地理信息科学. 25(1): 36-39.

高永刚, 顾红, 姬菊枝, 等. 2007. 近43年来黑龙江气候变化对农作物产量影响的模拟研究. 应用气象学报, 18(4): 532-538.

何英彬, 陈佑启. 2004. 土地利用/覆盖变化研究综述. 中国农业资源与区划, 25(2): 58-62.

何英彬, 姚艳敏, 唐华俊, 等. 2013. 土地利用/覆盖变化驱动力机制研究新进展. 中国农学通报, 29(2): 190-193.

李秀彬. 1996. 全球环境变化研究的核心领域——土地利用/土地覆被变化的国际研究动向. 地理学报, 51(6): 553-558.

李月臣, 刘春霞. 2009. 1987~2006年北方13省土地利用/覆盖变化驱动力分析. 干旱区地理, 32(1): 37-46.

刘纪远, 张增祥, 李秀彬, 等. 2005. 20世纪90年代中国土地利用变化的遥感时空信息研究. 北京: 科学出版社, 446-514.

马树庆, 王琪, 罗新兰. 2008. 基于分期播种的气候变化对东北地区玉米生长发育和产量的影响. 生态学报, 28(5): 2131-2139.

莫非, 赵鸿, 王建永, 等. 2011. 全球变化下植物物候研究的关键问题. 生态学报, 31(9): 2593-2601.

任国玉, 初子莹, 周雅清, 等. 2005. 中国气温变化研究最新进展. 气候与环境研究, 10(4): 701-716.

邵景安, 李阳兵, 魏朝富, 等. 2007. 区域土地利用变化驱动力研究前景展望. 地球科学进展, 22(8): 798-809.

史培军, 陈晋, 潘耀忠. 2000. 深圳市土地利用变化机制分析. 地理学报, 55(2): 151-160.

史文娇, 陶福禄, 张朝. 2012. 基于统计模型识别气候变化对农业产量贡献的研究进展. 地理学报, 67(9): 1213-1222.

苏桂武, 方修琦. 2000. 京津地区近50年来水稻播种面积变化及其对降水变化的响应研究. 地理科学, 20(3): 212-217.

谭少华, 倪绍祥. 2005. 区域土地利用变化驱动力的成因分析. 地理与地理信息科学, 21(3): 47-50.

唐华俊, 陈佑启, 邱建军, 等. 2004. 中国土地利用/土地覆盖变化研究. 北京: 中国农业科学技术出版社.

汪小钦, 王钦敏, 励惠国, 等. 2007. 黄河三角洲土地利用/覆盖变化驱动力分析. 资源科学, 29(5): 175-181.

肖国举, 张强, 王静. 2007. 全球气候变化对农业生态系统的影响研究进展. 应用生态学报, 18(8): 1877-1885.

谢花林, 李波. 2008. 基于 logistic 回归模型的农牧交错区土地利用变化驱动力分析——以内蒙古翁牛特旗为例. 地理研究, 27(2): 294-304.

辛景峰, 宇振荣, Driessen PM. 2001. 利用 NOAA NDVI 数据集监测冬小麦生育期的研究. 遥感学报, 6, (5): 442-447.

云雅如, 方修琦, 王媛, 等. 2005. 黑龙江省过去 20 年粮食作物种植格局变化及其气候背景. 自然资源学报, 20(5): 697-705.

张勃, 毛彦成, 柳景峰. 2006. 黑河中游土地利用/覆盖变化驱动力的定量分析. 干旱区地理, 29(5): 726-730.

Chen C, Lei C, Deng A, et al. 2011. Will higher minimum temperatures increase corn production in Northeast China? An analysis of historical data over 1965-2008. Agr Forest Meteorol, 151: 1580-1588.

Chen C, Qian C, Deng A, et al. 2012. Progressive and active adaptations of cropping system to climate change in Northeast China. Eur J Agron, 38: 94-103.

CIESIN, IFPRI and WRI. Gridded population of the world, version 2 alpha. Center for International Earth Science Information Network (CIESIN), Columbia University, International Food Policy Research Institute (IFPRI), and World Resources Institute (WRI). CIESIN, Columbia University, Palisades, NY, 2000. Available from: <http://sedac.ciesin.org/plue/gpw>.

Dai E F, Wu S H, Shi W Z, et al. 2005. Modeling change pattern value dynamics on land use: an integrated GIS an artificial neural networks approach. Environmental Assessment, 36(4): 576-591.

De Vries M E, Leffelaar P A, Sakane N, et al. 2011. Adaptability of irrigated rice to temperature change in Sahelian environments. Exp Agr, 47: 69-87.

Estrella N, Sparks T H, Menzel A. 2007. Trends and temperature response in t he phenology of crops in Germany. Global Change Biology, 13(8): 1737-1747.

Fang X Q, Wang Y, Xu T, et al. 2004. Contribution of climate warming to rice yield in Heilongjiang province. Acta Geographica Sinica, 59(6): 820-828.

Fischer G, Shah M, van Velthuizen H, et al. 2000. Global Agro-ecological Assessment for Agriculture in the 21st Century. Laxenburg: International Institute for Applied Systems Analysis.

Foley J A, Ramankutty N, Brauman K A, et al. 2011. Solutions for a cultivated planet. Nature, 478: 337-478.

Gao Y G, Gu H, Ji J Z, et al. 2007. Simulation study of climate change impact on crop yield in Heilongjiang province from 1961 to 2003. Quarterly Journal of Applied Meteorology, 18(4): 532-538.

Hansen J W, Challinor A, Ines A V M, et al. 2006. Translating climate forecasts into agricultural terms: advances and challenges. Climate Research, 33(1): 27-41.

He C, Li J, Wang Y, et al. 2005. Understanding cultivated land dynamics and its driving forces in northern China during 1983-2001. Journal of Geographical Sciences, 15 (4): 387-395.

IizumiT, Yokozawa M, Nishimori M. 2009. Parameter estimation and uncertainty analysis of a large-scale crop model for paddy rice: application of a Bayesian approach. Agricultural and Forest Meteorology, 149(2): 333-348.

IPCC. 2007. Climate Change: Impacts, Adaptation and Vulnerability, Contribution of Working Group II to the Fourth Assessment Report of the Intergovernmental Panel on Climate Change. Cambridge: Cambridge University Press.

Jia J, Guo J. 2010. Effects of climate changes on maize yield in Northeast China. Agri. Sci. Tech, 11 (6), 169-174.

Jönsson P, Eklundh L. 2002. Seasonality extraction by function fitting to time-series of satellite sensor data. IEEE T. Geosci. Remote, 40: 1824-1932.

Li S, Wheeler T, Challinor A, et al. 2010. The observed relationships between wheat and climate in China, Agricultural and Forest Meteorology, 150: 1412-1419.

Li Z, Tang H, Yang P, et al. 2012. Spatio-temporal responses of cropland phenophases to climate change in Northeast China. J Geogr Sci, 22: 29-45.

Liu J, Liu M, Deng X, et al. 2002. The land-use and land cover change database and its relative studies in China. J. Geogr. Sci., 12: 275-282.

Liu Z, Yang X, Chen F, Wang E. 2012. The effects of past climate change on the northern limits of maize planting in Northeast China. Clim Change, doi: 10.1007/s10584-012-0594-2.

Lobell D B, Asner G P. 2003. Climate and management contributions to recent trends in U. S. agricultural yields. Science, 299: 1032.

Lobell D B, Bnziger M, Magorokosho C, et al. 2011b. Nonlinear heat effects on African maize as evidenced by historical yield trials. Nature Climate Change, 1: 42-45.

Lobell D B, Burke M B. 2010. On the use of statistical models to predict crop yield responses to climate change. Agricultural and Forest Meteorology, 150: 1443-1452.

Lobell D B, Field C B. 2007. Global scale climate-crop yield relationships and the impacts of recent warming. Environmental Research Letters, 2: 014002.

Lobell D B, Schlenker W, Costa-Roberts J. 2011a. Climate trends and global crop production since 1980. Science, DOI: 10. 1126/science. 1204531.

Lobell D B. Burke M B. 2008. Why are agricultural impacts of climate change so uncertain? The importance of temperature relative to precipitation, Environmental Research Letters, 3: 034007.

Long H, Tang G, Li X, et al. 2007. Socio-economic driving forces of land-use change in Kunshan, the Yangtze River Delta economic area of China. Journal of Environmental Management, 83: 351-364.

Ma S Q, Wang Q, Luo X L. 2008. Effect of climate change on maize growth and yield based on stage sowing. Acta Ecologiac Sinica, 28(5): 2131-2139.

Matthias B, Hersperger A M, Schneeberger N. 2004. Driving forces of landscape change-current and new directions. Landscape Ecology, 19: 857-868.

Monfreda C, Ramankutty N, Foley J A. 2008. Farming the Planet. Part 2: The Geographic Distribution of Crop Areas and Yields in the Year 2000. Global Biogeochem. Cycle, doi: 10. 1029/2007GB002947.

Mottet A, Sylvie L, Nathalie C, et al. 2006. Agricultural land-use change and its drivers in mountain landscapes: a case study in the Pyrenees. Agriculture, Ecosystems and Environment, 114: 296-310.

Nicholls N. 1997. Increased Australian wheat yield due to recent climate trends, Nature, 387: 484-485.

Olesen J E, Bindi M. 2002. Consequences of climate change for European agricultural productivity, land use and policy. Eur J Agron, 16: 239-262.

Peng S, Huang J, Sheehy J E, et al. 2004. Rice yields decline with higher night temperature from global warming, PNAS, 101, 9971-9975.

Piao S, Fang J, Zhou L, et al. 2006. Variations in satellite-derived phenology in China's temperate vegetation. Global Change Biology, 12: 672-685.

Pijanowski B, Brown D G, Shellito B A, et al. 2002. Using neural networks and GIS to forecast land use change land transformation model. Computers, Environment and Urban Systems, 26(2): 553-575.

PINC archives, 2010. Planting Information Network of China, http: //zzys. agri. gov. cn/nongqing. aspx.

Portmann F S, Siebert C, Bauer PD. 2010. MIRCA2000-Global monthly irrigated and rainfed crop areas around the year 2000: a new high-resolution data set for agricultural and hydrological modeling. Global Biogeochem. Cycle, doi: 10. 10129/2008GB003435.

Ramankutty N, Evan A T, Monfreda C, et al. 2008. Farming the planet: 1. Geographic distribution of global agricultural lands in the year 2000. Global Biogenochem. Cycles, doi: 10. 1029/2007GB002952.

Ren G Y, Chu Z Y, Zhou Y Q, et al. 2005. Recent progresses in studies of regional temperature changes in China. Climatic and Environmental Research, 10 (4): 701-716.

Rindfuss R R, Walsh S J, Turner B L, et al. 2004. Developing a science of land cha nge: Challenges and methodological issues. Proceedings of the National Academy of Science, 101: 13976-13981.

Rounsevell M D A, Annetts J E, Audsley E, et al. 2003. Modelling the spatial distribution of agricultural land use at the regional scale. Agriculture, Ecosystems and Environment, 95: 465-479.

Rourke O' E. 2005. Socio-natural interaction and landscape dynamics in the Burren, Ireland. Landscape and Urban Planning, 70(1/2): 69-83.

Schlenker W, Roberts M J. 2009. Nonlinear temperature effects indicate severe damages to US crop yields under climate change. PNAS, 106: 15594-15598.

Siebert S, Döll P, Feick S, et al. 2007. Global Map of Irrigation Areas Version 4. 0. 1 [CD-ROM], FAO Land and Water Digital Media Ser. 34, FAO, Rome, ISBN: 978-92-5-105680-6.

Siebert S, Döll P, Hoogeveen J, et al. 2005. Development and validation of the global map of irrigation areas, Hydrol. Earth Syst. Sci., 9: 535-547.

Sun W, Huang Y. 2011. Global warming over the period 1961-2008 did not increase high-temperature stress but did reduce low-temperature stress in irrigated rice across China. Agricultural and Forest Meteorology, 151(9): 1193-1201.

Tao F, Hayashi Y, Zhang Z, et al. 2008a. Global warming, rice production and water use in China: developing a probabilistic assessment. Agr Forest Meteorol, 148: 94-110.

Tao F, Yokozawa M, Liu J, et al. 2008b. Climate-crop yield relationships at provincial scales in China and the impacts of recent climate trends. Climate Research, 38: 83-94.

Tao F, Zhang Z. 2011. Impacts of climate change as a function of global mean temperature: maize productivity and water use in China. Clim Change, 105: 409-432.

Turner B L, Lambin E F, Reenberg A. 2007. The emergence of land change science for global environmental change and sustainability. Proceedings of the National Academy of Science, 104: 20666-20671.

Turner II B L, Skole D, Sanderson, S, et al. 1995. Land-use and land-cover change science/research plan. IGP Report No. 35 and HDP Report No. 7 Stochkholm: GIBP.

Welch J R. 2010. Rice yields in tropical/subtropical Asia exhibit large but opposing sensitivities to minimun and maximum temperatures, Proc. Natl. Acad. Sci. USA, 107: 14562.

Wood E C, Tappan G G, Hadj A. 2004. Understanding the drivers of agricultural land use change in south-central Senegal. Journal of Arid Environments, 59: 565-582.

Xie Y C, Yu M, Tian G J, et al. 2005. Socio-economic driving forces of arable land conversion: A case study of Wuxian City, China. Global Environmental Change, 15: 238-252.

Xiong W, Conway D, Xu Y, et al. 2008. The impacts of climate change on Chinese agriculture-Phase II. National level study: The impacts of climate change on cereal production in China. Final Report. AEA Group, UK.

You L, Wood S, Wood-Sichra U. 2009. Generating plausible crop distribution and performance maps for Sub-Saharan Africa using a spatially disaggregated data fusion and optimization approach. Agr. Sys. 99: 126-140.

Yu Y, Huang Y, Zhang W. 2012. Changes in rice yield in China since 1980 associated with cultivar improvement, climate and crop management. Field crops research, 136: 65-75.

Zhang T, Huang Y, Yang X. 2012. Climate warming over the past three decades has shortened rice growth duration in China and cultivar shifts have further accelerated the process for late rice. Glob Change Biol, doi: 10. 1111/gcb. 12057.

Zhang T, Zhu J, Wassmann R. 2010. Responses of rice yields to recent climate change in China: An empirical assessment based on long-term observations at different spatial scales (1981-2005). Agricultural and Forest Meteorology, 150: 1128-1137.

第7章　东北地区农作物空间格局动态变化建模、模拟与预测

7.1　CLUE-S 模型的基本概况

7.1.1　CLUE-S 模型基本原理和结构

1. CLUE-S 模型的基本原理

随着计算机、地理信息系统、空间统计学等的迅速发展，作为 LUCC 重要组成部分的计算机模拟模型得到了迅速发展。LUCC 模型将土地变化系统中的现实问题归结为相应的数学问题，并在此基础上利用数学的概念、方法和理论进行深入的分析和研究，从而从定性或定量的角度来刻画实际问题，并为解决现实问题提供数据或可靠的指导。目前，LUCC 模型类型很多，最为常用的模型划分方法是基于模型建立的理论方法来划分。如粗略的方法将模型简单划分为地理模型和经济模型；较细的方法将模型分为空间统计模型、系统动力学模型、元胞自动机模型、基于主体的模型以及综合模型等。CLUE-S (conversion of land use and its effects at small region extent) 模型是荷兰瓦赫宁根大学"土地利用变化和影响"研究小组在 CLUE 模型的基础上开发的。作为众多土地利用变化模型中具有典型代表性的空间统计模型之一，CLUE-S 模型因其简单适用性、灵活性和可扩展性等优点正被广泛应用于土地利用变化模拟分析中。

CLUE-S 模型的假设条件：某地区的土地利用变化受该地区的土地利用需求驱动，且该地区的土地利用分布格局总是与土地需求及该地区的自然环境和社会经济状况处于动态平衡状态之中。在此假设基础上，CLUE-S 模型运用系统论的方法处理不同土地利用类型之间的竞争关系，实现对不同土地利用变化的同步模拟。其理论基础包括土地利用变化的关联性、土地利用变化的等级特征、土地利用变化竞争性和土地利用变化的相对稳定性等。

从概念上看，CLUE-S 模型包括非空间土地需求模块和土地利用变化空间分配模块两部分。非空间土地需求模块主要用于计算由土地需求驱动因素导致的土地利用类型数量的变化，或者计算设定的不同情景条件下的土地需求。该模块通过独立于 CLUE-S 模型之外的其他数学模型、经济学模型或者不同的假定条件下的计算或估算来完成。空间分配模块主要用于把非空间土地需求模块计算出的土地需求结果分配到空间位置上，实现空间模拟的目的。

2. CLUE-S 模型的结构

总的来说，CLUE-S 模型总体结构如图 7-1 所示。由土地需求模块、土地政策与限制区域、土地利用类型转换规则、空间特征四个输入模块和一个空间分配模块五部分组成。

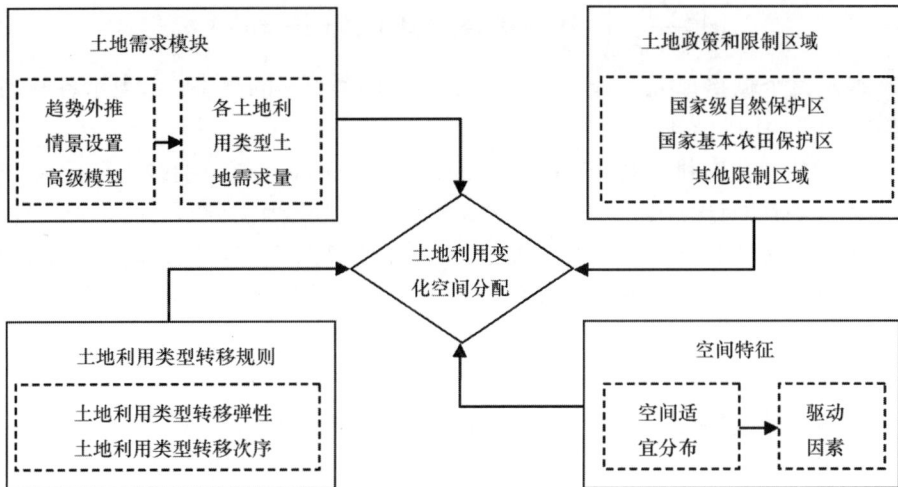

图 7-1　CLUE-S 模型结构图

　　土地需求模块：土地需求通过外部模型计算或估算，用以限定模拟过程中每种土地利用类型的变化量，可以是正值也可以是负值，但必须以逐年的方式输入到模型中，而且要求所有地类的总变化量为零，土地需求将决定模拟结果中各地类的面积。

　　土地政策和限制区域：土地政策与限制区域能够影响区域土地利用格局，在CLUE-S 模型中这些政策的作用是限制土地利用格局发生变化，这些限制因素包括区域性限制因素和政策性限制因素。区域性限制因素，如国家自然保护区和国家基本农田保护区，该限制因素以独立图层的形式输入到模型中；政策性限制因素，如禁止采伐森林的政策可以限制林地向其他土地利用类型转变。因此，这些限制因素对模拟结果主要产生两种影响，即限定模拟结果中某一特定区域不发生变化和限定某一特定地类不发生转变。

　　土地利用类型转移规则：土地利用类型转移规则包括土地利用类型转移弹性规则和土地利用类型转移次序规则。土地利用类型转移弹性描述各个土地利用类型变化的可逆性，用0~1的数值表示，值越接近1表明转移的可能性越小。利用程度高的地类很难向利用程度低的地类转变，如建设用地很难向其他地类转变；而土地利用程度低的地类则很容易向土地利用程度高的地类转变，如未利用地易转变为其他地类。土地利用类型转移次序通过设定各个土地利用类型之间的转移矩阵来表征各种土地利用类型之间能否实现转变，1表示可以转变，0表示不能转变，该参数决定了模拟结果中的变化类型。

　　空间特征：空间特征主要根据土地利用类型空间分布格局和备选驱动因素数据，计算出各个土地利用类型在空间上的分布概率，即每个栅格中每种土地利用类型的空间分布适宜性。这些驱动因素未必直接导致土地利用数量发生变化，但土地利用变化发生的位置与这些驱动因素之间存在定量关系。在 CLUE-S 模型中，用 Logistic 回归通过计算事件的发生概率，使用自变量作为预测值，可以解释土地利用类型与驱动力因素之间的关系。逐步回归方法可以筛选出对土地利用格局影响较为显著的因子，对解释土地利用格局不显著的变量将在最后的回归结果中被剔除。其表达式为

$$\lg\left(\frac{P_i}{1 - P_i}\right) = \beta_0 + \beta_1 X_{1,i} + \beta_2 X_{2+i} + \cdots + \beta_n X_{n,i} \qquad (7\text{-}1)$$

式中, P_i 表示每个栅格单元可能出现某一土地利用类型 i 的概率; X 表示各驱动因素; β 是各影响因子的回归系数。

回归方程的拟合度利用 ROC(relative operating characteristics)曲线进行检验,根据曲线下的面积大小判断计算出的地类概率分布格局与真实的地类分布之间是否具有较高的一致性。该值介于 0.5~1,ROC 值越大,该地类的概率分布与真实的地类分布之间一致性越好,回归方程越能较好地解释地类的空间分布,模型运行时的土地利用分配越精确;反之,若该值越接近 0.5,说明回归方程对地类分布的解释意义越低。

空间分配:空间分配是在综合分析土地利用空间分布概率、土地利用限制区域、土地利用转换规则的基础上,基于基期年土地利用类型图,根据总概率大小对土地利用需求进行空间分配的过程。这种分配是通过多次迭代实现的,空间分配的具体过程如下。

(1)确定栅格系统中被允许参与空间分配的栅格单元,保护用地、转移弹性系数为 1 的栅格和转移矩阵中设置为 0 的栅格将不参与空间分配的运算。

(2)根据公式: $\mathrm{TPROP}_{i,u} = P_{i,u} + \mathrm{ELAS}_u + \mathrm{ITER}_u$,计算栅格单元 i 适合的利用类型 u 的总概率; $P_{i,u}$ 是通过 Logistic 回归方程求得的空间分布概率; ELAS_u 是土地利用类型 u 的转移弹性; ITER_u 是土地利用类型 u 的迭代变量。

(3)对各土地利用类型赋相同的迭代变量值 ITER_u,按照每一栅格单元上各土地利用类型分布的总概率 TPROP 从大到小对各栅格的土地利用变化进行初次分配。

(4)比较各土地利用类型需求面积和初次分配总面积,若土地利用初次分配面积小于土地需求面积,增大迭代变量 ITER 的值;反之,减小 ITER 的值,然后进行土地利用变化的第二次分配。

(5)重复步骤 2~4,直到各土地利用类型的分配面积等于土地需求面积为止,然后保存该年的分配图,并开始下一年土地利用变化的分配。

7.1.2　CLUE-S 模型研究和应用进展

至 2002 年发布以来,CLUE-S 模型在土地利用和覆被变化、土地利用环境效应、土地利用政策等领域得到了广泛的应用。在国际上,Verburg 等运用 CLUE-S 模型在国家尺度和区域尺度(以锡布延岛为研究区域)两个尺度上对菲律宾土地利用变化进行了空间模拟;同时,以新马里亚诺为研究区域,分析了土地保护区设置对土地利用变化模拟的影响。Overmars 等(2007)以菲律宾吕宋岛东北部的卡加延河流域为研究区,通过归纳法和演绎法分别构建了该区的土地利用类型概率分布适宜图,运用 CLUE-S 模型模拟研究区的土地利用格局,并对两种方法的模拟结果进行了比较。Wytse Engelsman 运用 CLUE-S 模型对位于马来西亚半岛中西部的 Selangor 河谷盆地 1999~2014 年的土地利用变化进行了模拟。Castella 等(2007)将过程导向的 Agent-based models(ABM)模型与 CLUE-S 模型相结合,模拟了越南山区的土地利用格局变化。2006 年以来,CLUE-S 模型在全欧洲区域的土地利用变化模拟中得到了深入应用。Verburg 等运用 CLUE-S 模型对欧洲未来 30 年的土地利用格局变化进行了模拟,运用全球经济模型 GTAP 和综合评估模型

IMAGE 计算了欧洲未来 30 年的土地需求，并选择了经济全球化、欧洲大陆市场化、全球协作、区域一体化四种情景，基于 1 km 的栅格单元，模拟了四种情景下欧洲大陆的土地利用变化情况。此外，Wolfgang 等综合利用 CLUE-S 模型和 CAPRI-Spat 模型对欧洲 27 国的农业土地利用变化进行了模拟。Hellmann 等（2010）对两类生物能源作物未来在欧洲的空间分布进行了模拟。Temme 和 Verburg 则利用 CLUE-S 模型对全欧洲的农业土地利用（耕地和草地）集约度进行了模拟研究，研究发现欧洲的农业土地集约度在不同的国家和区域之间存在明显的空间差异性。

众多国内学者利用 CLUE-S 模型进行了土地利用变化模拟研究，并对模型进行了改进、集成和优化，大大推动了 CLUE-S 模型在中国的应用领域和区域。CLUE-S 模型在国内的应用案例主要集中在 2003 年以后。张永民等首先利用 CLUE-S 模型对内蒙古科尔沁沙地及其周围地区和通辽市的奈曼旗的土地利用时空变化进行了模拟分析。结果显示，在 500m 栅格单元水平上，模拟的正确率为 85%，Kappa 指数值是 0.80，说明 CLUE-S 模型具有成功模拟区域土地利用时空动态变化的能力。邓祥征选择内蒙古的太仆寺旗作为研究区域，对区域土地利用变化进行了多情景分析。摆万奇等（2005）运用 CLUE-S 模型对大渡河上游土地利用进行了动态模拟，选取地形、海拔、水系、道路交通、城镇和居民点等数据作为驱动因子，模拟了 1987 年和 2000 年的土地利用空间状况，并用 1987 年、2000 年的土地利用现状图进行了验证；在此基础上，基于 3 种不同情景方案用 2000 年数据模拟了 2010 年的土地利用空间格局。段增强等（2004）引入动态计算的邻域分析因子，可以对土地利用变化中的自发过程、自组织过程和土地利用类型间的竞争进行模拟，还可以根据研究区域特点构建不同的模拟方案并应用改进后的模型 CLUE-S II 对北京市海淀区 1991~2001 年土地利用变化进行多方案模拟。吴桂平等（2010）在传统 Logistic 回归模型中引入空间自相关变量，对 CLUE-S 模型的空间分析模块进行了改进，并对张家界永定区的土地利用变化进行了模拟。魏伟等（2006）以武汉市洪山区为例，采用 DPSIR 模型与 CLUE-S 模型相结合的方法对大城市边缘区的用地演变进行模拟，并用土地利用现状图对模拟用地进行验证，发现两者基本拟合；同时设定了不作任何空间约束的用地演变和进行可持续发展约束的用地演变两种情景模式，对大城市边缘区空间发展进行了模拟。陈莹等（2009）利用 CLUE-S 模型分析了太湖上游西苕溪流域土地利用/覆被变化的景观生态效应，发现尤其适合分析不同土地利用/覆被情景下的长期水文效应。周锐等（2011）研究的复合 CLUE-S 模型和 Markov 模型，对村镇土地利用变化进行了模拟预测，并对 CLUE-S 模型的村镇土地利用变化的模拟精度进行了评价。潘影则利用 CLUE-S 模型，对北京密云县面源污染控制景观安全格局进行了分析。彭建和周显芳利用 CLUE-S 模型，分别对贵州和广西的喀斯特地区的土地利用/覆盖变化时空进行了模拟分析。谭永忠等（2006）基于 CLUE-S 模型，对经济快速发展地区县级尺度土地利用空间格局变化进行了模拟研究。此外，CLUE-S 模型也在城市规划、环境影响评价、土地可持续利用、主题功能分区、土地利用优化等方面方面得到了应用。

总之，CLUE-S 模型的应用主要包括以下几个方面：一是直接运用 CLUE-S 模型。基于情景假设模拟预测未来土地利用变化趋势；二是将 CLUE-S 模型与其他模型进行复合。通过其他模型计算或估算土地需求，利用 CLUE-S 实现空间分配；三是对 CLUE-S 模型进行改进，完善驱动因子选择，优化模型参数设置，提升模型模拟精确度，将模型推广到其他研究领域中。

7.2　基于 CLUE-S 模型的东北地区农作物空间格局动态变化模拟模型构建

7.2.1　模型基本框架

基于 CLUE-S 的东北地区农作物空间格局动态变化模拟模型基本框架如图 7-2 所示。该模型包括两个层次、第一层次实现东北地区耕地空间格局动态变化模拟,该层次的耕地空间格局动态模拟结构将为第二层次的农作物空间格局模拟提供模拟区域,实现耕地内部农作物空间格局动态变化的有效模拟。该新框架不仅充分发挥了 CLUE-S 模型在传统土地利用类型转换或突变(如草地转耕地或耕地转林地)过程模拟方面的优势和特点,也扩展了模型的功能和应用领域,实现了土地利用类型稳定下的渐变(如农作物类型更替)过程模拟,实现了两个层次的有机嵌套模拟。

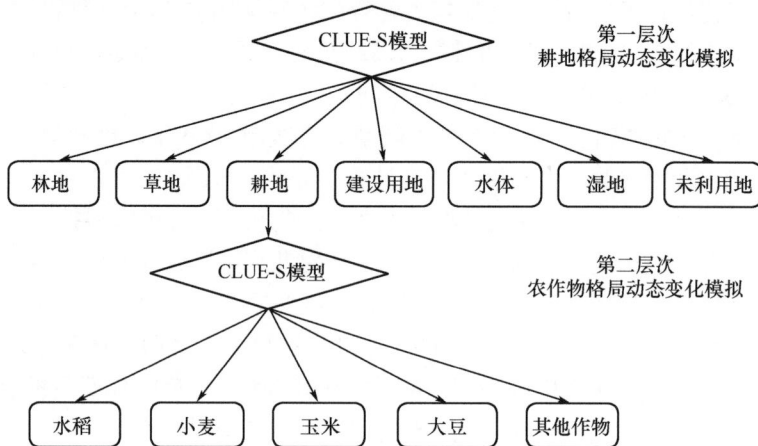

图 7-2　基于 CLUE-S 的东北地区农作物空间格局动态变化模拟模型基本框架

7.2.2　数据收集与处理

模型构建和应用所需要的数据及说明见表 7-1。东北地区土地利用数据来自中国科学院环境科学数据中心,按照土地利用类型重新归并为 7 个土地利用类型,即耕地、林地、草地、水域、建设用地、湿地和未利用地。东北地区农作物空间分布数据来自于 MIRCA2000 数据集,提取了水稻、小麦、玉米、大豆和其他农作物等 5 类作物空间分布。同时,收集和整理了东北三省空间和属性数据,构建耕地或农作物空间格局变化的驱动因子库。具体包括 11 个因子,涉及 DEM、年均气温、年均降水量、≥0℃积温、≥10℃积温、土壤类型、交通路网、河流水域、中心集镇等自然地理数据,以及人口密度、人均 GDP 等社会经济数据,这些因素共同作用驱动东北地区的耕地和农作物空间格局发生变化。利用 ArcGIS 将 DEM、年均气温、年均降水量、≥0℃积温、≥10℃积温、人口和人均 GDP 数据均处理为 1 km 的栅格数据。土壤图按照土类类型拆分成单独的土类分布图,共划分为 20 类土壤类型。东北地区的土壤质地共有 10 种情况，将此数据划分成 10 类进行数据分析。通过 DEM 数据生成研究区域的坡度和坡向数据。利用交通路网分布、河流水域分布和中心集镇分布数据生成研究区域内每一个栅格中心点到研究对象最近的距离。所有数据都标准化处理为 1 km 的栅格数据，输入到 CLUE-S 模型进行分析研究。

表 7-1　数据列表及数据来源

数据类型	数据名称	数据来源及格式
土地利用数据	东北地区土地利用数据	中国科学院资源环境科学数据中心，空间分辨率 1 km
农作物分布数据	东北地区主要农作物分布数据	MIRCA2000；2005 年遥感解译数据
自然地理数据	DEM	中科院地理数据，空间分辨率 1 km
	多年均气温	国家气象资料汇编，空间分辨率 500m
	多年平均降雨	国家气象资料汇编，空间分辨率 1 km
	多年平均≥0℃积温	国家气象资料汇编，空间分辨率 500m
	多年平均≥10℃积温	国家气象资料汇编，空间分辨率 500m
	土壤图	中科院南京土壤所汇编，土壤类型(亚类)分布；土壤质地；土壤养分
	1~3 级交通路网	国家基础地理信息数据
	1~3 级河流水域	国家基础地理信息数据
	中心集镇分布	国家基础地理信息数据
社会经济数据	人口数据分布	中科院地理所数据，1 km 网格人口，单位：人/km²
	GDP 数据分布	中科院地理所数据，1 km 网格 GDP，单位：万元/km²
农业统计数据	1980~2010 年各类农作物面积	
	1980~2010 年各种地类面积	黑龙江省、吉林省和辽宁省统计年鉴

7.2.3　空间回归分析

以 2000 年为模型初始年份，将土地利用数据和农作物分布数据分别与驱动因子数据进行 Binary Logistic 回归分析，置信度设置大于95%（即 $\alpha \leq 0.05$），低于该值的驱动力因子不选入回归方程，两个层次的回归分析结果见表 7-2 和表 7-3。第一层次的各土地利用类型回归方程的 ROC 值为 0.82~0.98，建设用地的解释度最好，达到了 0.98；耕地、林地、湿地等其次；草地 ROC 值相对较低，为 0.82。第二层次的各农作物回归方程的 ROC 值为 0.85~0.95，尤其玉米、水稻等 ROC 值较高。这些都表明，无论是在第一层次，还是在第二层次，回归分析结果都较好，回归方程能较好地解释耕地和农作物的空间分布。

表 7-2　第一层次的土地利用空间分布回归分析

驱动因子	耕地	林地	草地	水域	建设用地	湿地	未利用地
Constant	47.08	18.38	90.53	−181.19	−2.55	−82.06	−111.15
坡向	0.00151	−0.00448	0.00283	0.00507	−0.00199	0.00378	0.00196
DEM	−0.00293	0.00246	−0.00037	−0.0076	—	−0.00361	0.00395
人均 GDP	0.00083	−0.00328	0.00335	0.00213	0.01262	−0.00341	−0.00058
人口密度	0.0076	−0.00437	−0.00432	−0.00611	0.00232	−0.00221	−0.00417
降雨	−0.00027	0.00063	−0.00082	—	−0.00038	−0.0004	−0.00112
距中心集镇距离	0.00062	0.00065	0.00216	−0.00193	−0.00303	0.00201	−0.00239
距河流水域距离	0.00036	0.00068	0.00029	−0.00344	—	−0.00157	0.003
距交通路网距离	—	—	—	0.00038	0.00042	—	—
坡度	−0.02951	0.05653	−0.02311	−0.03097	−0.02134	−0.07239	−0.1249
≥0℃积温	−0.0539	−0.08475	−0.07718	0.34328	—	−0.37301	0.36001
≥10℃积温	0.00659	0.06268	−0.01004	−0.16228	—	0.29829	−0.2558
年积温	0.02705		0.03007	−0.06939	—	0.02181	—
土壤类型_1	0.71752	0.36957	−1.01618	—	—	1.26437	3.31568
土壤类型_2	−0.10088	1.36235	−0.55266	0.30611	0.94377	—	4.27152
土壤类型_3	0.14184	0.60596	2.5921	—	—	—	1.81027
土壤类型_4	1.07878		−0.53583	0.67404	−1.10136	1.08783	2.45193
土壤类型_5	0.24805	0.48741	1.18631	—	—	—	2.96291
土壤类型_6	0.58197	0.96613	—	—	7.85369	—	6.00738
土壤类型_7	−0.84207	1.63141	2.33252	—	—	−5.01066	—
土壤类型_8	−0.35975	0.87056	2.89741	—	—	−3.47723	—
土壤类型_9	—	1.12887	0.17984	0.30578	—	0.64154	3.7156
土壤类型_10	−2.70898	1.86061	−1.84231	—	1.32324	3.31358	
土壤类型_11	0.49939	0.45365	—	0.51582	—	1.13208	7.64617
土壤类型_12	0.51775	0.689	−0.41266	0.77542	—	0.97265	4.09142
土壤类型_13	0.35475	−0.75861	0.94108	0.46939	—	0.57416	6.47648
土壤类型_14	2.33448	—	0.99761	−1.91417	—	−1.7082	2.52715
土壤类型_15	—	−18.2998	—	1.03017	—	—	—
土壤类型_16	—	—	0.80141	1.29893	−0.32181	1.43709	6.49048
土壤类型_17	—	0.3667	—	—	—	1.97006	5.90168
土壤类型_18	−1.01575	−0.65215	−3.31748	—	10.06557	2.04856	
土壤类型_19	—	—	1.40645	1.34933	1.10671	0.85499	6.41572
土壤类型_20	−0.93158	−1.27531	−1.35369	3.97714	2.59321		5.59939
ROC	0.93	0.95	0.82	0.94	0.98	0.90	0.97

表 7-3　第二层次的农作物空间分布回归分析

驱动因子	水稻	小麦	玉米	大豆	其他作物
Constant	−19.599	45.132	−802.484	268.845	50.763
坡向	0.002	0.0022	—	—	0.0011
DEM	−0.006	−0.0007	−0.0044	−0.0008	−0.003
人均 GDP	0.001	−0.0004	−0.0017	0.0038	—
人口密度	0.004	0.0051	0.0081	0.0031	0.0056
降雨	0.001	−0.0003	0.0004	−0.0006	−0.0003
距中心集镇距离	−0.007	−0.0037	0.0031	−0.001	—
距河流水域距离	—	—	0.0004	—	—
距交通路网距离	—	−0.0004	−0.091	—	—
坡度	−0.093	−0.0226	1.3833	—	−0.0159
≥0℃积温	0.081	—	—	−0.6785	−0.0493
≥10℃积温	−0.062	−0.0432	−0.6127	0.4224	—
年积温	−0.026	0.0545	−0.3133	0.0591	0.0313
土壤类型_1	—	0.8453	—	—	−0.702
土壤类型_2	—	−2.4348	—	—	−0.699
土壤类型_3	—	−1.1822	—	—	0.8576
土壤类型_4	—	−2.2216	—	—	−0.8419
土壤类型_5	—	−1.753	—	—	−0.86
土壤类型_6	—	—	—	—	—
土壤类型_7	—	−1.7738	—	—	—
土壤类型_8	—	−1.3887	—	−4.5024	—
土壤类型_9	—	—	—	—	—
土壤类型_10	—	—	—	—	−2.3607
土壤类型_11	—	—	—	—	—
土壤类型_12	—	0.546	—	—	—
土壤类型_13	—	−0.6794	—	—	—
土壤类型_14	—	—	—	—	2.0059
土壤类型_15	—	2.5797	—	—	−2.5356
土壤类型_16	—	—	—	—	−0.1885
土壤类型_17	—	0.7766	—	—	−0.3574
土壤类型_18	—	—	—	—	−2.3562
土壤类型_19	—	−3.5851	—	—	—
土壤类型_20	—	—	—	—	—
土壤质地_1	—	0.7352	—	1.3294	0.467
土壤质地_2	—	−2.8489	—	−0.4514	—
土壤质地_3	—	3.1012	2.318	—	—

续表

驱动因子	水稻	小麦	玉米	大豆	其他作物
土壤质地_4	—	1.5303	1.6	—	—
土壤质地_5	—	1.8031	—	1.1803	0.4141
土壤质地_6	—	—	1.9992	-2.1306	-0.3436
土壤质地_7	—	1.9416	1.2689	1.3724	—
土壤质地_8	—	—	1.8129	—	—
土壤质地_9	—	1.0287	—	-3.1319	—
土壤质地_10	—	0.7909	—	1.4563	1.2153
Roc	0.91	0.88	0.95	0.91	0.85

图 7-3 第一层次的各土地利用类型空间分布真实图(左图)和 CLUE-S 计算的各土地利用类型的空间分布概率图(右图)的比较, 图 7-4 是第二层次的各农作物空间分布真实图(左图)和 CLUE-S 计算的各农作物空间分布概率图(右图)的比较。可以看出, 在两个层次上, 模型模拟的空间分布概率图和真实分布图具有较好的一致性, 这说明所选择的驱动因子总体上可以很好地描述东北地区耕地和农作物空间分布特征。

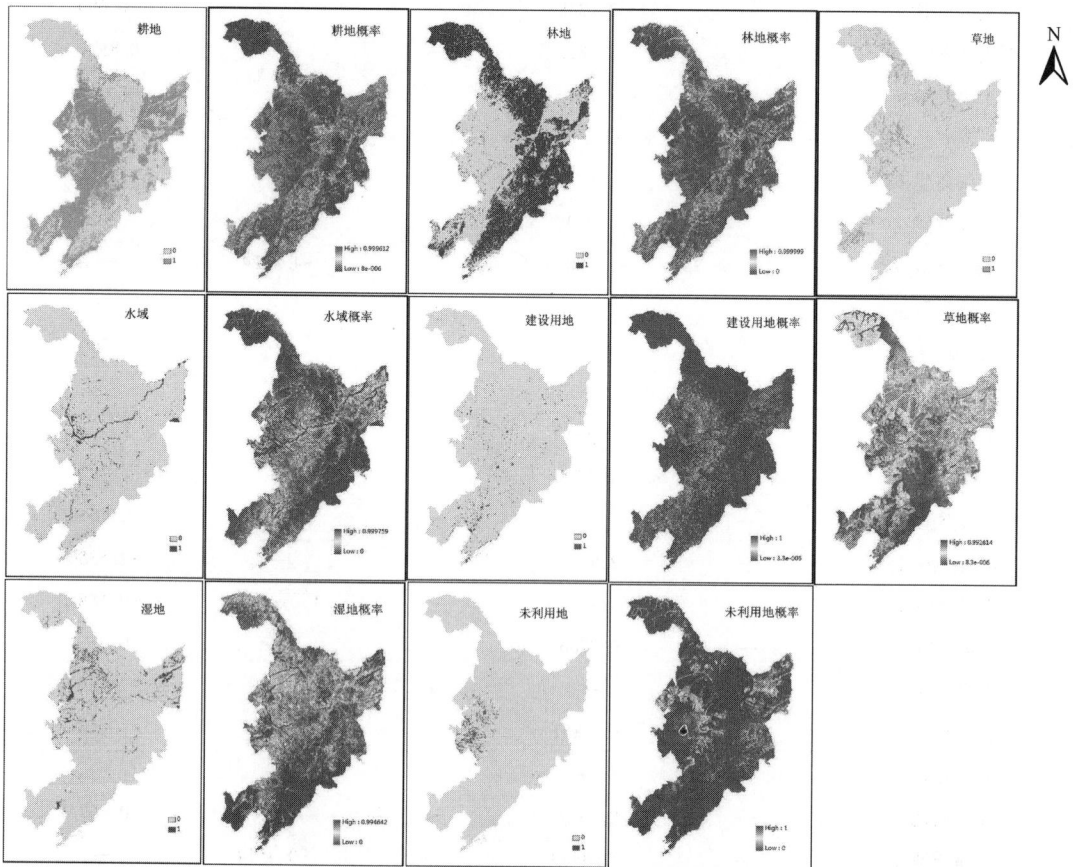

图 7-3　各类土地利用真实空间分布图和模型计算的概率分布图比较

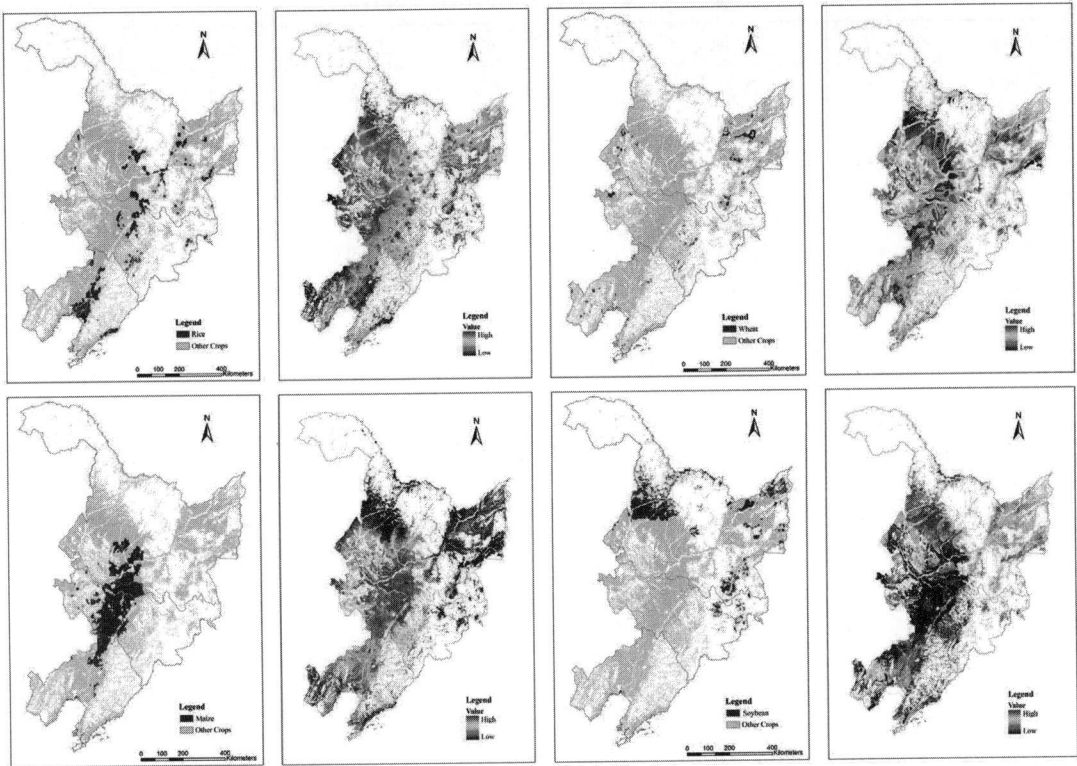

图 7-4 各类农作物真实空间分布图和模型计算的概率分布图比较

7.2.4 模型参数调整和精度检验

1. 模型参数调整

模型需求参数包括各土地利用的土地需求和农作物土地需求。过去的各土地利用和农作物对土地的数量需求农业统计年鉴获取，包括耕地、林地、草地、水域、建设用地、湿地和未利用地等 7 类土地利用类型的土地需求的面积，以及水稻、小麦、玉米、大豆和其他农作物等 5 类农作物的土地面积需求。

模型模拟参数调整针对 CLUE-S 两个层次的土地利用类型转移次序规则和土地利用类型转移弹性规则进行。土地利用类型转移次序通过设定各个土地利用类型之间的转移矩阵来表征各种土地利用类型之间能否实现转变，1 表示可以转变，0 表示不能转变，该参数决定了模拟结果中的变化类型。土地利用类型转移弹性描述各个土地利用类型转换的稳定性，即在一定时期内某种土地利用类型可能转换为其他土地利用类型的难易程度，用 0~1 的数值表示，值越接近 1 表明转移的可能性越小。该参数调整依据近年来东北地区耕地或农作物空间格局的实际变化，并结合专家知识进行，然后根据模型模拟结果进行修正。表 7-4 和表 7-5 分别列出了第一层次和第二层次的土地利用转移矩阵，表 7-6 列出了两个层次的土地利用类型转移弹性系数。

表 7-4　第一层次土地利用转移矩阵

项目	耕地	林地	草地	水域	建设用地	湿地	未利用地
耕地	1	1	1	0	1	0	1
林地	1	1	1	0	1	1	1
草地	1	1	1	1	1	1	1
水域	0	0	0	1	0	1	0
建设用地	0	0	0	0	1	0	1
湿地	1	1	1	1	0	1	0
未利用地	1	1	1	0	1	0	1

表 7-5　第二层次农作物转移矩阵

农作物	水稻	小麦	玉米	大豆	其他作物
水稻	1	0	1	0	1
小麦	1	1	1	0	1
玉米	0	0	1	1	1
大豆	1	0	1	1	1
其他作物	1	1	1	1	1

表 7-6　土地利用类型转移弹性系数

耕地	林地	草地	水域	建设用地	湿地	未利用地
0.6	0.8	0.5	0.9	0.9	0.7	0.4

水稻	小麦	玉米	大豆	其他作物
0.8	0.6	0.7	0.7	0.6

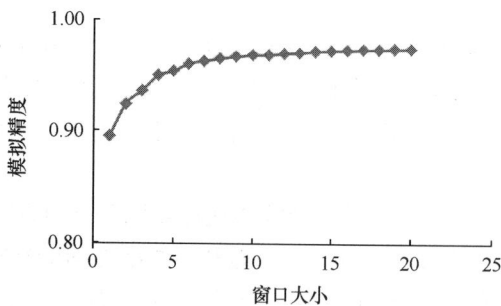

图 7-5　多空间尺度模拟精度检验

2. 模型精度检验

精度检验是空间模型构建或应用的重要内容。通过对模型精度进行客观、科学的检验，有助于发现模型误差、优化参数、改进机理，从而提高模型的模拟精度。传统的模型检验方法是将模型模拟结果直接与参考真值进行数量和空间的对比分析，这是一种较为直观的方法。该方法只能针对特定空间尺度进行，难以描述模型在不同空间尺度上的模拟精度，具有一定的局限性。因此，本研究采用 Costanza 等提出的多尺度空间分布检验方法进行模型精度评价，该方法不断调整"分析窗口"大小来分析不同空间尺度下的模拟精度，并根据不同尺度的分析结果来综合判断模型精度。具体地，以 2005 年遥感解译的农作物空间分布数据为参考数据，对 CLUE-S 模型 2005 年的模拟结果进行多尺度检验，结果如图 7-5 所示。可以看出，随着分析窗口尺度的扩大，模型模拟精度有一定幅度提高，模型总体模型精度高于 0.85。因此，构建的东北地区农作物空间格局动态变化模型可以用于过去模拟分析和未来不同情景下的模拟预测。

7.3　东北地区农作物空间格局动态变化模拟和预测分析

7.3.1　1980~2010 年东北地区农作物空间格局动态变化再现

以 2000 年东北地区土地利用空间分布数据和农作物空间格局分布数据为基础，以过去 1980~2010 年为研究周期，设置相应的土地面积需求、转换规则和弹性系数，利用构建的 CLUE-S 模型，对过去 30 年我国东北地区农作物空间格局动态变化进行了模拟分析。

图 7-6 显示了 1980~2010 年东北地区耕地空间格局动态变化模拟结果。可以看出，1980~1990 年，我国东北地区耕地面积呈下降趋势，部分耕地转换为草地或者荒地，同时城市扩张占用了部分耕地；1990 年以来，耕地空间扩展增加，尤其在三江平原和松嫩平原耕地扩展明显，黑龙江和吉林省的许多荒地恢复了其耕作功能，部分林地、草地改为耕地；2000 以来，东北地区耕地面积总体保持稳定。

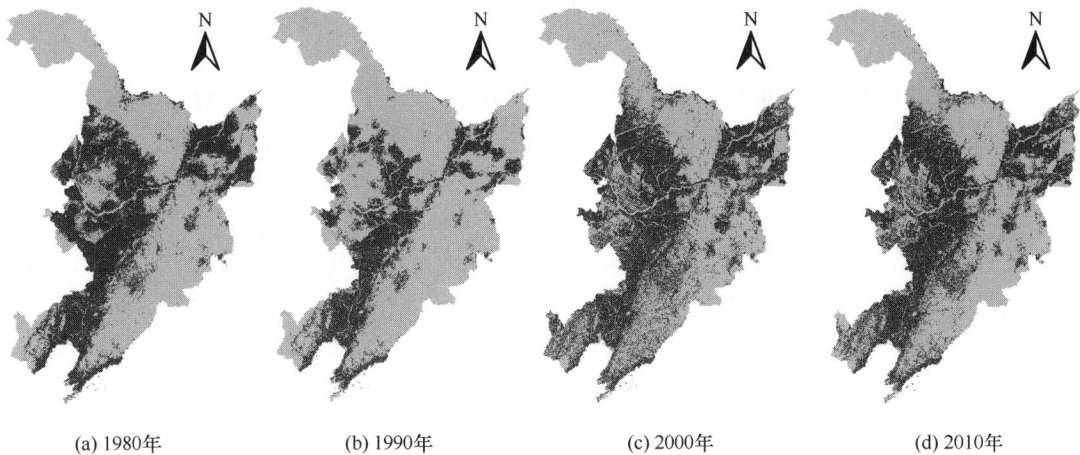

| (a) 1980年 | (b) 1990年 | (c) 2000年 | (d) 2010年 |

图 7-6　1980~2010 年东北地区耕地空间格局动态变化

彩图 9 是 1980~2010 年东北地区农作物空间格局动态变化模拟结果。可以看出，过去 30 年期间，东北地区主要农作物空间格局发生了显著变化。小麦、玉米、水稻和大豆之外的其他作物种植区域减少，种植结构区域简单化。过去 30 年，东北地区小麦种植区域缩小十分明显，种植区域向南部集中；随着气候变暖，东北地区水稻种植界线向北、向高海拔地区推移，种植区域和面积进一步扩大，北扩东移趋势；玉米种植区域有扩展，从集中在中部的松嫩平原向西扩展。

1）农作物种植面积变化

1980~2010 年，东北地区的农作物种植面积变化较大，农作物之间相互转换特征明显，见表 7-7。总体上，玉米和水稻面积呈现增加趋势，2000 年以后两者面积增加速度尤为突出;大豆面积几乎保持不变;小麦面积在东北三省呈现减少的趋势。

1980~1990 年,新增的水稻主要来自其他农作物和小麦,其次是玉米和极少量的大豆转换。同时,水稻转为其他农作物情况较少,仅有 1 km² 转换为了玉米,7 km² 转为了其他作物。小麦种植面积在此期间呈下降的趋势,大量的小麦转为了其他农作物,新增小麦主要由了其他作物转换而得。玉米的面积增加较为明显,其中 92% 的新增玉米均由其他作物转换而得,仅有少量的玉米由小麦改种。大豆的面积变化不大,2 896 km² 的大豆改种了为其他作物,而新增的大豆中有 2 292 km² 由其他作物转换而得。

1990~2000 年,水稻的变化较前 10 年变化剧烈,少量的水稻改种为大豆、玉米、小麦和其他作物,其中其他作物较多,改种面积为 400 km²,其次是玉米,改种面积达 102 km²。新增水稻主要由玉米、小麦和其他作物改种,分布占新增水稻的 1/3 左右,其中玉米改种有 4 172 km²,小麦和其他作物改种有 3 485 km² 和 3 371 km²。小麦的种植面积持续下降,大量的小麦改种为大豆、水稻、玉米和其他作物,其中改种后面积最大的是大豆,为 4991 km²,最少的是其他作物,面积达 1 409 km²。新增小麦较少,仅有 44 km² 水稻、318 km² 玉米、94 km² 大豆和 827 km² 其他作物改种为小麦。玉米的变化也较多,从作物转换的面积上分析,净面积呈减少趋势,这与空间上玉米的变化是一致的。玉米减少的面积主要改种为水稻,共 4 172 km²,而水稻转为玉米的仅 102 km²。大豆的面积呈上升趋势,主要原因是 4 991 km² 的小麦改种为了大豆,其次是部分其他作物改种为了大豆。

2000~2010 年,水稻的面积增加较多,主要由其他农作物改种,占新增水稻面积的 75%。其次是由 1 498 km² 的大豆和 1 339 km² 的玉米改种。水稻改种为其他农作物的面积不大,最多的为大豆约 2448 km²,最少的仅 9 km² 改种为小麦。小麦的面积不断减少,大量的小麦转为了其他作物和大豆,分别有 2 155 km² 和 1 065 km²。玉米的种植面积较前 10 年有明显的增加,28 295 km² 的其他作物改种为玉米,占新增玉米面积的 97%。除 1 399 km² 改种为水稻和 1 706 km² 改种为大豆之外,玉米改种为其他农作物的面积较少。大豆的种植面积有少量的增长,其中 66% 的新增面积来自其他作物,2 448 km² 水稻改种为大豆,也是这一时期水稻转出最多的作物。

表 7-7　1980~2010 年东北三省农作物转换面积　　　　　　（单位：km²）

项目	1980~1990 年					1990~2000 年					2000~2010 年				
	水稻	小麦	玉米	大豆	其他作物	水稻	小麦	玉米	大豆	其他作物	水稻	小麦	玉米	大豆	其他作物
水稻	—	—	1	—	7	—	44	102	364	400	—	9	341	2 448	1 150
小麦	2 635	—	1 385	354	4 479	3 485	—	2 207	4 991	1 409	766	—	541	1 065	2 155
玉米	1 940	3	—	984	6 624	4 172	318	—	180	8 884	1 339	14	—	1 706	891
大豆	35	—	—	—	2 896	235	94	364	—	8 317	1 498	3	16	—	3 483
其他	3 258	3 919	15 217	2 292	—	3 371	827	8 659	7 866	—	10 654	591	28 295	10 321	—

2) 水稻空间格局时空变化

1980 年前后,东北地区水稻主要分布在辽宁省,特别在松辽平原有大面积水稻种植,吉林省和黑龙江省水稻面积很少。随着气候变化及水稻种植技术的发展,水稻的适宜区域进一步扩大，1980~1990 年，水稻的面积得到扩增，1980~1990 年，新增的水田主要分布在原有水田的周围，减少的水田极少，只有零星地块。新增水田主要由林地转化而得，共 132 km²；另外一部分由水域转换而得，共 77 km²，其余新增水田由草地和水域转换而得。

1990~2000 年，水田面积新增比较迅速，向北推移的趋势明显，其新增水田主要分布在吉林和黑龙江省境内，特别是黑龙江省新增水田较多。其中 169 km² 的水域转为水田，102 km² 的林地转换水田，还有少量的草地、未利用地和零星的湿地。

2000~2010 年，水田的变化进一步加剧，辽东海滨区的水田减少较多，主要转为建设用地使用，长白山北部和小兴安岭与张广才岭之间的区域减少了许多水田，同时，在辽河平原、松嫩平原北部及三江平原地区新增较多的水田，其中湿地转为水田最多，共有 1 120 km²，特别是三江平原地区的湿地转为水田的情况较多，其次是林地有 1 107 km²，草地、未利用地和水域相对较少。

3）玉米空间格局时空变化

东北地区的玉米主要种植在松嫩平原地区，1980 年，玉米主要分布在松嫩平原东部地区，大部分分布在吉林省和黑龙江省，辽宁省与吉林省交界地区有少量存在。1990 年，玉米的面积出现小范围的减少，松嫩平原西部的玉米减少比较明显。这种现象一直持续到 2000 年，玉米的分布仅在松嫩平原东部，松嫩平原西部几乎没有种植。2000 年后，玉米的种植范围迅速扩张，重新由松嫩平原东部向西部移动，到 2010 年底，整个松嫩平原大部分种植有玉米。

4）小麦空间格局时空变化

1980 年，小麦在东北地区的分布较广，黑龙江省、吉林省和辽宁省均存在大面积的分布。东北地区几大平原，如松嫩平原、三江平原、松辽平原等均大面积的种植小麦。1990 年，小麦的种植区域较之前有所变化，松辽平原的小麦种植面积较少，仅黑龙江省的三江平原地区有大面积种植，其他原来种植小麦的地区均不同程度减少了小麦种植。到 2000 年，小麦的种植面积进一步减少，除辽宁省西部和长白山地区西部种植少量小麦外，其他地区很少种植小麦。到 2010 年，东北地区小麦种植面积已经非常小，仅黑龙江省三江平原南部存在一部分大面积小麦，其他地区零星种植了部分小麦。小麦在东北的地区地位进一步下降，种植面积不断萎缩。

5）大豆空间格局时空变化

1980 年，大豆主要种植地区在黑龙江省，特别是松嫩平原北部，靠近小兴安岭地区。长白山地区东部有部分区域种植大豆。1990 年，大豆的种植范围出现扩张，松嫩平原北部的大豆向南部缓慢移动，黑龙江省北部出现了大量的大豆，特别是三江平原地区开始种植大豆。2000 年，在黑龙江省北部已经种植了大范围的大豆，三江平原地区的大豆面积进一步扩大，长白山东北部地区也有扩展。整个东北地区的耕地在北部和东部都种植了大豆。2010 年时，大豆是仅次于玉米的第二大作物，东北地区的大豆种植区域几乎集中在黑龙江省。

7.3.2 2010~2050 年东北地区农作物空间格局动态变化预测

以 2010 年东北地区耕地空间分布数据和农作物空间分布数据为基础，构建东北地区 2020~2050 年的社会经济发展情景模式，设置相应的土地面积需求、转换规则和弹性系数，利用构建的 CLUE-S 模型，对未来 30 年东北地区农作物空间格局动态变化趋势进行了模拟预测。

针对东北地区未来社会经济发展面临保护生态环境、确保粮食安全、保障经济发展等需求，设置了符合东北地区未来发展方向的综合发展目标情景。该情景综合考虑了东北地区生态、食物以及经济安全，既有利于保护东北三省生态环境，又协调了经济建设和粮食安全这两大矛盾问题，模拟预测该情景模式下的农作物空间格局动态变化对科学调整和优化农业结构与布局、合理配置农业土地资源等具有积极的现实指导意义。

图 7-7 是 2020~2050 年东北地区耕地空间格局动态变化模拟预测结果。可以看出，在综合发展情景下，由于综合考虑了粮食供给和经济发展，耕地呈现小幅度增加，既满足人口增长对粮食的需求，又可以满足经济发展的需要。

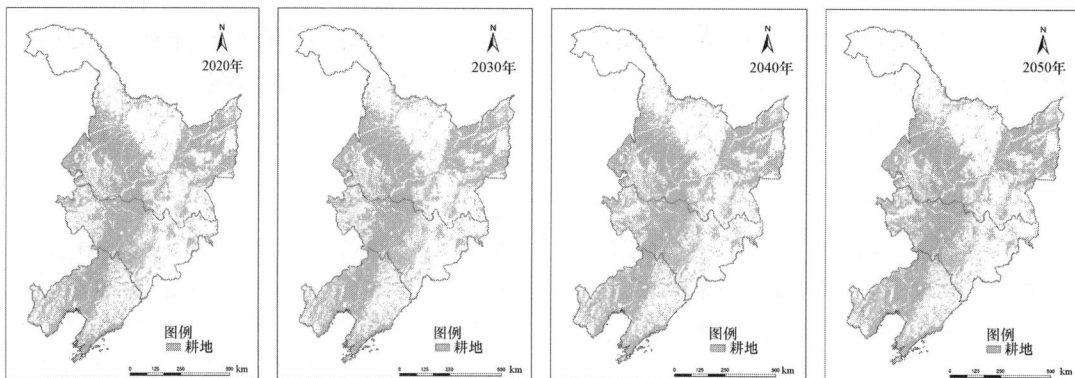

图 7-7　2020~2050 年东北地区耕地空间格局动态变化

彩图 10 显示了 2020~2050 年东北地区农作物空间格局动态变化模拟预测结果。综合发展情景下，水稻和玉米种植面积总体保持增加，既可满足人口增长对粮食的需求，同时也可以满足经济发展的土地需求。小麦种植在东北地区呈小幅度下降的趋势，但大豆种植减少趋势明显。图 7-8 描述了 2020~2050 年东北地区农作物种植相互转换的空间分布。

未来东北地区水稻种植面积不断扩大，新增区域主要在黑龙江省三江平原地区和松嫩平原地区，辽河平原有少量新增水稻。三江平原的新增水稻主要分布在同江、富锦、萝北和绥滨县(市)附近，桦川、佳木斯和双鸭山附近出现少量的水稻面积扩张，新增的水稻主要由大豆转换而得。松嫩平原地区北部新增了少量的水稻，主要由大豆转换。其中绥化市附近增加比较明显。其他地区虽然存在水稻种植面积变化的情况，但变化不是特别明显。2020~2030 年，新增水稻主要由黑龙江省三江平原和松嫩平原的大豆和辽宁省辽河平原的其他作物改种而得，黑龙江省萝北地区附近有少量的其他作物也改种成了

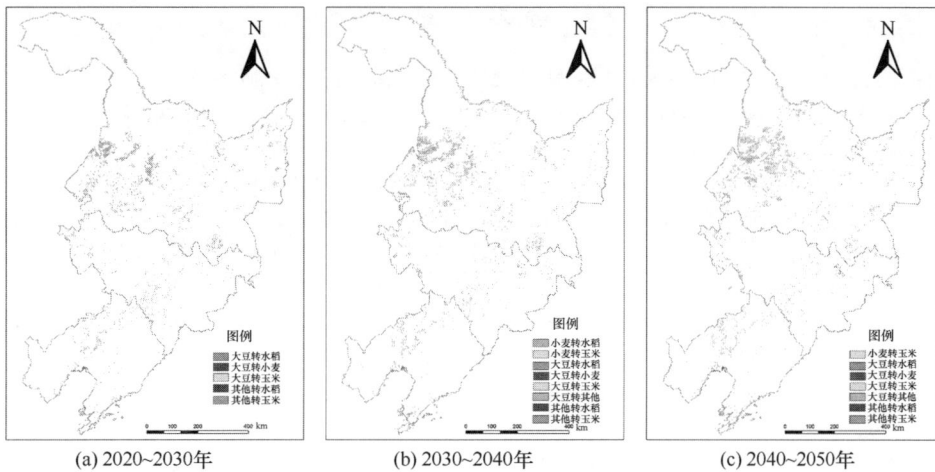

(a) 2020~2030年　　　　　(b) 2030~2040年　　　　　(c) 2040~2050年

图 7-8　2020~2050 年东北地区农作物相互转换

水稻。2030~2040 年，新增水稻由小麦、大豆和其他作物改种而得。较前 10 年，三江平原地区新增水稻较少，新增水稻主要在松嫩平原。由该地区的大豆改种。其他作物改种为水稻的区域大致与前一阶段相同，没有较大的变化。2040~2050 年，新增水稻主要集中在黑龙江省的西北地区，松嫩平原北部及黑河地区的大豆纷纷都改种成了水稻，水稻的面积得以持续增加。

　　小麦的种植在东北地区呈逐年下降的趋势，但考虑到保障未来国家粮食安全的需要，并没有像 2000~2010 年那样剧烈减少。未来东北地区新增小麦主要出现在努鲁儿虎山以东地区，新增的面积不大，变化不是特别明显。新增小麦主要由大豆改种，2020~2050 年，大部分新增水稻均集中在长白山西部，黑龙江省宁安与吉林省敦化一线。东北地区其他地区鲜有新增小麦。

　　玉米一直是东北地区的主要农作物，未来该地区的玉米将保持继续增长的趋势，变化较为明显的是松嫩平原北部，不断向北部和西部扩张。龙江、齐齐哈尔市(县)附近玉米向西扩张，该部分新增玉米主要由其他农作物转换而来；青冈县附近玉米种植向北扩张，该地区种植结构相对复杂，新增玉米主要由其他农作物和大豆转换。同时在松嫩平原内部也新增了大量的玉米，这些玉米主要来自于其他农作物的转换。2020~2030 年，新增玉米主要在松嫩平原中部和辽河平原西部、北部。松嫩平原的新增玉米主要由其他农作物改种，并有少量的大豆也改种为了玉米。辽河平原地区的新增玉米均为其他农作物改种。2030~2040年，新增玉米由小麦、大豆和其他作物改种，分布区域较上一阶段变化不大，有向北和向西移动的趋势。辽河平原地区的新增玉米出现少量的减少。2040~2050年，新增小麦还是由小麦、大豆和其他作物改种，但是分布区域进一步向北和向西移动，主要分布在松嫩平原的北部和东北地区最西部。

　　大豆的种植面积呈逐年下降的趋势，东北地区的大豆区域主要被玉米和水稻两大作物代替，少量改种为小麦。松嫩平原的西部和北部的部分大豆转换成了玉米，三江平原北部的大豆大量转换成水稻。2020~2050 年，大豆的种植面积不断减少，松嫩平原北部仍属于大豆的主要产区，虽然近年来种植不断萎缩，但还是在该区域种植了一定数量的大豆。

参 考 文 献

摆万奇, 张永民, 阎建忠, 等 . 2005. 大渡河上游地区土地利用动态模拟分析 . 地理研究, 24(2):206-212.

陈莹, 尹义星, 陈爽 . 2009. 基于土地利用/覆被情景分析的长期水文效应研究——以西苕溪流域为例 . 自然资源学报, 24(2):351-359.

邓祥征, 刘纪远, 战金艳, 等 . 2004. 太仆寺旗土地利用变化时空格局的动态模拟 . 地理研究, 23(2):147-156.

段增强, Peter Verburg, 张凤荣, 等 . 2004. 土地利用动态模拟模型的构建及其应用 . 地理学报, 59(6):1037-1047.

彭建, 蔡运龙, Peter Verburg. 2007. 基于 CLUE-S 模型的喀斯特山区土地利用/覆被变化情景模拟 . 农业工程学报, 23(7):64-70.

谭永忠, 吴次芳, 牟永铭, 等 . 2006. 经济快速发展地区县级尺度土地利用空间格局变化模拟 . 农业工程学报, 22(12):72-77.

魏伟, 周婕, 许峰 . 2006. 大城市边缘区土地利用时空格局模拟——以武汉市洪山区为例 . 长江流域资源与环境, 15(2):174-179.

吴桂平, 曾永年, 冯学智, 等 . 2010. CLUE-S 模型的改进与土地利用变化动态模拟——以张家界市永定区为例 . 地理研究, 29(3):460-470.

张永民, 赵士洞, Peter Verburg. 2003. CLUE-S 模型及其在奈曼旗土地利用时空动态变化模拟中的应用 . 自然资源学报, 18(3):310-318.

周锐, 苏海龙, 胡远满, 等 . 2011. 不同空间约束条件下的城镇土地利用变化多预案模拟 . 农业工程学报, 27(3):300-308.

Britz W, Verburg P H, Leip A. 2010. Modelling of land cover and agricultural change in Europe: Combining the CLUE and CAPRI-Spat approaches. Agriculture, Ecosystems and Environment, doi:10.1016/j. agee. 2010. 03. 008.

Castella J C, Kam S P, Quang D D, et al. 2007. Combining top-down and bottom-up modelling approaches of land use/cover change to support public policies: Application to sustainable management of natural resources in northern Vietnam. Land Use Policy, 24:531-545.

Hellmann F, Verburg P H. 2010. Impact assessment of the European biofuel directive on land use and biodiversity. Journal of Environmental Management,91:1389-1396.

Overmars K P, Verburg P H, Keldkamp T. 2007. Comparison of a deductive and an inductive approach to specify land suitability in a spatially explicit land use model. Land Use Policy,24:584-599.

Temme AJAM, Verburg P H. 2011. Mapping and modelling of changes in agricultural intensity in Europe. Agriculture, Ecosystems and Environment,140:46-56.

Verburg P H, Soepboer W, Keldkamp T, et al. 2002. Modeling the spatial dynamics of regional land use: The CLUE-S Model. Environmental Management, 30:391-405.

Verburg P H, van Berkel D B, van Doorn AM,et al. 2010. Trajectories of land use change in Europe: a model-based exploration of rural futures. Landscape Ecology, 25:217-232.

Verburg P H, Veldkamp T, Rounsevell M D A. 2006. Scenario-based studies of future land use in Europe. Agriculture, Ecosystems and Environment, 114:1-6.

第8章 案例研究——宾县

本章以宾县为研究区域,首先利用乡镇级统计数据对宾县范围内的农作物时空格局变化进行分析;在此基础上,进一步选取 3 个乡镇(新甸镇、宾安镇、常安镇)开展农户调查,获取 384 个农户详实的第一手资料,从个体农户的角度探究农作物格局变化的特征及机理机制;并开发设计基于智能主体 Agent 的农业土地系统变化模拟模型(CroPaDy, An agent-based model for simulating regional Crop Pattern Dynamics),在栅格尺度上实现区域农作物空间格局变化的准确模拟。

8.1 区域概况

8.1.1 区域介绍

宾县位于黑龙江省南部(45°30′37″~46°01′20″N, 126°55′41″~128°19′17″E),松花江南岸,隶属哈尔滨市,距哈尔滨东郊约 60 km。宾县土地总面积 3 845 km²,自然概貌为"五山半水四分半田"(耕地面积约占 50%);境内有松花江、柳板河等主要河流;年平均气温 2.5~4.0℃,年平均无霜期为 110~150 天,年≥10℃积温为 2 500~3 100℃;一般春季干旱少雨,夏季雨量集中,多年平均蒸发量为 904.21mm,多年平均降水量 573.43 mm;土壤为山地棕壤土,多为黑土,多为农业生产区,河谷两岸为草甸土和潜育草甸土,流域下游有部分草甸黑土;全县共辖 17 个乡镇(12 个镇、5 个乡),143 个行政村;全县总人口 61.2 万人,其中农业人口 50.0 万人。宾县属于典型的一年一熟种植制度,主要作物有水稻、大豆、玉米、烤烟等,年粮食产量约 6.5 亿kg,是哈尔滨辖区内的五大粮食主产县之一,在"全国粮食生产百强县(市)"评选中排名第 87 位(2004 年数据)。

宾县的作物种植结构及其变化特征在东北地区具有显著代表性。为了进一步缩小典型研究区的范围,本研究选择宾县中部的一个过渡剖面开展农户调查。通过对比,最终选取宾县中部按北-南条带分布的 3 个乡镇(由北至南分别为新甸镇、宾安镇、常安镇)为研究区域(图 8-1、彩图 11)。宾县县级行政边界提取自"中华人民共和国行政区划图"(1∶400 万)[图 8-1(a)],由于县级以下(乡镇级、村级)行政边界数据较难获取,研究区域内的乡镇、村行政边界根据"宾县地图"(1∶115 000)数字化得到[图 8-1(b)]。研究区域总面积为 64 608 hm²,共包括三阳、新阳等在内的24 个行政村(图 8-1、表 8-1)。

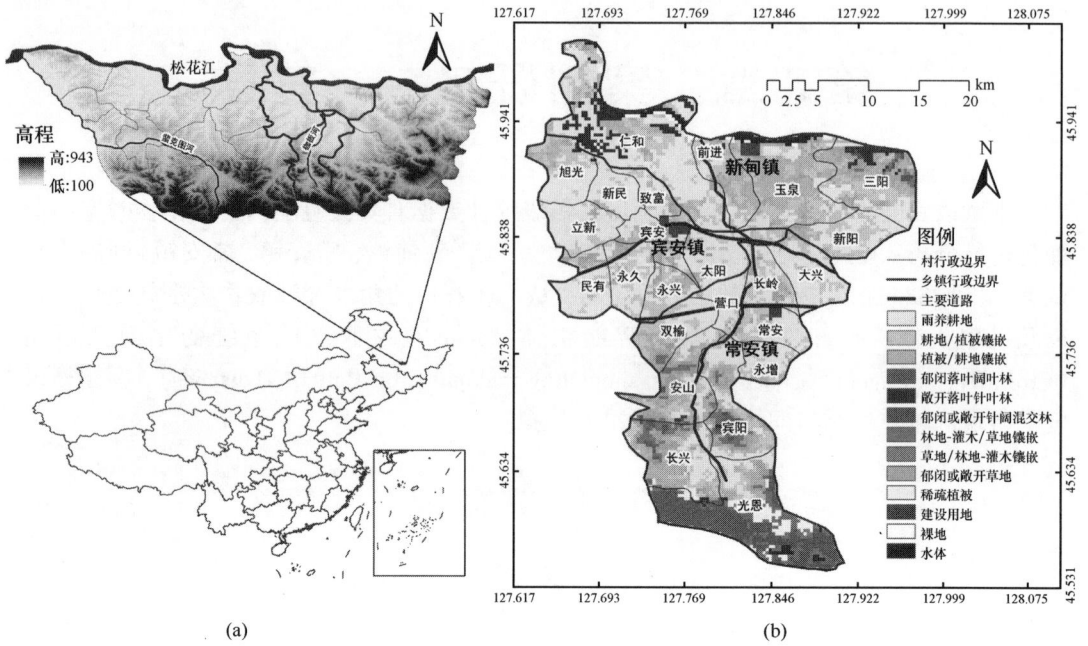

(a)　　　　　　　　　　　　　　　　　　　(b)

图 8-1　研究区域位置及土地利用

表 8-1　研究区乡镇级以村级行政区域名称

乡镇名	村名	编号	乡镇名	村名	编号	乡镇名	村名	编号
新甸	三阳	1	宾安	民有	6	常安	常安	15
	新阳	2		永久	7		大兴	16
	玉泉	3		宾安	8		长岭	17
	前进	4		永兴	9		双榆	18
	仁和	5		太阳	10		安山	19
				致富	11		长兴	20
				新民	12		光恩	21
				旭光	13		营口	22
				立新	14		永增	23
							宾阳	24

8.1.2　农户调查

农户调查数据是宾县案例研究的主要参考依据，基于详细的入户问卷调查获取。农户调查于 2012 年 4 月完成。为保证调查数据的准确性，采取"一对一"访谈的调查方法，每户问卷大约耗时 100 分钟。调查样本的选取按照分层随机抽样的原则，以行政村单元为分层依据，每个村随机调查农户 16 户，最终获取农户样本 384 户，均匀覆盖农户调查区 3 个乡镇的 24 个行政村。

问卷主要涉及四大部分内容:第一部分,农户家庭的基本情况,包括家庭成员情况、家庭土地经营情况、家庭收入情况等;第二部分,农户土地利用行为的变化特征及内生原因,即家庭基本情况对土地利用决策行为的影响;第三部分,自然环境变化与农户土地利用行为,包括农户对温度、降水、生育期、灾害、品种、作物真实产量等客观现象的感知,及这些因素对本人土地利用行为的影响;第四部分,社会经济要素变化与农户土地利用行为,包括农户对生产要素、作物纯收益、作物出售渠道与方式、农业政策等客观现象的感知,及这些因素对本人土地利用行为的影响。由于实行了家庭联产承包责任制后,农户的主观决策意愿逐渐开始体现,本研究需收集的信息大多开始于 20 世纪 80 年代初期。

8.2　宾县农作物空间格局动态变化特征

利用《宾县统计年鉴》(1996~2010)的部分农业-社会经济统计数据对宾县农作物空间格局动态变化特征进行分析,为进一步在农户调查区开展深入研究提供背景依据。根据统计年鉴,宾县农作物可以分为粮食作物和经济作物两大类。粮食作物主要包括水稻、玉米、大豆、谷子、高粱、其他谷物、杂豆、小麦和薯类,经济作物包括烤烟、油料、麻类、甜菜、药材、蔬菜、瓜类和其他。本研究在分析宾县农作物播种面积变化特征的基础上,从粮食作物和经济作物比例来分析农作物种植结构时空变化特征;此外,对玉米、大豆、水稻三大粮食作物(根据 2010 年统计数据,分别占粮食作物播种面积的 53%、36% 和 6%)的种植格局时空变化特征进行了分析。由于经济作物在农作物总播面积中的整体比例较低,不再对具体经济作物种类进行分析。

8.2.1　农作物总播面积时空变化特征

研究表明,1996~2010 年宾县农作物播种面积不断扩大,总体上经历了一个明显"前减(1996~2003 年)后增(2003~2010 年)"的变化过程(图 8-2)。1996~2003 年,农作物总播种面积总体呈现小幅下降趋势,从 $1.40×10^5$ hm² 逐年减少到 $1.34×10^5$ hm²。自 2003 年,国家实行减免农业税及对种粮农户实行直补等惠农政策,使得农民粮食生产积极性有所提高,2003 年成为宾县农作物播种面积变化的拐点年份。2003 年之后,农作物总播种面积迅速增加,2010 年达到历史最高值 $1.72×10^5$ hm²。

不同乡镇农作物总播种面积变化特征也不一样,表 8-2 中,除宾西镇以外,其他乡镇均有增长。宾西镇紧邻县政府驻地,2002 年省政府批准设立了"哈尔滨市宾西经济开发区",工业和商业用地的增加使得农用地面积减少。从时间看,1996~2003 年,除了宾州镇、居仁镇和鸟河乡的农作物总播种面积增长以外,其他乡镇均减少;2003~2010 年,所有乡镇的农作物总播种面积均有明显增长,其中摆渡镇、民和乡增长幅度最大,分别增加了 109.36% 和 76.46%。

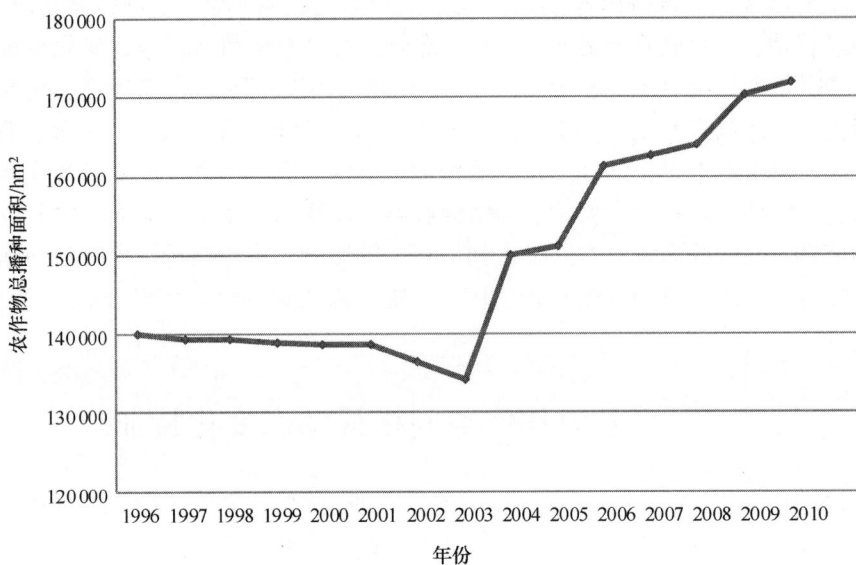

图 8-2　1996~2010 年宾县农作物总播种面积变化

表 8-2　**1996~2010 年宾县各乡镇农作物总播种面积**　　　　（单位：hm²）

年份	1996	1997	1998	1999	2000	2001	2002	2003	2004	2005	2006	2007	2008	2009	2010
宾州镇	7 951	7 916	7 974	7 841	7 841	11 000	10 858	10 685	11 402	11 005	11 005	10 803	11 194	11 400	11 400
居仁镇	5 475	5 475	5 475	5 475	5 475	6 344	6 344	6 344	6 735	6 733	9 038	8 800	9 021	9 021	9 021
宾西镇	10 654	10 662	10 657	10 708	10 658	6 555	6 555	6 555	8 400	8 400	8 400	8 400	8 400	8 400	8 400
永和乡	5 555	5 433	5 437	5 433	5 433	5 433	5 433	5 387	5 784	5 854	5 854	5 737	5 990	5 990	5990
糖坊镇	11 397	11 227	11 227	11 094	11 094	11 094	11 094	10 991	10 961	11 033	12 038	12 641	12 641	12 668	12 668
满井镇	9 394	9 394	9 395	9 374	9 394	9 394	9 327	9 296	11 647	11 647	11 647	11 673	11 674	11 647	11 647
鸟河乡	10 895	10 895	10 895	10 858	10 895	10 966	10 966	10 966	10 966	10 966	11 406	11 400	11 400	12 143	12 143
民和乡	6 961	6 961	6 960	6 960	6 960	6 960	6 908	6 908	8 418	8 419	8 419	11 917	11 917	11 917	11 917
经建乡	8 529	8 469	8 469	8 469	8 469	8 469	8 469	8 457	8 449	8 721	8 721	8 672	8 673	9 270	9 270
宾安镇	10 143	10 143	10 105	10 105	10 105	10 105	10 025	9 299	10 991	10 991	10 991	8 780	8 780	12 029	12 029
新甸镇	5 893	5 893	5 893	5 893	5 893	5 878	5 878	5 781	8 619	8 619	10 201	10 201	10 201	10 201	10 201
胜利镇	8 448	8 448	8 448	8 448	8 448	8 448	8 305	8 305	8 305	8 305	9 157	9 157	9 483	9 483	9 483
摆渡镇	3 812	3 719	4 012	3 994	3 763	3 719	3 729	2 906	4 460	4 460	4 624	4 624	4 624	6 084	6 084
宁远镇	11 507	11 522	11 249	11 165	11 255	11 116	10 782	10 597	11 026	11 097	12 350	12 350	12 350	12 350	13 990
常安镇	8 934	8 994	8 820	8 870	8 692	8 782	8 571	8 435	10 039	10 046	11 960	11 856	11 856	11 856	11 856
三宝乡	9 349	9 349	9 349	9 349	9 349	9 309	8 809	8 809	9 415	9 415	10 067	10 067	10 067	10 067	10 067
平坊镇	4 686	4 543	4 541	4 541	4 541	4 504	4 381	4 381	4 381	5 497	5 497	5 497	5 808	5 808	5 808

8.2.2 粮食作物和经济作物播种面积及其比重变化特征

表 8-3 描述了 1996~2010 年宾县粮食作物和经济作物播种面积以及粮食作物与经济作物种植比例变化特征。可以看出,在此期间宾县粮食作物播种面积与全县农作物总播种面积变化趋势一致,虽然总体增加 24.70%,但也经历了一个"前减后增"的过程。宾县经济作物播种面积持续减少,从 $1.63×10^4$ hm² 减少到 $7.7×10^3$ hm²。1996~2003 年宾县粮经比稳定在 90:10 左右(表 8-4),之后粮食作物比例持续增长,到 2010 年粮经比调整至 96:4。

表 8-3 1996~2010 年宾县粮食作物和经济作物种植面积及粮经比

年份	粮食作物/hm²	经济作物/hm²	粮经比
1996	123 684	16 318	88:12
1997	122 247	17 145	88:12
1998	123 264	16 037	88:12
1999	122 481	16 531	88:12
2000	123 084	15 556	89:11
2001	125 928	12 195	91:9
2002	120 702	15 842	88:12
2003	121 957	11 889	91:9
2004	138 757	11 184	93:7
2005	141 064	10 020	93:7
2006	151 835	9 465	94:6
2007	152 246	10 243	94:6
2008	154 684	8 953	95:5
2009	162 532	7 754	95:5
2010	164 254	7 696	96:4

1996~2010 年,宾县各乡镇粮食作物和经济作物播种面积以及粮经比变化特征各不相同。除宾西镇以外的乡镇粮食作物播种面积均有增加,其中新甸镇、民和乡和摆渡镇增幅最大。1996~2010 年,满井镇的经济作物播种面积增加 6.47%,鸟河乡略有减少,减幅为 6.05%;其余乡镇经济作物播种面积都大幅度减少,其中民和乡减幅最大,达到了 94.54%。

粮食作物种植比例上,居仁镇和糖坊镇较高,始终保持在 91% 以上,尤其是 2001~2010 年在 96% 以上;宁远镇和常安镇经济作物种植比例比其他乡镇相对较高,1996~2010 年保持在 7%~38%。

表 8-4　1996~2010 年宾县各乡镇粮经比

年份	1996	1997	1998	1999	2000	2001	2002	2003	2004	2005	2006	2007	2008	2009	2010
宾州镇	82:18	82:18	81:19	83:17	78:22	83:17	86:14	87:13	90:10	94:06	95:00	93:07	95:05	96:04	95:05
居仁镇	96:04	95:05	96:04	96:04	93:07	98:02	97:03	98:02	98:02	98:02	98:02	98:02	97:03	95:05	99:01
宾西镇	89:11	88:12	88:12	91:09	90:10	92:08	92:08	91:09	96:04	94:06	92:08	92:08	93:07	97:03	98:02
永和乡	88:12	89:11	89:11	89:11	92:08	95:05	89:11	96:04	94:06	96:04	98:02	92:08	98:02	97:03	97:03
糖坊镇	94:06	91:09	92:08	92:08	97:03	96:04	96:04	96:04	97:03	98:02	97:03	97:03	96:04	97:03	98:02
满井镇	92:08	91:09	91:09	84:16	84:16	84:16	91:09	93:07	93:07	93:07	94:06	88:12	98:02	93:07	93:07
鸟河乡	92:08	91:09	90:10	91:09	92:08	94:06	92:08	87:13	91:09	92:08	95:05	88:12	92:08	93:07	93:07
民和乡	89:11	90:10	92:08	91:09	95:05	96:04	97:03	96:04	97:03	98:02	99:01	99:01	98:02	100:00	100:00
经建乡	90:10	89:11	89:11	90:10	92:08	92:08	89:11	89:11	94:06	96:04	97:03	97:03	97:03	97:03	97:00
宾安镇	91:09	90:10	90:10	92:08	90:10	93:07	93:07	95:05	94:06	95:05	95:05	94:06	95:05	95:05	95:00
新甸镇	86:14	87:13	89:11	90:10	85:15	88:12	88:12	90:10	94:06	92:08	92:00	92:08	93:07	95:05	95:05
胜利镇	83:17	80:20	83:17	82:17	81:19	84:16	77:23	83:17	90:10	90:10	90:00	91:09	94:06	93:07	98:02
摆渡镇	88:12	89:11	80:20	80:10	86:14	88:12	86:14	96:04	96:04	96:04	96:04	96:04	94:06	96:04	99:01
宁远镇	85:15	83:17	86:14	84:16	84:16	88:12	81:19	80:20	76:24	81:19	87:13	87:13	87:13	89:11	90:10
常安镇	80:20	79:21	84:16	80:20	81:19	89:11	62:38	88:12	89:11	89:11	89:11	92:08	93:07	91:09	93:07
三宝乡	89:11	90:10	91:09	89:11	95:05	97:03	96:04	97:03	96:04	96:04	96:00	96:04	97:03	97:03	98:02
平坊镇	86:14	88:12	90:10	91:09	95:05	98:02	99:01	95:05	95:05	95:00	92:08	92:08	93:07	95:05	94:06

　　1996~2010 年各乡镇粮食作物和经济作物比例的变化规律不尽相同，整个阶段总体来看，各乡镇粮食作物比例均为增加，根据粮食作物比例的峰值特征可以分为 3 类情况：宾西镇、民和乡、经建乡、宾安镇、新甸镇和三宝乡粮食作物比例持续增加；居仁镇、永和乡、鸟河乡、宁远镇、平坊镇和糖坊镇粮食作物比例先增加再减少；宾州镇、胜利镇、摆渡镇、宁远镇、满井镇和常安镇粮食作物比例先减少再增加。

8.2.3　玉米、大豆和水稻三大粮食作物格局时空变化特征

　　1996~2010 年，宾县的玉米、大豆和水稻三大粮食作物播种面积发生了显著变化。近年来，玉米产量高、经济效益好，以黑龙江省为例，2010 年种植玉米每亩收益在 240元以上，而大豆每亩收益仅为 104 元，再加上"增玉米、增水稻、减大豆"两增一减的政策引导，宾县玉米播种面积在 1996~2010 年从 $6.47×10^4$ hm^2 增加到 $1.13×10^5$ hm^2，增幅为 73.82%，成为该县粮食作物播种面积增加的主要原因；1996~2005 年，玉米播种面积稳定在 $6.0×10^4 hm^2$ 左右，随着 2000 年国内种植结构调整，东北地区由于玉米积压过多，在此次调整中，玉米播种面积大幅减少；2006~2010 年，种植玉米作物的经济效益明显提升，玉米播种面积快速增加，15 年间仅有 2008 年由于大豆播种面积的大幅增长导致

玉米播种面积有所减少。大豆价格受市场影响波动较大,因此,播种面积变化起伏明显,1996~2010 年宾县大豆播种面积从 4.11×10^4 hm² 减少到 4.06×10^4 hm²,减少了 1.05%;受市场和价格因素影响,分别在 2000 年、2004 年和 2008 年形成三个大豆种植高峰;2003~2006 年播种面积明显高于其他年份。水稻种植效益较高,但是由于受自然条件、品种等因素影响,全县播种面积从 1.0×10^4 hm² 减少到 7.0×10^3 hm²,减少了 29.78%;1996~2001 年播种面积比较稳定,2002~2003 年急剧减少至 3.4×10^3 hm²,之后又逐年增加。

1996~2010 年,各乡镇玉米播种面积平均增加 85.47%(图 8-3),其中,居仁镇、民和乡、新甸镇、宾州镇和摆渡镇播种面积增加了一倍以上,增幅最大的是居仁镇,增幅为 214.90%;宾县大豆整体播种面积虽然有所减少,但是各乡镇播种面积变化情况各不相同,平均增加 1.65%,其中,东部的常安镇、摆渡镇、胜利镇、宁远镇、新甸镇和宾县西部的永和乡、满井镇播种面积增加,增幅最大的是常安镇,增幅为 79.54%,中部大部分地区减少了大豆播种面积,降幅最大的是鸟河乡,降幅为 46.44%;各乡镇水稻播种面积平均增加 10.00%,其中,宾县中部的民和乡、宾州镇、经建乡、宾安镇和胜利镇播种面积有所增长,增幅最大的是民和乡,增幅为 323.13%,其余乡镇水稻种植面积均为减少,降幅最大的是宾西镇,降幅为 93.73%。

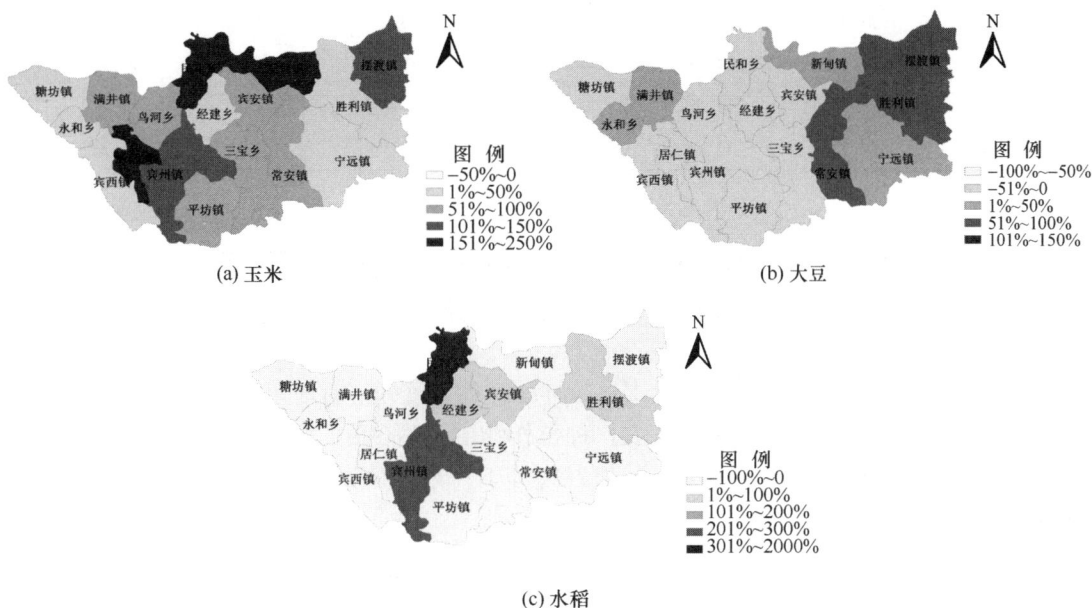

(a) 玉米

(b) 大豆

(c) 水稻

图 8-3 1996~2010 年宾县各乡镇主要粮食作物播种面积变化率

三大粮食作物在各乡镇的播种比例也在不断变化(表 8-5)。1996~2010 年总体来看,所有乡镇的玉米播种比例均为增加,其中居仁镇增幅最大,胜利镇增幅最小。大豆播种比例除了胜利镇、常安镇、宁远镇和宾西镇增加以外,其余乡镇均为减少,增幅最大的是胜利镇,减幅最大的是民和乡。水稻播种比例除民和乡、宾州镇和经建乡小幅增加以外其余乡镇均为减少,减幅最大的是居仁镇。

表 8-5　1996~2010 年宾县各乡镇粮经

项目	1996 年			2010 年		
	玉米	大豆	水稻	玉米	大豆	水稻
宾州镇	54.94	36.13	2.00	79.57	13.62	3.98
居仁镇	40.52	22.14	32.28	75.34	7.28	11.95
宾西镇	46.00	31.44	18.50	65.12	31.71	1.34
永和乡	56.42	34.12	6.65	60.87	31.66	2.36
糖坊镇	54.70	28.05	8.09	68.42	23.96	5.36
满井镇	46.15	31.11	15.06	63.59	25.90	9.13
鸟河乡	53.77	37.27	2.66	80.72	17.67	0.35
民和乡	48.45	42.38	2.57	71.57	22.15	5.70
经建乡	66.22	26.34	1.45	78.02	16.67	2.30
宾安镇	58.37	29.70	5.87	77.13	13.52	5.86
新甸镇	50.50	37.46	8.58	70.30	23.47	3.86
胜利镇	55.87	32.39	4.37	57.76	38.50	3.42
摆渡镇	45.64	37.67	7.77	58.88	35.91	3.36
宁远镇	50.99	37.59	4.11	54.89	39.46	2.79
常安镇	47.33	34.98	10.71	51.81	40.99	4.47
三宝乡	57.90	34.03	1.99	77.07	18.75	1.18
平坊镇	47.53	33.94	11.97	67.27	24.46	3.33

8.3　自然环境因素、社会经济因素和家庭属性等对农户作物选择的影响机制

宾县农作物格局变化特征明显,农户调查区(即宾安镇、新甸镇、常安镇)的作物选择变化特征明显。20 世纪 80 年代,农户种植作物的类型多样,但 2010 年以后,农户作物选择表现出多样性下降(如小麦、其他谷物等不再被种植)、主导性增加(玉米、烤烟的份额增加明显)的趋势(图 8-4)。

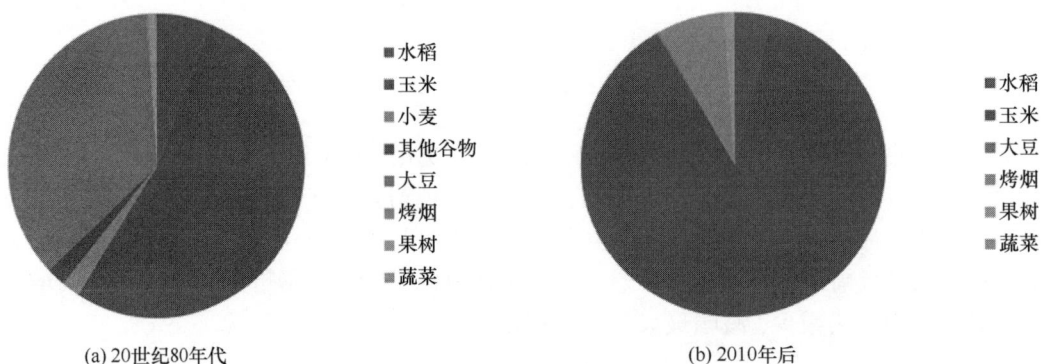

(a) 20世纪80年代　　　　　　　　　　　　(b) 2010年后

图 8-4　农户调查区农户作物选择及各作物面积份额

期间主要的作物更替过程包括大豆改种玉米、水稻改种玉米、小麦和高粱改种玉米、玉米改种烤烟等。具体更替情况见表 8-6。作物选择及更替的影响机制将从自然环境因素、社会经济因素和家庭属性等方面分别进行分析。由于农户调查区内真实的自然环境-社会经济因素变化情况暂未获取，因此，自然环境因素以及社会经济因素对农户作物选择的影响仅基于调查问卷结果开展定性分析。而由于家庭属性信息已在调查问卷中直接获取，可将其作为真实情况与农户作物选择过程相关联，开展定量分析。

表 8-6 农户调查主要作物更替过程

作物更替过程(主要)	集中更替年份	份数	百分比/%
大豆改玉米	2001~2005	264	68.9
水稻改玉米	1996~2005	19	5.0
小麦改玉米	1986~1990	29	7.6
谷子改玉米	1991~1995	21	5.5
高粱改玉米	1986~1990	19	5.0
玉米改烤烟	2000~2011	45	11.8

8.3.1 自然环境因素对农户作物选择的影响机制

从温度、降水、生育期长度、自然灾害及作物产量五个方面考察自然环境因素对农户作物选择的影响。首先，53.5% 的受访者认为作物产量是影响农户作物选择的关键因素；其次，分别有 42.6% 和 36.0% 的农户认为温度和生育期变化是影响其作物种植结构调整的因素之一；最后，只有 29.2% 的农户认为在作物选择过程中考虑自然灾害，而降水变化对于作物选择重要性比例只有 24.8%(表 8-7)。

表 8-7 自然环境因素对农户作物选择的影响

自然环境因素	温度	降水量	生育期长度	自然灾害	作物产量
认为影响作物选择人数	163	95	138	112	205
认为影响作物选择比例/%	42.6	24.8	36.0	29.2	53.5

选取大豆改种玉米、水稻改种玉米以及玉米改种烤烟作为典型作物更替行为开展进一步分析。只有 25%~37.1% 的农户认为自然环境因素对大豆改玉米过程有影响，说明气候变化和自然灾害对作物类型变化的影响程度并不高，而超过 50% 的农户认为作物产量对大豆改玉米有影响，因此，可以认为大部分农户进行此更替过程时，首先考虑产量因素，其次是气候因素，最后是自然灾害因素。而水稻改玉米的过程中，考虑气候因素的农户比例显著上升，特别是温度升高和降水量减少的影响显著提升，分别达到 47.4% 和 52.6%，因此，可以认为气候因素对水稻种植行为的影响较大。而在玉米改烤烟的过程中，考虑自然灾害因素影响的农户比例也有所升高，原因在于烤烟生长过程对自然条件的变化较为敏感(表 8-8)。

表 8-8　自然环境因素对农户作物更替行为的影响

自然环境因素	大豆改玉米		水稻改玉米		玉米改烤烟	
	份数	百分比/%	份数	百分比/%	份数	百分比/%
生长期	98	37.1	8	42.1	19	42.2
降水量	66	25.0	9	47.4	14	31.1
温度	97	36.7	10	52.6	20	44.4
自然灾害	79	29.9	6	31.6	15	33.3
作物产量	141	53.4	13	68.4	25	55.6
全部户数	264	100	19	100	45	100

8.3.2　社会经济因素对农户作物选择的影响机制

社会经济因素对农户作物选择的影响从农业生产投入、市场收益情况、农业生产技术推广情况以及农业政策情况等方面考虑。一般认为，农业生产成本不断提高、农田水利等农业生产设施老化等在理论上会降低农户种地积极性。本次调查结果表明，宾县农资成本提高对农户种地积极性以及作物选择无较大影响，认为无影响的农户分别为近50%以及80%，认为有影响并且影响程度较大的农户分别仅为10%与4%。主要原因是从投入产出水平上看，农业生产成本提高的同时，机械化水平比以往有所改善，从事农作物种植所带来的收益及增长幅度要高于农业生产成本及其上涨幅度；再加上除了从事种植业别无选择，农户倾向于忽略考虑农业生产成本上涨带来的负面影响。

在所有的社会经济因素调查中，作物纯收益对于农户种地积极性与农作物选择的影响程度高于其他因素。尽管大豆在价格方面占有绝对优势，在不考虑产量与价格因素的前提下，39.1%的农户还是会选择种植玉米，31%的农户选择种植大豆。最不喜欢种植玉米的农户数（14.1%）要高于最不喜欢种植大豆和水稻的农户数量（分别为9.6%和9.9%），不喜欢玉米的原因多数是认为种植玉米比较费工，而不喜欢种植大豆和水稻的农户主要原因是大豆产量低、虫害多，种植水稻的成本高，以及当地只适合种植优势作物玉米、玉米容易出手、没有别的选择等因素。农户在从事种植业选择农作物时，会综合考虑自然条件、劳力、出售价格、抵御自然灾害能力、市场等多项因素并做出最佳选择；而作物纯收益作为能够体现这些综合因素的重要指标之一，往往成为农户的首要考虑因素。同时，约60%的农户认为出售对象与方式变化对种地积极性没影响，约80%的人认为出售对象与方式变化对选择种植哪种作物没影响，可以推知农户对粮食价格波动的敏感度要远远超过出售对象与方式的变化。

农业专业合作社对种地积极性及农户农作物选择的影响相对较低；新品种与新技术的推广能够显著提高种地积极性，但对于农户农作物选择的影响分歧较大。目前研究区农业专业合作社具有较大的发展空间，新品种与新技术的推广有助于提高作物纯收益；作物结构调整上，64.1%的农户会继续对作物类型与作物品种结构进行调整，71.1%的农户认为调整的目的是获取更大收益，3.9%的农户认为调整的目的是减少农业劳动时间，降低灾害损失，超过38.8%农户的调整方向是采用高产高收益品种。

农户对于农业引导政策的态度表现较为积极,对于政府引导种植的作物,35.7%的农户会积极响应;在政府引导基础上给予直接补贴,46.4%的农户会积极响应,31.3%的农户会保持观望。另外,农户对于农业引导政策的影响认识较为多元:16.4%的农户认为农业引导政策引起了当地作物种植面积的显著变化,14.1%的农户认为没有;17.2%的农户认为农业引导政策提高了经济效益,12%的农户认为农业引导政策没有引起经济效益太大变化。

8.3.3　家庭属性对农户作物选择的影响机制

本研究考虑的家庭属性因素主要包括家庭人口、年龄结构、家庭受教育程度、家庭收支情况及家庭土地经营情况等。具体量化标准见表8-9。将标准化的调查问卷数据导入SPSS统计分析系统,利用单变量多因素方差分析法分析农户家庭属性因素对农户作物选择(更替)行为的影响。

表 8-9　农户家庭属性因素量化指标表

农户家庭属性因素	量化指标(量化数字)					
家庭总人口	1(1)	2(2)	3(3)	—	—	8(8)
受访者年龄	20~30(1)	30~40(2)	40~50(3)	50~60(4)	60~70(5)	>70(6)
受访者性别	男(1)	女(2)	—	—	—	—
家庭最高学历	没上学(1)	小学以下(2)	小学(3)	初中(4)	高中(5)	大学(6) 大学以上(7)
家庭最低学历	没上学(1)	小学以下(2)	小学(3)	初中(4)	高中(5)	大学(6) 大学以上(7)
家庭平均学历	没上学(1)	小学以下(2)	小学(3)	初中(4)	高中(5)	大学(6) 大学以上(7)
农业技术培训	受过(1)	没有受过(0)	—	—	—	—
劳动力数量	1人(1)	2人(2)	3人(3)	4人(4)	5人(5)	—
家庭常住人口	1人(1)	2人(2)	3人(3)	4人(4)	5人(5)	6人(6) 7人(7)
承包地数量/亩	1~10(1)	10~20(2)	20~30(3)	—	—	90~100(10) ≥100(11)
承包水田	承包(1)	未承包(0)	—	—	—	—
承包旱地	承包(1)	未承包(0)	—	—	—	—
承包其他(种经济作物)	承包(1)	未承包(0)	—	—	—	—
土地经营方式	自己经营(1)	雇工经营(2)	撂荒(3)	土地入股(4)	出租(5)	多种方式(6)
家庭收支结余	负债(-1)	平衡(0)	富余(1)	—	—	—

研究表明,玉米种植行为主要由受访者的年龄($P=0.005$)和家庭劳动力数量($P=0.002$)两个因素的影响;农户是否选择种植大豆主要与家庭劳动力数量有关($P=0.001$);家庭收入结余情况影响小麦种植行为($P=0.054$),种植小麦的家庭中大部分出现了年收入负债现象;水稻种植行为主要受其所承包的耕地类型影响,水田数量对水稻种植影响显著($P=0.002$);农户选择种植其他经济作物(如烤烟等)主要受家庭总人数($P=0.039$)、农业教育情况($P=0.001$)和劳动力数量($P=0.001$)这三个因素的影响。本研究分析的5种农作物分别受到不同的家庭属性因素影响,其主要原因可能在于不同

作物对费工量、农业知识水平、环境条件以及资金投入产出比等方面的要求与期望存在一定差异,从而导致农户家庭属性中相应的因素对农户选择行为产生影响。

　　进一步对农户家庭属性因素进行组内水平分析:年龄方面,大于 30 岁的农户比 30 岁以下的农户更愿意选择种植玉米,这可以说明随着年龄的增长,农户更倾向种植玉米,这也反映了农户作物种植具有历史路径依赖性和习惯性;家庭劳动力数量方面,数量为 1~3 人或者 5 人时比家庭劳动力为 4 人时更愿意选择种植玉米,数量为 4 人比 1~3 人或者 5 人更愿意选择种植大豆,而家庭人口为 6~8 人比 1~4 人表现出更愿意种植经济作物,说明家庭人数越多时(一般情况下劳动力越多),农户更愿意选择种植费时费工但收入较高的作物进行种植;研究也发现,家庭收入出现负债的农户受到选择种植小麦影响,一定程度上说明去年种植小麦的经济收益不好,影响了农户的年终收入(表 8-10)。

表 8-10　作物选择在农户家庭属性内部差异的显著性检验(方差分析)结果

比较项目	内部属性	内部属性	均值差	显著性	比较项目	内部属性	内部属性	均值差	显著性
玉米	25~30(岁)	30~40(岁)	−0.14 *	0.000	负债	结余		0.02 *	0.041
		40~50(岁)	−0.14 *	0.000	小麦经济作物	总人口6(人)	总人口1(人)	0.23 *	0.047
		50~60(岁)	−0.14 *	0.000			总人口2(人)	0.23 *	0.000
		60~70(岁)	−0.11 *	0.002			总人口3(人)	0.23 *	0.000
		>70(岁)	−0.14 *	0.002			总人口4(人)	0.19 *	0.000
	劳动力4(人)	劳动力1(人)	−0.07 *	0.008			总人口7(人)	−0.37 *	0.000
		劳动力2(人)	−0.07 *	0.000			总人口8(人)	−0.77 *	0.000
		劳动力3(人)	−0.07 *	0.001		总人品7人	总人口8(人)	−0.40 *	0.001
		劳动力5(人)	−0.07 *	0.045		劳动力4人	劳动力1(人)	0.59 *	0.000
大豆	劳动力4(人)	劳动力1(人)	0.21 *	0.000			劳动力2(人)	0.59 *	0.000
		劳动力2(人)	0.21 *	0.000			劳动力3(人)	0.59 *	0.000
		劳动力3(人)	0.21 *	0.000			劳动力5(人)	0.41 *	0.000
		劳动力5(人)	0.21 *	0.000					

* 表示均值差值在 0.05 水平上较显著

8.4　基于农户行为的农作物空间格局动态变化模拟

　　在农户调查数据及相关分析的基础上,从地块尺度人类决策行为的角度出发,开发设计一个新的农作物空间格局变化动态模拟模型(an agent-based model for simulating regional crop pattern dynamics,CroPaDy),使其能够科学表达"自然与社会经济综合因素-农户态度-农户决策-农业土地系统时空格局"的复杂过程和结果,体现社会科学与自然科学的深入结合。为确保模型的科学性与通用性,模型设计过程严格按照 ODD(overview,design concepts, details)标准化建模程序(Grimm et al.,2010)以及"一般性的模型计算化设计框架"(Smajgl et al.,2011)进行。

8.4.1 基于农户行为的农作物空间格局模拟模型框架

农作物空间格局可认为是农户(Agent)多层次土地利用行为结果的综合表现(图85)。土地利用决策行为具体包括:种不种(即土地流转行为),种什么(即作物选择行为),以及怎么种(即集约化行为)等方面,不同层次的行为结果对农作物空间格局均可能造成影响,如土地流转之后会引起作物选择的变化。为此,CroPaDy 模型的概念模型框架由一个闭合的环路(驱动因素–决策过程–行为结果)所构成,状态变量在一个模拟步长内更新一次。具体的,通过研究农户行为为什么会变化(影响因素),进而回答农户行为如何变化(行为结果)这一因果问题,并由此体现农业土地系统时空格局的动态变化过程(图 8-5)。由于案例研究区的种植制度较为单一,模型暂只考虑前两个层次的决策行为。

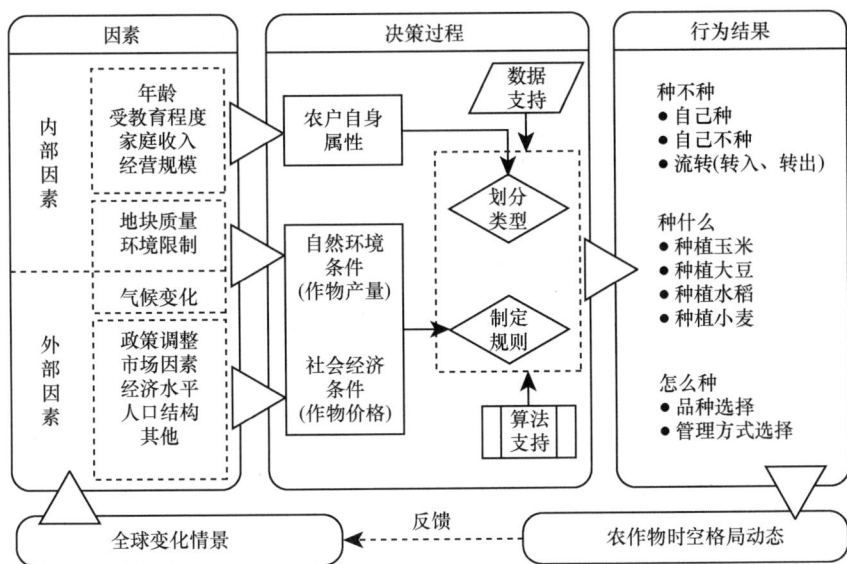

图 8-5 CroPaDy 概念模型

CroPaDy 模型的一大创新之处在于考虑个体农户主观态度及其对决策行为的影响,即内/外部因素虽然是影响农户决策的根本原因,但"农户主观态度"是影响决策的直接原因(图 8-6)。CroPaDy 模型以个体农户主观态度为核心,分别将其与土地利用决策及内/外部因素特征建立关系,并最后服务于农户土地利用决策模型的构建。尝试将"态度得分"(即某一因素对土地利用决策行为的影响程度,1~5 分供选择:1 = 几乎没影响,

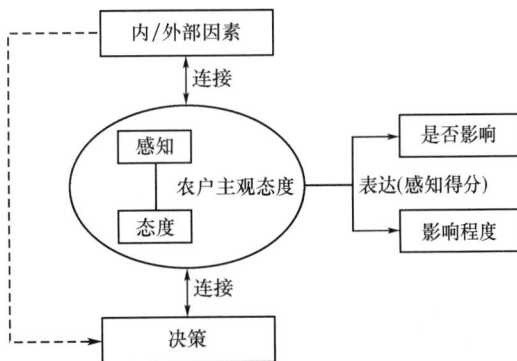

图 8-6 基于农户主观态度的决策过程分析框架

5＝显著影响）作为衡量农户主观态度的一个指标，"态度得分"针对不同层次的土地利用决策行为（即土地流转与作物选择）分别获取（图8-6）。

8.4.2　模型参数化

CroPaDy 模型具体由 3 个既相互独立又紧密联系的子模块构成，分别是：①Agent 生成模块——基于调查数据、GIS 数据以及统计普查数据生成整个研究区域内所有农户的属性信息；②Agent 分类模块——利用专家知识与统计分析方法，根据影响农户作物选择的各内部因素对研究区域内所有农户进行分类；③Agent 决策模块——根据不同类别之间的决策概率差异，最终判断每一个农户在每一具体模拟周期内的决策结果。详细的模型参数化过程说明如下。

（1）Agent 生成模块

根据典型调查数据，将影响农户决策的内部因素定义成一个基于农户自身属性的数据集，对于某一具体变量 i，该变量的所有可能值（V_i），每个可能值的发生次数（F_i），以及每个可能值的发生累积频率（P_i），可以表示为

$$V_i = \{b_{i1}, b_{i2}, b_{i3} \cdots, b_{ik}\}$$
$$F_i = \{x_{i1}, x_{i2}, x_{i3}, \cdots, x_k\}$$
$$P_{ik}\left\{x_{i1} \Big/ \sum_{k=1}^{k} x_{ik}, x_{i2} \Big/ \sum_{k=1}^{k} x_{ik}, \cdots, \sum_{k=1}^{k} x_{ik}\right\} \tag{8-1}$$

式中，k 代表可能值的 ID；b_{ik} 代表其具体值；x_{ik} 代表其发生频数。

根据累积分布函数 P_i，可随机生成其他 Agent 的属性 i 的具体值（针对所有未知 Agent），并得到农户总体关于属性 i 的概率分布。同时，农户总体其他属性也可根据此方法生成

$$a_i, \text{randO}\left(\bigcup_{\substack{k=1 \\ X_{i,k}}}^{K_i} \{b_{i,k}, b_{i,k} \cdots, b_{i,k}\}\right) \tag{8-2}$$

或者

$$a_i, \text{randO}\left(\bigcup_{\substack{k=1 \\ N*f_i(b_{i,k})}}^{K_i} \{b_{i,k}, b_{i,k} \cdots, b_{i,k}\}\right) \tag{8-3}$$

式中，a_i 表示所有农户第 i 个属性的所有生成值集合；randO 函数表示对集合内容的随机排序。其中，前者用于该属性值发生频数已知的情况（基于调查数据），后者用于分布密度已知的情况（基于普查或统计数据）。

利用蒙特卡洛法生成的农户总体属性信息存在极大的不确定性，尤其是农户总体属性信息可能在不同尺度上表现出不同的特征。根据提出的检验准则，本环节所生成的农户属性信息需要经过多个层次的检验：总体层次、聚类层次以及个体层次，使所有属性的组合特征与宏观统计数据组合特征保持一致，且同时合乎个体的通用规则。农户属性信息可能随时间变化而动态变化，如年龄增长、家庭人口结构、经营规模等。

（2）Agent 分类模块

对农户进行分类有助于简化模型的模拟，即不同类别的农户对应不同决策规则，其决策结果也不尽相同（Valbuena et al.，2010）。基于这一理论，将受访农户态度得分作为依据，对农户进行聚类分析，然后将个体农户的真实决策结果对应至聚类类型，可以获得不同类别农户的经验决策概率。

为了提高分类精度与效率，聚类分析分两步进行。第一，利用层次分类步骤（hierarchical procedure）确定类型的数量；第二，利用 K 均值分类方法（K-mean procedure）将调查样本农户分类至具体类型。在聚类分析结束后，对每类 Agent 真实的土地利用决策结果（如是否参与土地流转以及是否选择某种作物）进行统计，计算其概率分布，为后续 Agent 决策模块提供参考。

具体的，土地流转层面，所有 Agent 被分为两大类，不同类别之间土地流转发生的概率相差很大，分别为 87.32% 与 56.61%（表 8-11）；作物选择层面，所有 Agent 同样被分为两大类，除选择大豆的组间差异不明显外，选择烤烟与水稻的组间差异亦非常明显（表 8-12）。农户调查结果表明，几乎所有农户均种植玉米，因此，玉米的种植概率可认为是 100%。由表 8-11 和表 8-12 可以看出，无论土地流转还是作物选择，第 I 类 Agent 的数量均较小，但他们对制定某些决策更为积极，可称其为"积极型"，相反，第 II 类 Agent 则可称为"常规型"。

表 8-11　基于态度得分的土地流转类型划分

聚类组	聚类组内户数	土地流转户数	土地流转比例/%
第 I 类	142	124	87.32
第 II 类	242	136	56.61
共计	384	260	—

表 8-12　基于态度得分的作物选择类型划分

聚类组	聚类组内户数	烤烟户数	水稻户数	大豆户数	烤烟/%	水稻/%	大豆/%
第 I 类	125	31	35	97	24.80	28.00	77.60
第 II 类	259	36	41	190	13.90	15.83	73.36
共计	384	67	76	287	—	—	—

对于调查样本 Agent，可直接使用聚类分析的结果作为该 Agent 的类型。对于生成的 Agent（由于只能生成 Agent 的内部因素），需要借助人工神经网络方法，通过将调查样本中内部因素与态度类型之间的关系作为训练，进而对生成的 Agent 进行类型判别分析，确定其所在类型。具体的，本研究采用 BP 神经网络方法对生成的 Agent 进行分类。对于 BP 网络的原理在此不做赘述，可参见葛哲学和孙志强（2008）的研究。

（3）Agent 决策模块

Agent 决策模块是对生成模块与分类模块模拟结果的综合集成（图 8-7）。各类别间的决策概率差异将作为 Agent 决策制定的基本依据（表 8-11 和表 8-12），外部因素作用效果将综合考虑辅助数据进行决策概率调整。

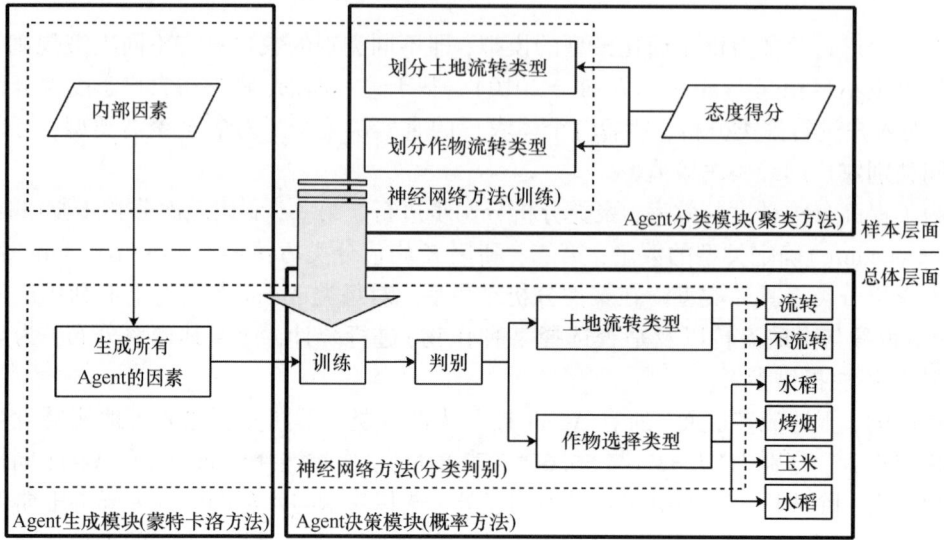

图 8-7　CroPaDy 模型的 3 个子模块

8.4.3　模型模拟应用

利用 MATLAB 编程技术实现模型模拟与参数调试,并在 ArcGIS 环境下,完成模拟结果的空间展示与分析。由于研究区户均责任地面积约为 1.3hm²(见《宾县统计年鉴》),因此将 GlobCover 耕地图层重采样至 114m×114m 空间网格,视为个体 Agent 单元(N_{total}=29 799),模拟其土地流转与作物选择决策行为。为简化模拟,本章选择与农户土地利用决策行为相关的 8 个内部因素进行生成与分类研究,分别是教育水平(家庭平均)、劳动力数量(家庭平均)、年龄(户主)、责任地面积(hm²)、土地质量(等级评分)、当前耕种面积(hm²)、收支结余(元)、收入结构(种地收入占总收入的比例)。具体的模拟过程与结果按子模块顺序依次介绍。

(1)Agent 生成模块

Agent 生成模块主要由两步串联的步骤构成:第一,利用蒙特卡洛法随机生成所有 Agent 各个因素(变量)的具体值,数据生成的关键统计量(如均值、方差等)根据村层面的调查样本参数进行设定。第二,对生成的变量值做多尺度统计检验。统计检验具体包括单变量参数检验与多变量相关性检验两方面内容,参考 Berger 和 Schreinemachers (2006)的检验准则,单变量参数检验将在总体层次(即整个研究区域)与聚类层次(即乡镇层)开展,而多变量相关性检验将在 Agent 个体层次开展。随机数的生成需要通过所有检验,否则 Agent 生成模块将重新运转,直至生成的所有变量值符合标准为止。

利用 Z 统计量进行单变量参数检验。Z 检验是一般用于大样本(即样本容量大于 30)平均值差异性检验的方法,原理同 t 检验类似,即用标准正态分布的理论来推断差异发生

的概率,从而比较两个平均数的差异是否显著(盛骤等,2010)。Z 统计量的计算公式为

$$Z = \frac{\overline{X} - \mu_0}{\sigma / \sqrt{n}} \qquad (8-4)$$

式中,μ_0、σ 分别代表总体的均值与标准差,通过调查样本进行计算。

对生成的 Agent 总体随机抽取一部分样本进行 Z 检验(研究区层面与乡镇层面的抽检样本分别为 $N_1 = 400$ 与 $N_2 = 100$)。当显著性水平设为 $\alpha = 0.05$ 时,Agent 生成模块一般运算 100 次左右,所有生成结果均能通过检验。

由于各个变量均是独立生成的,为了考虑变量之间的相互关系,本研究设定了 Agent 个体层面的多变量相关性检验。为了简化模拟,挑选调查样本中相关系数大于 0.2 且具有统计显著性的 3 组变量进行 Agent 生成模块的多变量相关性检验,分别为:年龄与当前耕种面积($R^2 = -0.238$)、当前耕种面积与收支结余($R^2 = -0.419$)、收支结余与收支结构($R^2 = -0.445$)。

假定 3 组变量间的相关系数同时高于 0.2(正负相关关系也需一致)即通过检验,当随机抽取样本数设为 400 时,Agent 生成模块一般运算 7000 次左右,所有生成结果均能通过检验。图 8-8 记录了当 Seed = 14518 时,Agent 生成模块运算及多变量相关性检验结果。

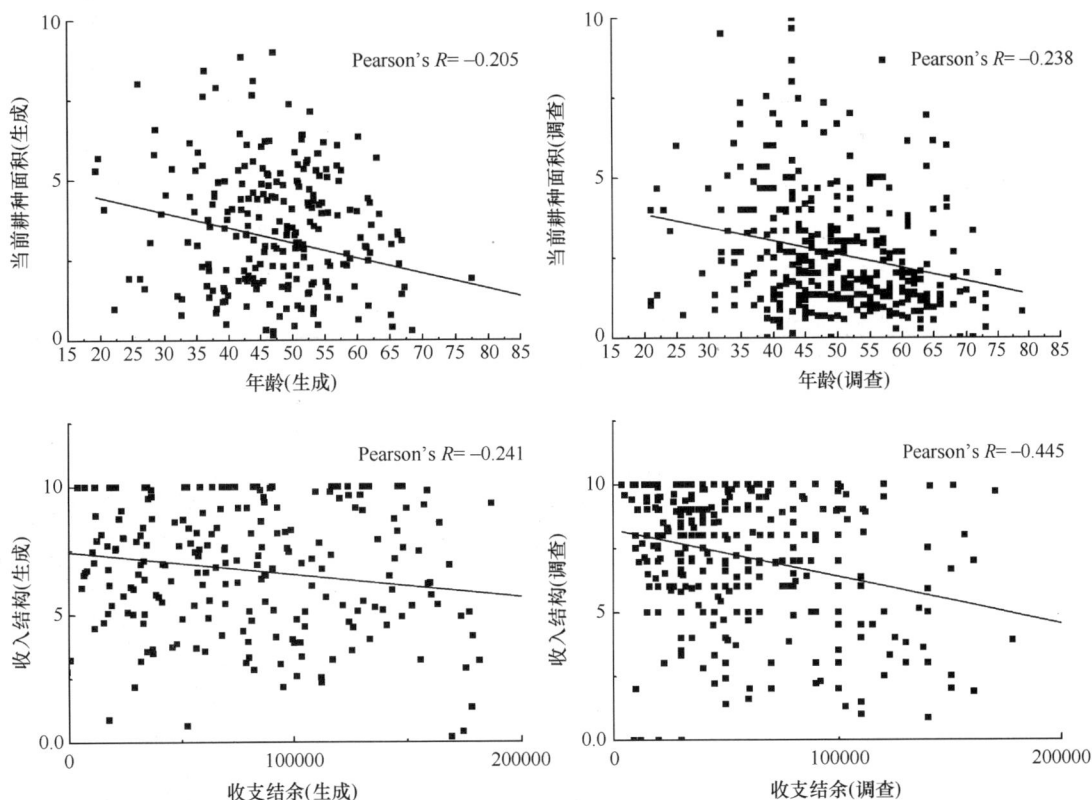

图 8-8 多变量相关性检验

以年龄-当前耕种面积,收支结余-收支结构为例

　　此过程严格按照生成与检验过程进行，能够确保生成 Agent 的真实性。表 8-13 展示了部分生成的 Agent 及其内部因素（随机抽取 16 个 Agent）。将生成结果（基于 MATLAB 进行的矩阵运算）转化成 ArcGIS 栅格数据，每个栅格代表一个个体农户，具有相应的属性信息，且对应一块空间耕地地块。该结果可以直接作为农户 Agent 用于 CroPaDy 模型模拟。同时，空间化后的个体 Agent 生成结果可以利用不同的属性字段进行空间分析和空间统计（图 8-9，以年龄属性为例）。

表 8-13　部分生成结果

ID	教育	劳动力	年龄	责任地面积	土地质量	当前耕种面积	收支结余	收入结构
1157	4.9	2.2	52	1.3	3	2.0	78000	0.38
4305	3.5	2.5	52	2.0	2	3.6	80000	0.70
5571	3.6	4.3	37	1.0	2	2.0	45000	0.80
8895	5.2	1.1	44	0.7	1	7.5	100000	0.60
9311	4.2	3.5	46	1.6	2	2.9	65300	0.80
11729	4.1	4.1	44	1.4	3	4.2	120000	1.00
14316	5.5	2.6	40	0.7	1	6.7	50000	0.90
14344	4.2	4.0	46	1.3	3	4.3	45000	1.00
14700	3.7	2.5	40	2.0	2	3.3	50000	1.00
14717	3.5	2.1	61	1.6	2	3.6	110000	0.40
15096	4.7	3.2	46	0.9	1	3.2	35000	1.00
20974	2.3	2.7	44	1.6	2	1.6	50000	0.40
21315	4.5	2.4	38	0.5	3	2.5	20000	1.00
23908	3.8	1.5	41	1.3	2	1.3	21000	0.71
24021	2.8	2.5	41	1.9	2	2.7	100000	0.35
24757	3.0	3.9	50	1.4	2	2.7	40000	1.00

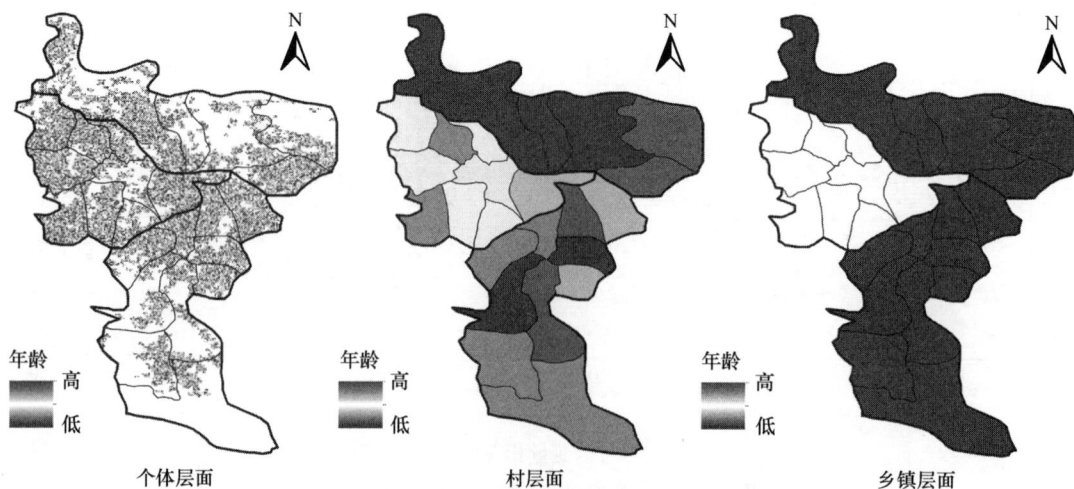

图 8-9　个体 Agent 生成属性空间分析与空间统计（以年龄为例）

（2）Agent 分类模块

Agent 分类模块首先需对调查样本进行聚类分析；其次将聚类分析结果（即农户内部因素与其所在类型）作为学习训练的依据，构建 BP 神经网络，确定分类判别规则；最后将生成的 Agent 的内部因素数据作为输入，进行分类识别。BP 网络的设计与优化分以下两个步骤进行：第一，输入层设计、输出层设计。本模块的目的在于借助 BP 网络方法，通过将调查样本中内部因素与态度类型之间的关系作为训练，进而对生成的 Agent 进行类型判别分析，确定其所在类型。通过隐单元个数误差分析以及不同训练方法结果对比，最终确定隐单元个数为 20；训练函数为 trainlm 函数分别构建土地流转与作物选择 BP 网络，并确保分类精度保持在 65% ~ 70%。将 Agent 生成模块获得的所有 Agent 作为分类对象，将通过误差评价的 BP 神经网络作为判别规则，分别针对土地流转与作物选择对农户进行分类，个体层面分类结果的空间分布如图 8-10 所示。

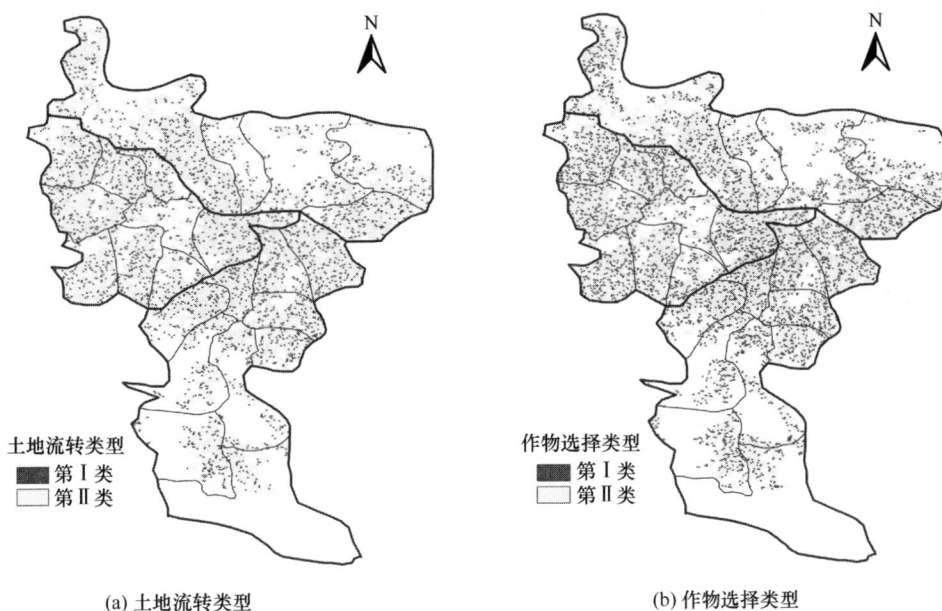

（a）土地流转类型　　　　　　　　　　　　（b）作物选择类型

图 8-10　Agent 分类结果空间分布

分别在村层面与乡镇层面对 Agent 类型进行统计，结果表明，第 I 类农户（即"积极型"农户）在新甸镇出现的比例分别为 8.95%（土地流转）与 13.68%（作物选择），在宾安镇出现的比例分别为 10.29%（土地流转）与 15.99%（作物选择），而在常安镇出现的比例分别为 11.67%（土地流转）与 16.73%（作物选择），这一结果表现出明显的"由北向南"递增的规律，见图 8-11。

（3）Agent 决策模块

Agent 决策模块将实现农户决策过程的动态模拟。具体流程为：第一，以当前为基期（$t=0$ 时刻，即 2010 年代初期），每 5 年为一个模拟周期进行模拟（时间跨度与第 4 章研究内容保持一致）。第二，每一个模拟周期内，先模拟土地流转决策行为，根据土地流转

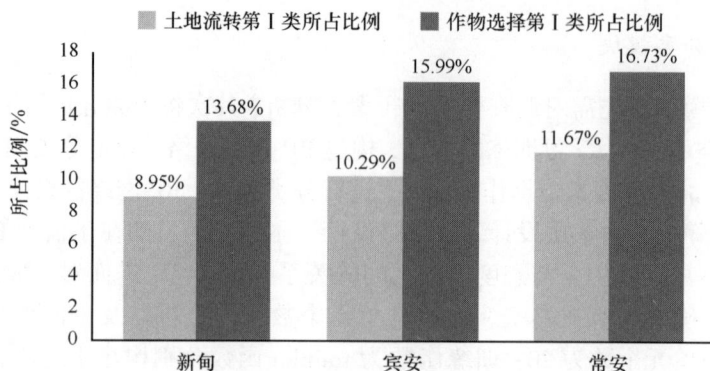

图 8-11　Agent 分类结果统计

决策结果，及时对 Agent 的"当前耕种面积"这一内部因素进行更新，进而再模拟作物选择结果。第三，Agent 其他内部因素动态更新，如下一个模拟周期所有 Agent 的年龄自动增长 5 岁，且当前耕种面积为上一周期的土地流转决策结果，最终，Agent 内部因素的改变可能导致其分类结果的改变。第四，考虑 Agent 决策行为的路径依赖性（即下一周期很可能延续上一周期的决策行为），当 t=0 时刻，所有 Agent 的土地流转行为与作物选择行为分别根据表 8-12 与表 8-13 所得的经验概率进行模拟，当模型运转之后，Agent 的决策概率会随上一阶段的决策结果进行调整，如上一阶段参与过土地流转的 Agent，在下一阶段继续参与土地流转的概率将加大。

　　2010 年 Agent 土地流转决策结果在农户类型划分的基础上，根据经验决策概率直接判断［图 8-12（a）］。考虑路径依赖以及农户属性自动更新等因素，得到 2015 年土地流转决策模拟结果［图 8-12（b）］。

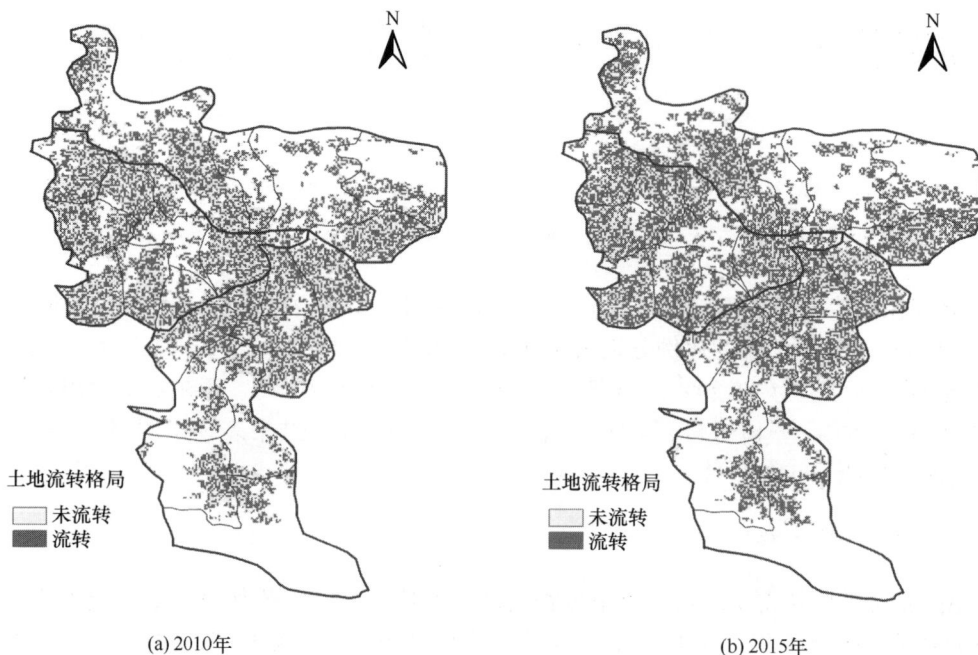

(a) 2010年　　　　　　　　　　　　(b) 2015年

图 8-12　土地流转空间格局

分别在村层面与乡镇层面对 Agent 土地流转决策结果进行统计,可以发现,2010 年与 2015 年新甸镇的土地流转农户比例分别为 52.38% 与 59.27%,相对于其他两个乡镇均位于较高水平,但流转户数方面宾安镇最高,2010~2015 年流转户数增长率最高的是常安镇,约 14.4%。研究区内所有村 2015 年的土地流转比例相对于 2010 年均出现不同程度的增长(图 8-13)。

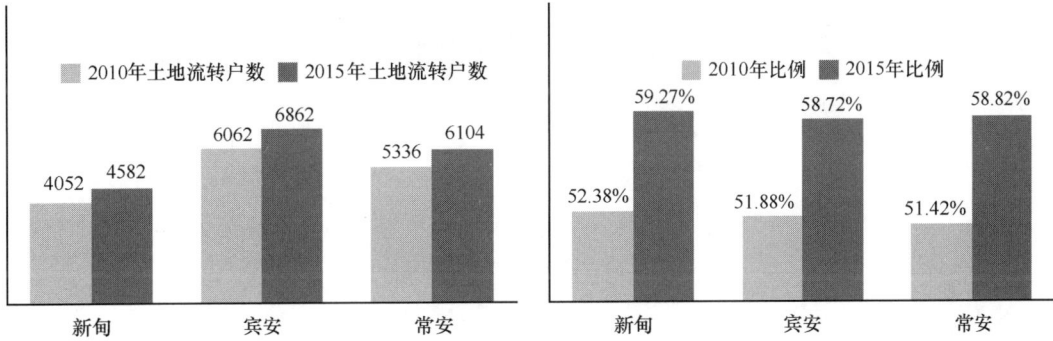

图 8-13 土地流转户数与比例(分乡镇统计)

由于目前研究区内作物类型主要以玉米、水稻、大豆、烤烟为主,本研究仅模拟 Agent 对这四大作物的选择情况。根据作物选择经验概率(表 8-13),2010 年 Agent 作物决策结果空间格局如[彩图 12(a)]所示;考虑路径依赖和农户属性自动更新等因素,2015 年作物决策结果空间格局如[彩图 12(b)]所示。

从农户调查过程了解到,玉米面积在研究区内占主导地位,几乎所有受访农户均种植玉米,即便某些农户选择多种作物进行种植,其中玉米面积也将占一半面积左右。因此,在得到 Agent 作物选择结果的基础上,对其进行一定程度的经验处理(即选择玉米以外其他作物的农户,其耕种面积的一半仍为玉米),最终得到研究区内不同作物的面积统计情况(图 8-14)。从作物结构变化看,2010~2015 年,玉米、烤烟面积出现增长(增长率分别为 2.96%、10.10%),大豆面积下降明显(-21.93%),水稻面积基本保持不变(-1.74%)。

由于验证数据有限(如土地流转的真实数据较难获取),本研究仅针对 2010 年四种作物面积对 CroPaDy 模型的模拟结果进行验证,验证数据来自《宾县统计年鉴 2010》。图 8-15 表明,CroPaDy 模型整体模拟效果较好,R^2 可达到 0.939(其中,宾安镇的模拟结果最好)。

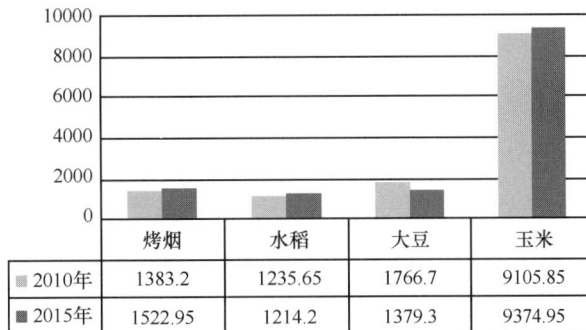

	烤烟	水稻	大豆	玉米
2010年	1383.2	1235.65	1766.7	9105.85
2015年	1522.95	1214.2	1379.3	9374.95

图 8-14 作物面积统计(单位:hm^2)

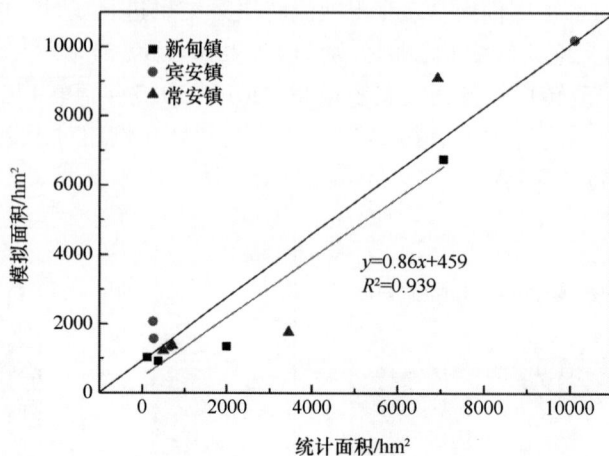

图 8-15　模型模拟结果验证

参 考 文 献

葛哲学，孙志强 . 2008. 神经网络理论与 MATLAB R2007 实现 . 北京：电子工业出版社 .

盛骤，谢式千，潘承毅 . 2010. 概率论与数理统计(第 4 版). 北京：高等教育出版社 .

Berger T, Schreinemachers P. 2006. Creating agents and landscapes for multiagent systems from random samples. Ecology and Society, 11(2)：19.

Grimm V, Berger U, DeAngelis D L, et al. 2010. The ODD protocol：A review and first update. Ecological Modelling, 221 (23)：2760-2768.

Smajgl A, Brown D G, Valbuena D, et al. 2011. Empirical characterisation of agent behaviours in socio-ecological systems. Environmental Modelling & Software, 26(7)：837-844.

Valbuena D, Verburg P, Bregt A, et al. 2010. An agent-based approach to model land-use change at a regional scale. Landscape Ecology, 25(2)：185-199.

彩　　图

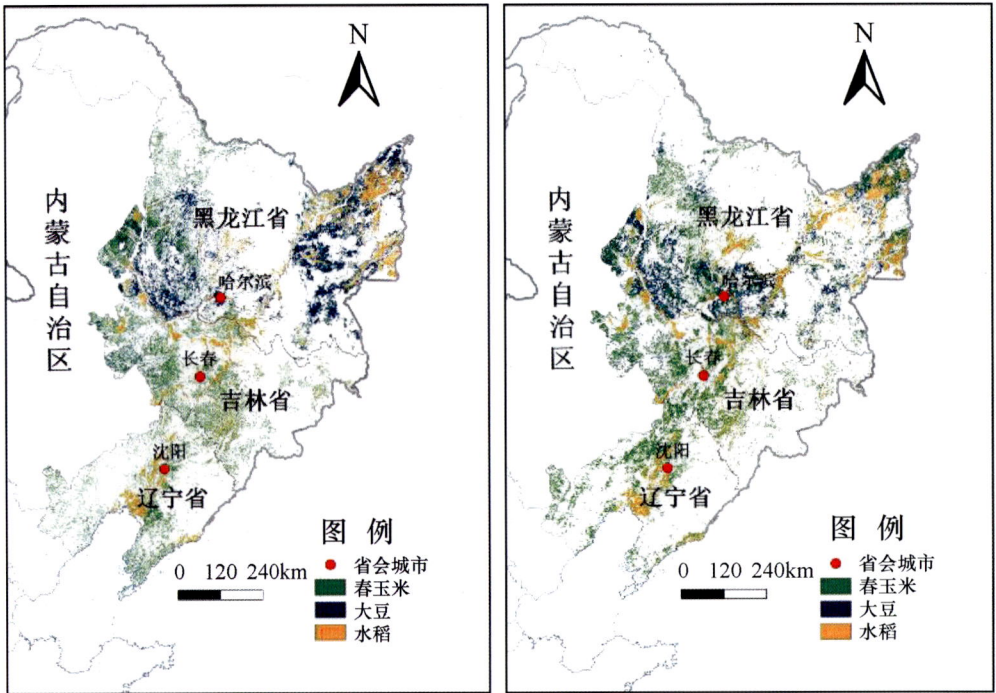

(a) 2005年　　　　　　　　　　　　　　　　(b) 2010年

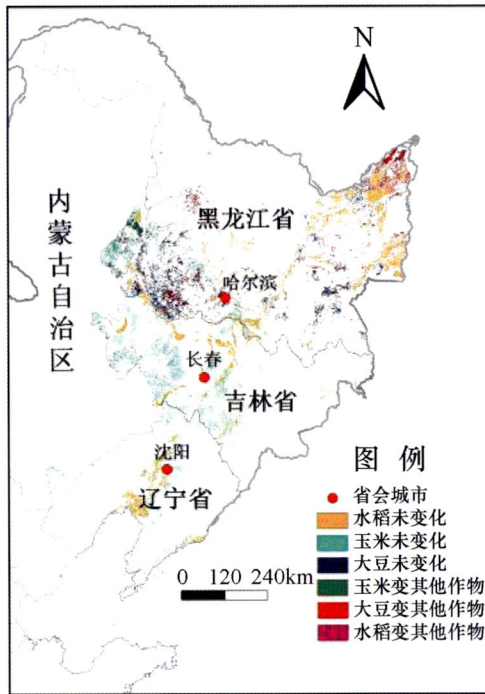

(c) 2005~2010年

彩图1　2005年、2010年东北地区主要作物空间分布及格局动态变化

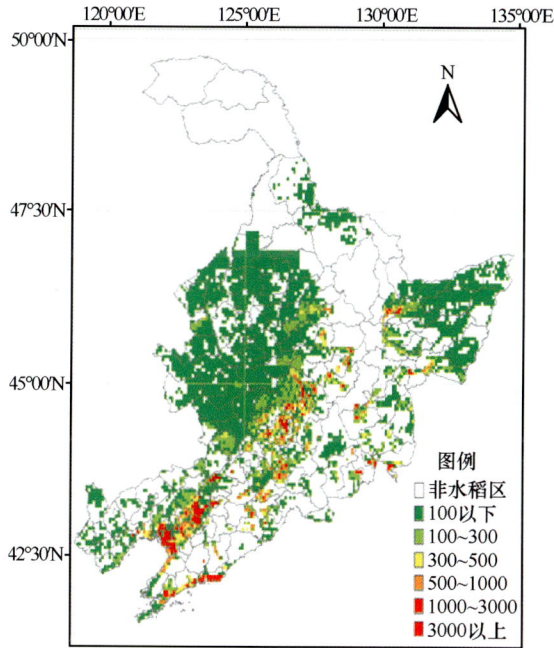

(a) 1980年

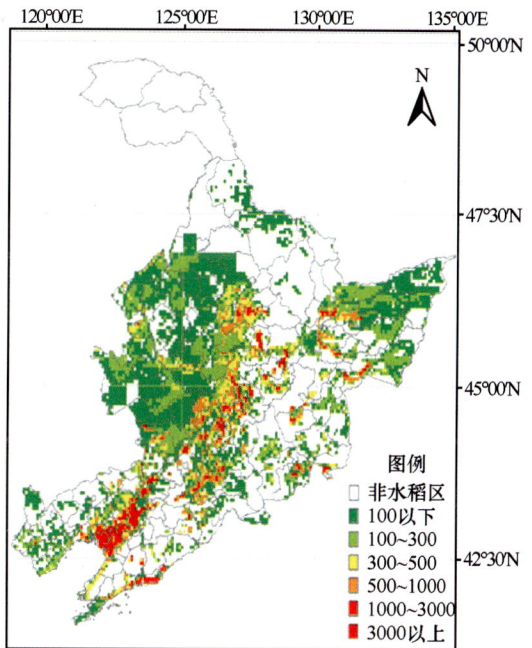

(b) 1990年

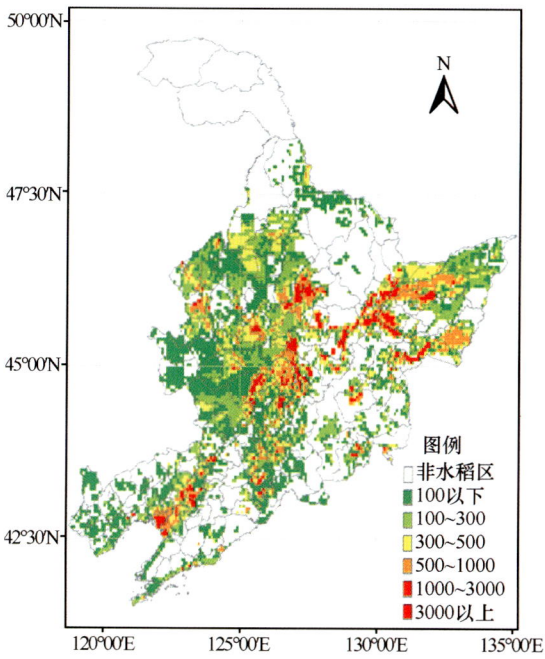

(c) 2000年

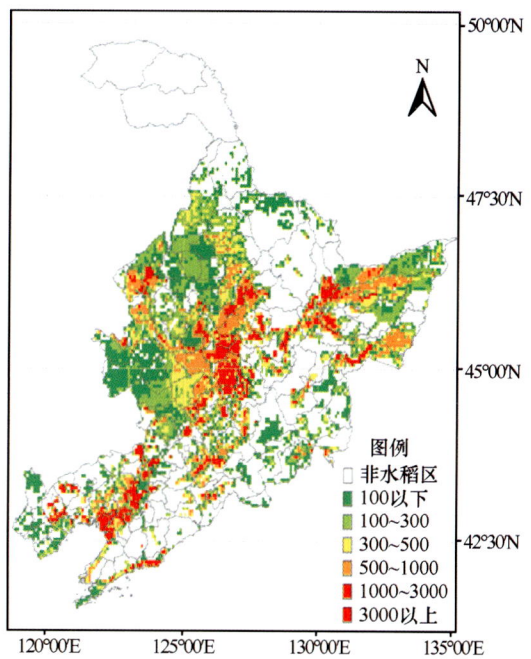

(d) 2008年

彩图2　东北地区水稻种植面积空间分布变化（1980~2008年）

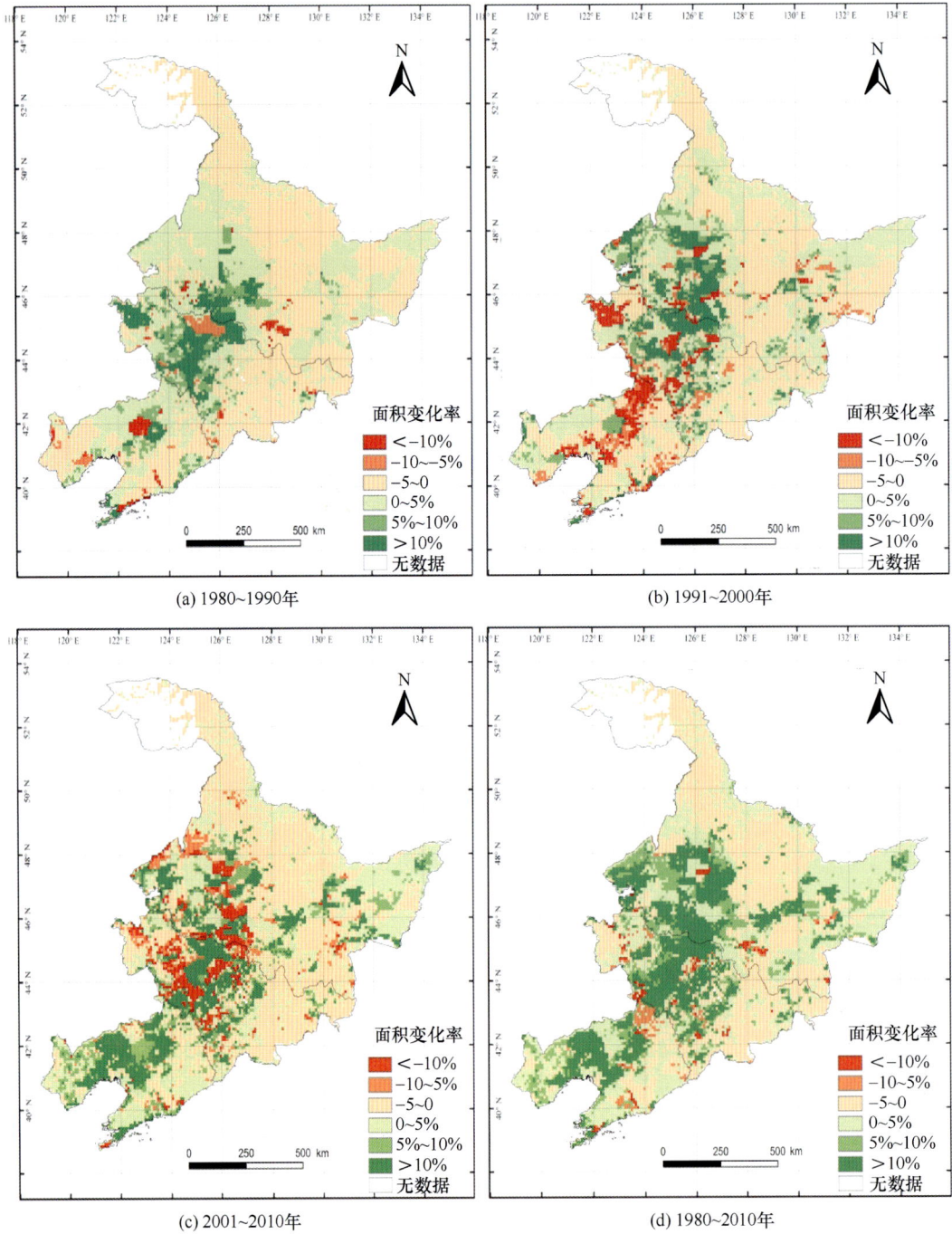

面积变化率
<~-10%
-10~-5%
-5~0
0~5%
5%~10%
>10%
无数据

(a) 1980~1990年

面积变化率
<-10%
-10~-5%
-5~0
0~5%
5%~10%
>10%
无数据

(b) 1991~2000年

面积变化率
<-10%
-10~5%
-5~0
0~5%
5%~10%
>10%
无数据

(c) 2001~2010年

面积变化率
<-10%
-10~5%
-5~0
0~5%
5%~10%
>10%
无数据

(d) 1980~2010年

彩图3 东北地区玉米种植面积变化率的时空分布（1980~2010年）

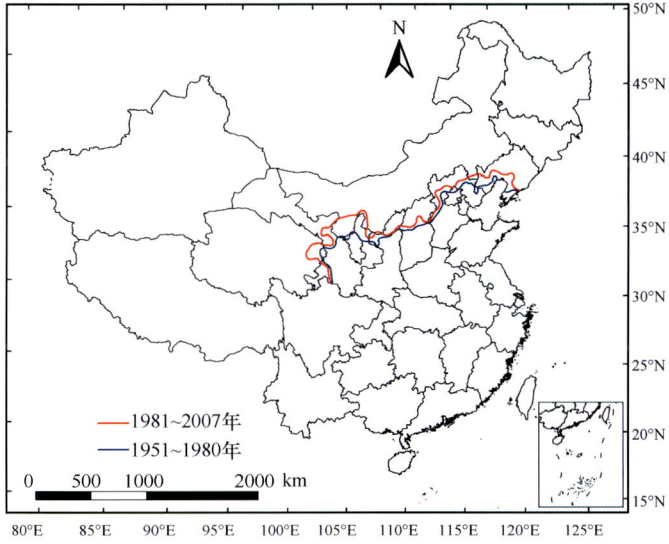

彩图 4　中国冬小麦安全种植北界的地理位移

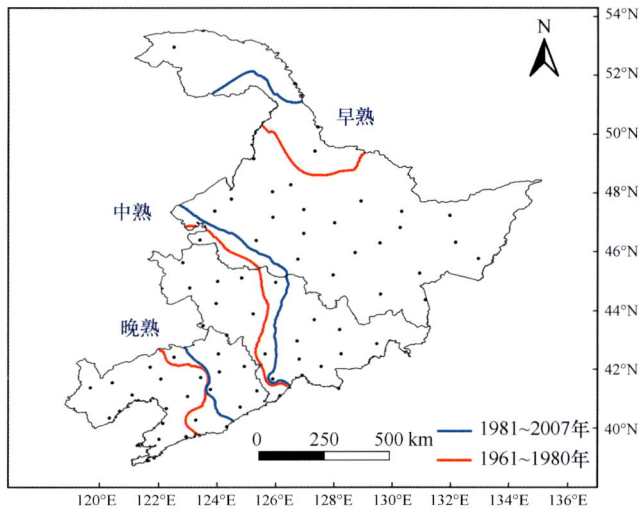

彩图 5　东北地区春玉米早熟、中熟和晚熟品种安全种植北界

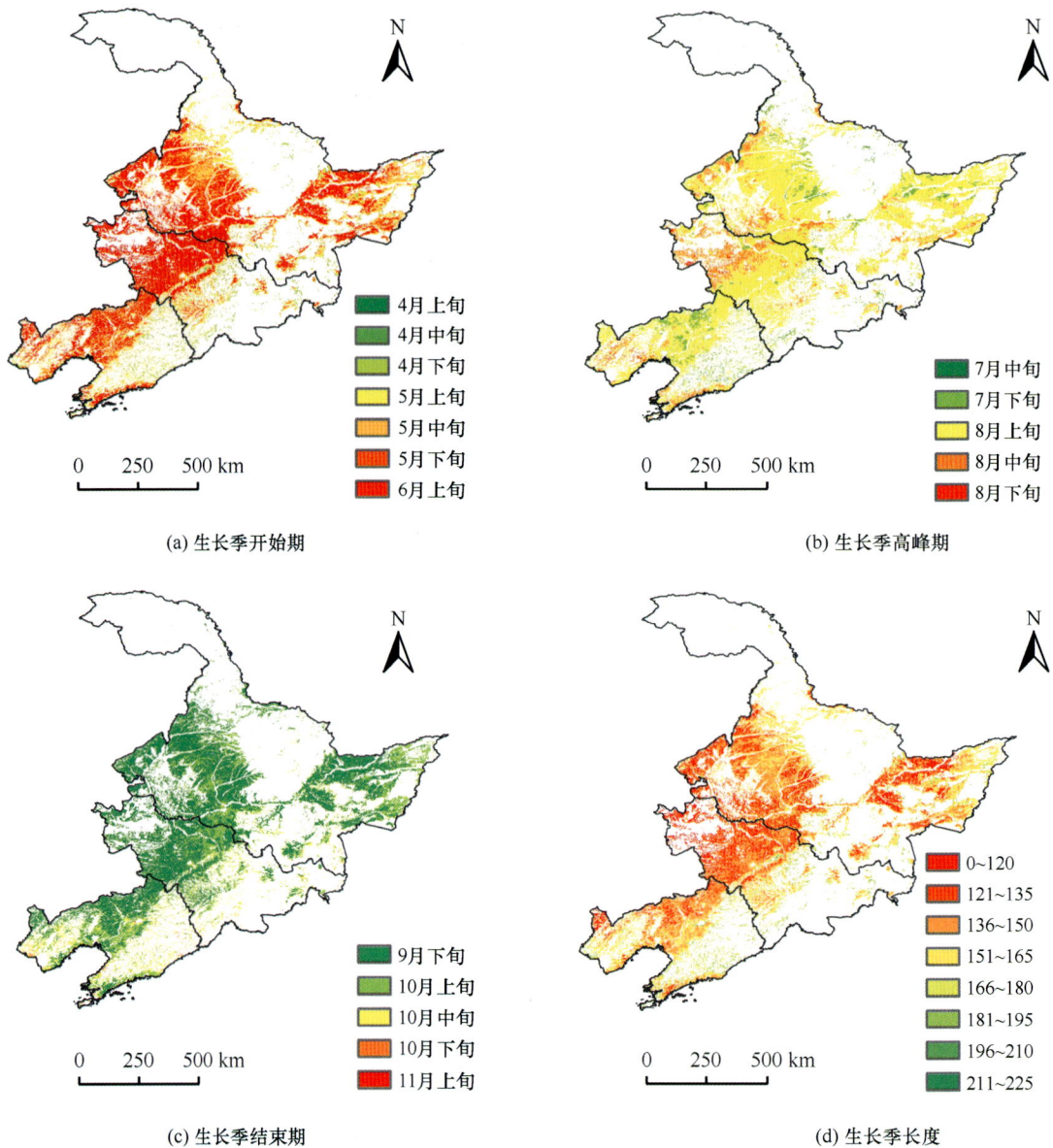

彩图 6 1998~2009 年东北地区耕地物候期特征均值的空间分布

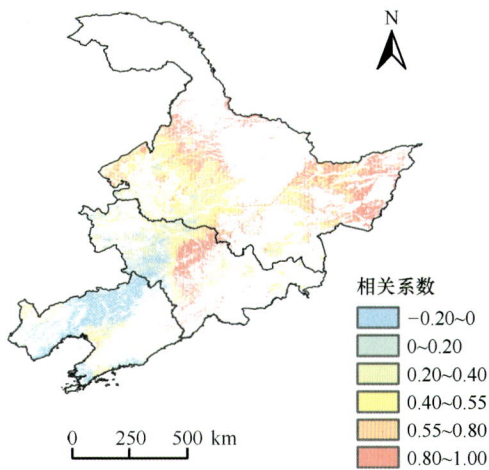

(a) 生长季开始期对≥10℃初日的响应

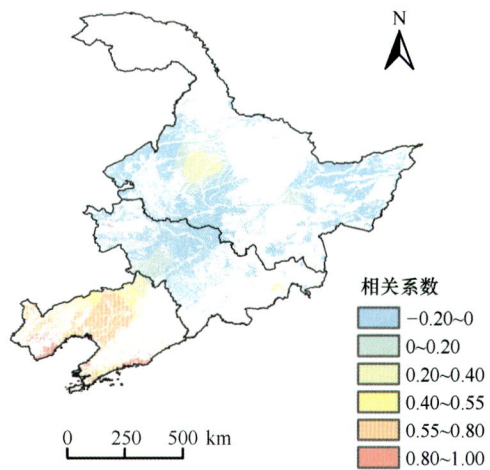

(b) 生长季结束期对初霜日的响应

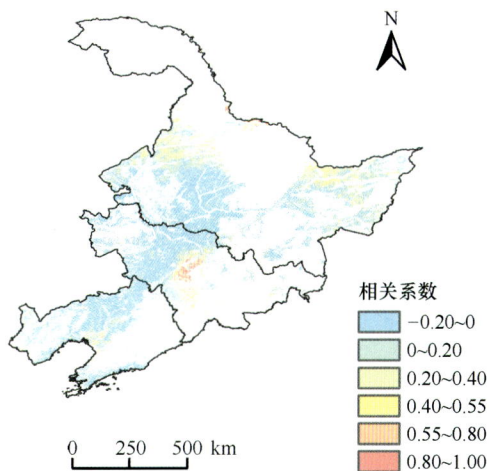

(c) 生长季长度对温度生长期的响应

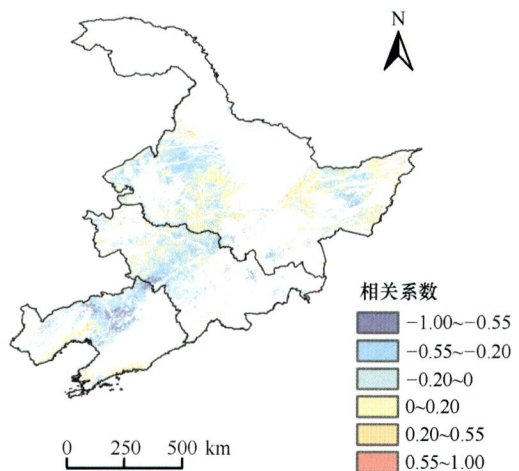

(d) 生长季长度对≥10℃积温的响应

彩图 7　1998~2009 年东北地区耕地物候期对农业热量资源变化的空间响应

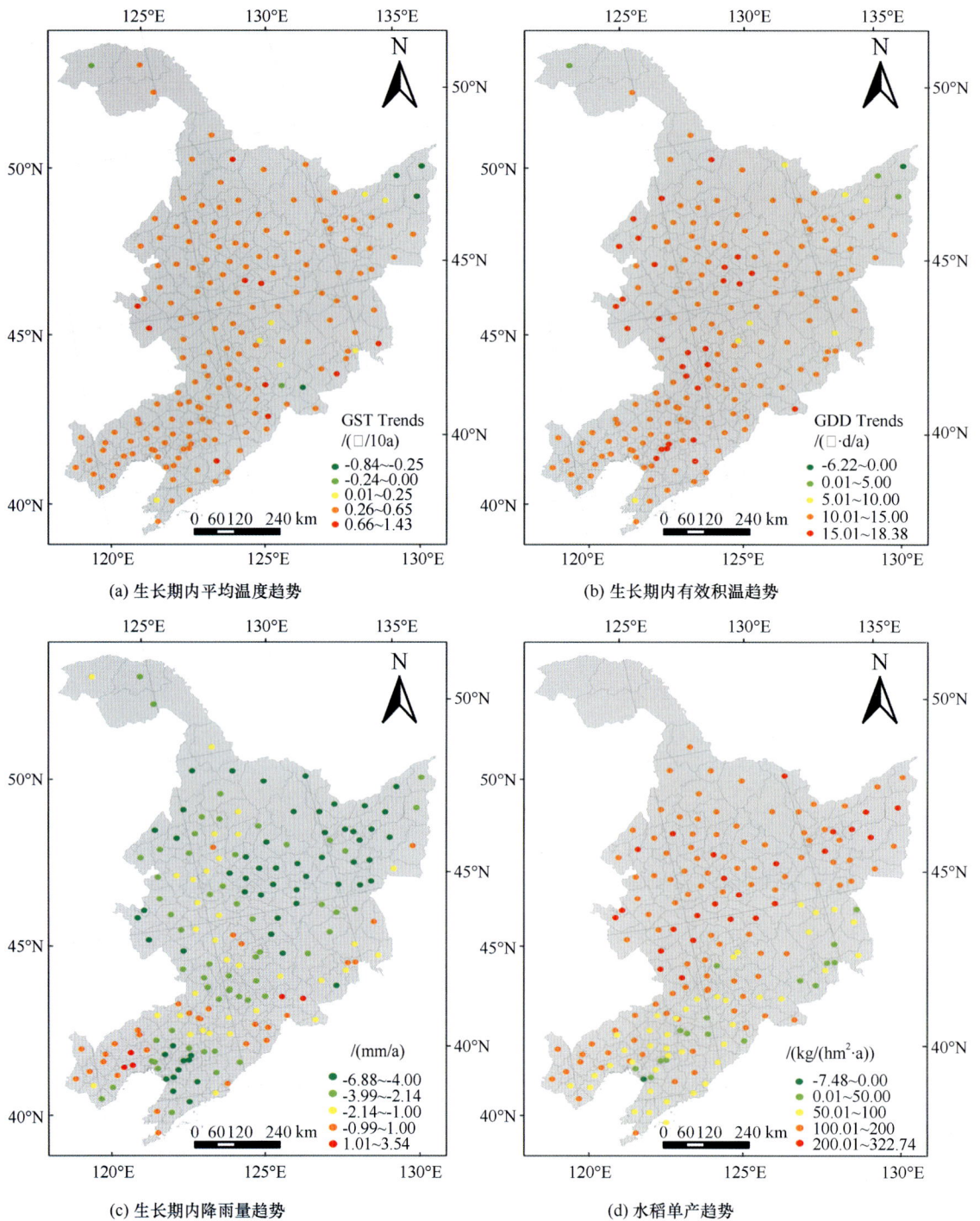

(a) 生长期内平均温度趋势

(b) 生长期内有效积温趋势

(c) 生长期内降雨量趋势

(d) 水稻单产趋势

彩图 8　1980~2008 年东北地区县级站点的气候及水稻单产趋势

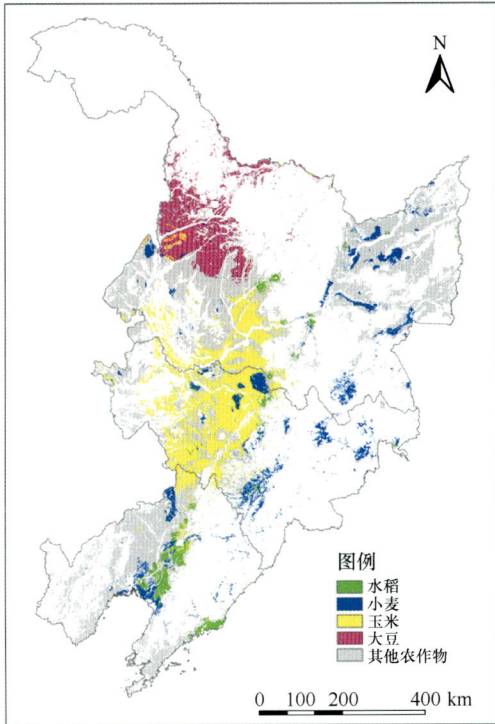

(a) 1980年

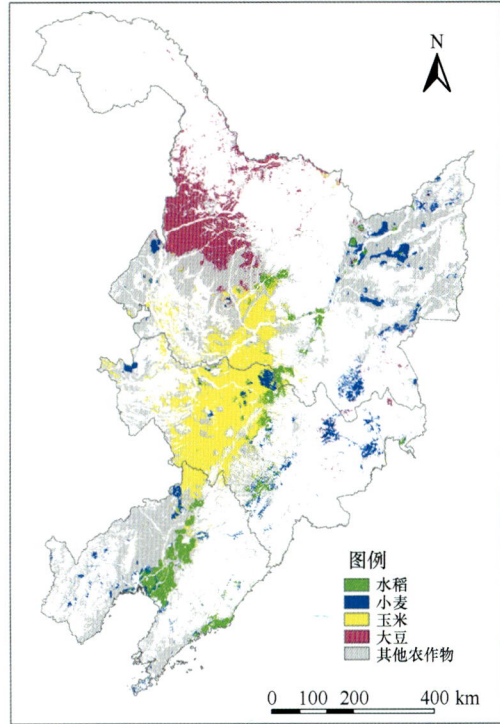

(b) 1990年

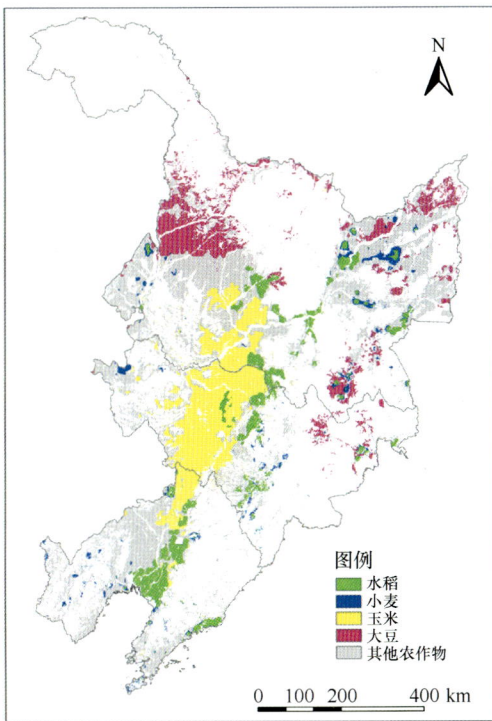

(c) 2000年

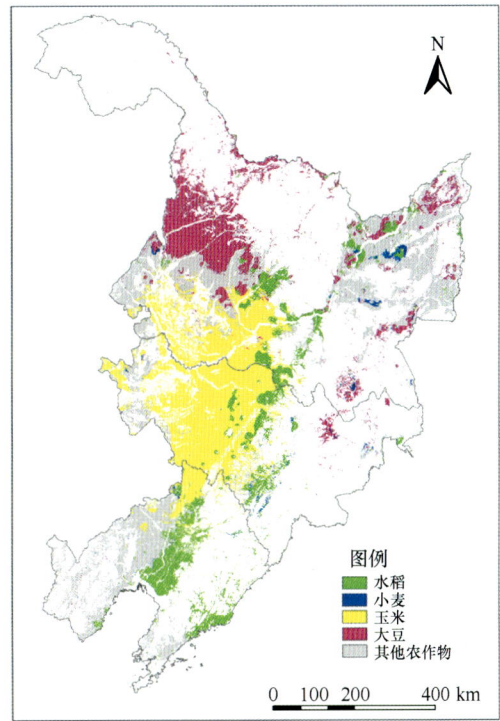

(d) 2010年

彩图 9　1980~2010 年东北地区农作物空间格局动态模拟结果

(a) 2020年   (b) 2030年

(c) 2040年   (d) 2050年

图例

- 水稻
- 小麦
- 玉米
- 大豆
- 其他农作物

0 100 200 400 km

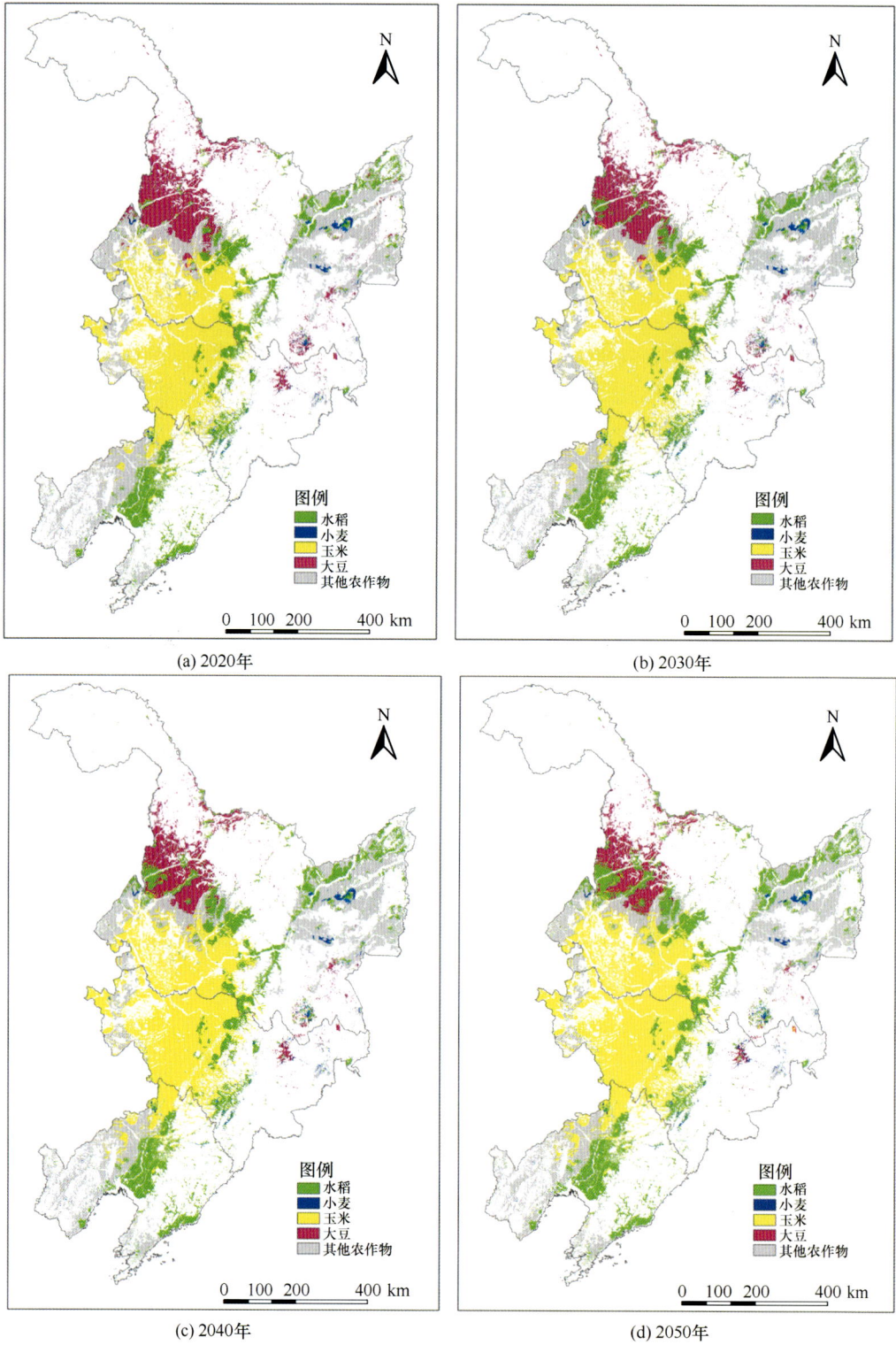

彩图 10 2020~2050 年东北地区农作物空间格局动态模拟结果

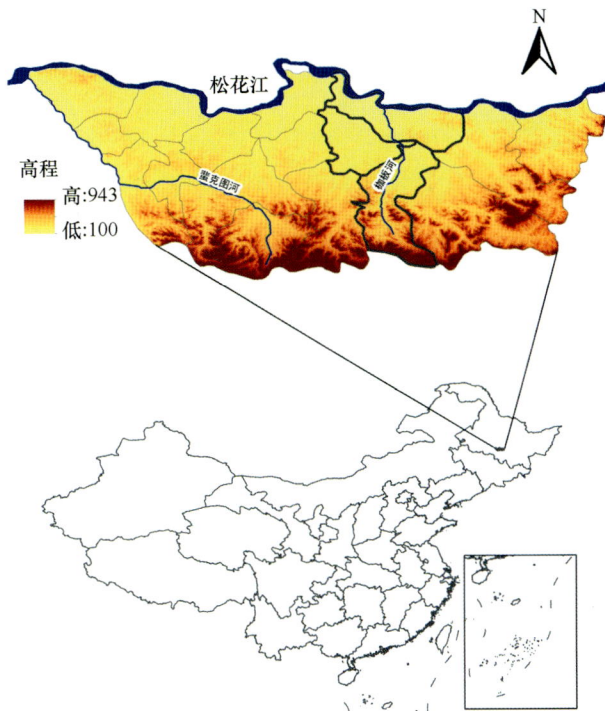

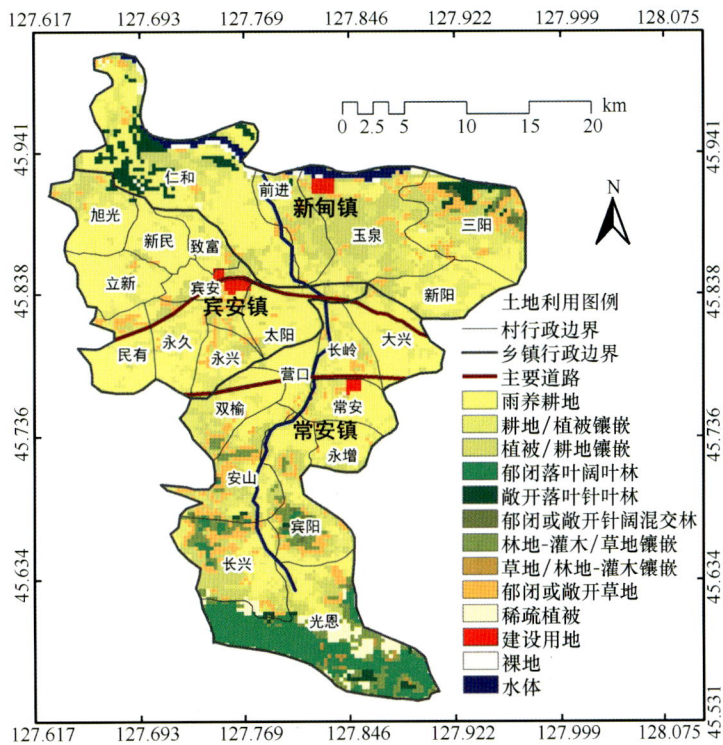

彩图 11　案例研究区域位置及土地利用现状

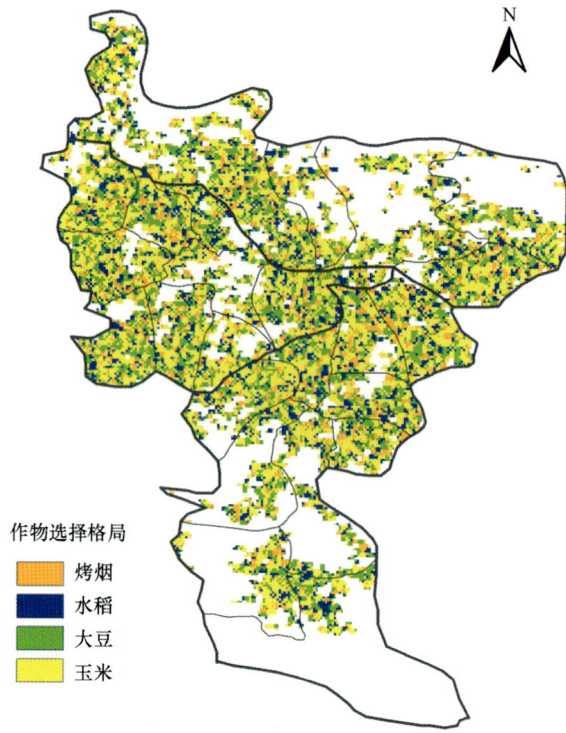

作物选择格局
烤烟
水稻
大豆
玉米

(a) 2010年

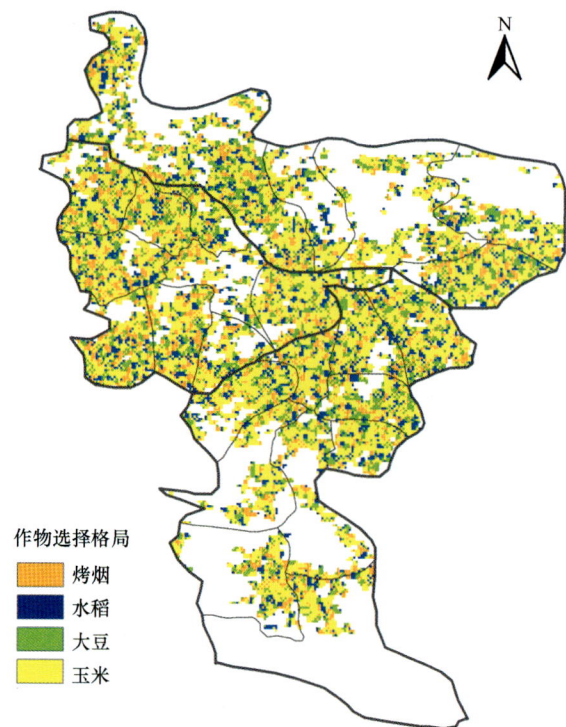

作物选择格局
烤烟
水稻
大豆
玉米

(b) 2015年

彩图 12　基于 Agent 模型作物选择空间格局模拟结果